GOLDMANN
Lesen erleben

Buch

Jeder Jugendliche erlebt seine ganz individuelle Pubertät, fast immer aber bringt dieser Lebensabschnitt kleinere und größere Probleme mit sich. Dieses Buch hilft beiden Seiten – Jugendlichen und Eltern – gleichermaßen, diese Zeit gemeinsam zu bewältigen: Damit Töchter, Söhne, Mütter und Väter einander besser verstehen, wenden sich die Autorinnen an alle Beteiligten, die meisten Kapitel sind in »Jugendseiten« und »Elternseiten« aufgeteilt. So finden Teenager ihre speziellen Informationen und entwickeln mehr Verständnis für Eltern und Lehrer. Eltern ihrerseits erhalten die entsprechenden Auskünfte und Anregungen, können sich leichter in das komplizierte Seelenleben ihrer Teens einfühlen, mehr Humor, Gelassenheit und Vertrauen für sie aufbringen. So kann die Pubertät für alle entspannter verlaufen.

Autorinnen

Cornelia Nitsch, Brigitte Beil und Cornelia von Schelling sind Journalistinnen und bekannte Buchautorinnen im Bereich der Elternratgeber. Mit dem Thema Pubertät haben sie sich nicht nur beruflich auseinandergesetzt, sondern haben es als Mütter selbst durchlebt. So entstand ein äußerst praxisnahes Buch, basierend sowohl auf eigenen Erfahrungen als auch auf jenen vieler anderer Jugendlicher und Eltern.

Außerdem von Cornelia Nitsch und Cornelia von Schelling im Programm
Kindern Grenzen setzen – wann und wie? (auch als E-Book erhältlich)

Cornelia Nitsch, Brigitte Beil,
Cornelia von Schelling

Pubertät:

Kein Grund zur Panik!

Ein Buch für Töchter,
Söhne, Mütter und Väter

Aktualisierte Neuausgabe

GOLDMANN

Bildnachweis

Fotolia.com: 31 (Agence DER), 101 (Christian Schwier), 153 (bedov), 281 (benik.at); iStockphoto.com: 207 (Sadeugra), 367 (diane39); Shutterstock.com: 11 (CandyBox Images), 21 (Pressmaster), 73 (Rido), 397 (Photographee.eu)

 Dieses Buch ist auch als E-Book erhältlich.

MIX
Papier aus verantwortungsvollen Quellen
FSC® C014496

Verlagsgruppe Random House FSC® N001967
Das für dieses Buch verwendete FSC®-zertifizierte Papier
Classic 95 liefert Stora Enso, Finnland.

1. Auflage
Aktualisierte Taschenbuchausgabe Januar 2015
Wilhelm Goldmann Verlag, München,
in der Verlagsgruppe Random House GmbH
© 2015 der aktualisierten Taschenbuchausgabe Wilhelm Goldmann Verlag,
München, in der Verlagsgruppe Random House GmbH
© 1995, 2001 Mosaik Verlag, München, in der Verlagsgruppe Random House
Umschlaggestaltung: Uno Werbeagentur, München
Umschlagfoto: GettyImages/ i love images
Bildredaktion: Melanie Greier
Redaktion: Dunja Reulein
Satz: Uhl + Massopust, Aalen
Druck und Bindung: GGP Media GmbH, Pößneck
KW · Herstellung: IH
Printed in Germany
ISBN 978-3-442-17504-8
www.goldmann-verlag.de

Besuchen Sie den Goldmann Verlag im Netz

Inhalt

Vorwort

Die Pubertät ist eine Zeit mit großen Fragezeichen, geheimnisvoll, rätselhaft. Die Jugendlichen verstehen selbst nicht mehr, was vor sich geht: »Warum bin ich so und nicht anders?«

Vieles verändert sich, das ist nicht zu übersehen: das Aussehen, die Stimmung, das Denken, das Selbstgefühl.

Während der Pubertät schießen die Gefühle ins Kraut, schalten sekundenschnell um von höchster Glückseligkeit auf tiefste Verzweiflung und fahren permanent Achterbahn. Nicht nur die Gefühle, das gesamte Dasein gerät aus dem Tritt: Bislang gültige »Wahrheiten« werden auf den Kopf gestellt. Ausdauernde Diskussionen um alles und jedes finden statt. Laut. Lauter. Am lautesten. Und Verabredungen? Die sind jetzt grundsätzlich für die Katz: Wieso sollte man sich daran auch halten?

Jeder heranwachsende Junge, jedes heranwachsende Mädchen rutscht, stolpert vor sich hin durch den Tunnel, der Pubertät heißt, bleibt stecken, kämpft sich frei.

Nicht nur auf die Jugendlichen, sondern auch auf ihre Eltern kommt mit der Pubertät einiges zu, und »einiges« heißt: Neue Hochs und Tiefs rücken an. Sie müssen sich wetterfest machen, um das stürmische Spektakel zu überstehen. Es kann (Jahre) dauern, bis alle gemeinsam durch diesen Tunnel durch sind. Aufregende Zeiten sind angesagt. Zum Staunen schön, aufregend, lustig sind diese Zeiten – manchmal. Oft allerdings eher mühevoll, anstrengend, es gleicht eher einer Sisyphusarbeit, diese Entwicklungsphase hinter sich zu lassen. Und was kommt nach Blitz und Donner? Zeigt sich die Sonne wieder? Kaum zu glauben, aber versprochen: Die Pubertätswolken verziehen sich. Und dann ist der Himmel wieder so blau wie vor dieser heißen Umbruchphase. Bis es so weit ist, brauchen Töchter, Söhne, Mütter und Väter Unterstützung, damit mehr Licht in den Pubertätstunnel fällt und alle zusammen seltener stolpern.

Die Autorinnen bieten diese Unterstützung, machen sich zu Anwälten der Betroffenen, werben um Verständnis füreinander und für das typische Auf und Ab dieser Phase, und natürlich geben sie eine Menge Tipps, die weiterhelfen können. Dieses Buch wendet sich gleichermaßen an beide Seiten: an die Jugendlichen und an ihre Eltern. Es will helfen, diese Zeit gemeinsam zu bewältigen. Deshalb sind die Kapitel in »Jugendseiten« und »Elternseiten« aufgeteilt. So finden Heranwachsende auf den ersten Blick ihre speziellen Informationen. Eltern erhalten entsprechende, auf ihre Bedürfnisse zugeschnittene Auskünfte und Anregungen, damit sie sich leichter in das neue, kompliziertere Seelenleben ihrer Söhne und Töchter einfühlen, mehr Humor, Gelassenheit und Vertrauen in sie aufbringen können. Und damit ist die Pubertät hoffentlich nur noch halb so schlimm, einfach entspannter.

1. Pubertät – was ist das überhaupt?

Was bedeutet Pubertät?

Mit Schaudern denken viele Eltern an einen Programmpunkt, der unweigerlich auch auf sie zukommt: die Pubertät. Allerhand haben sie darüber gehört und gelesen. Horrorgeschichten von friedlichen Kleinen, die sich über Nacht in launische Monster verwandeln, von Chaoten, Schulschwänzern und Ausreißern, von ersten Experimenten mit Alkohol und Drogen, von Familien, in denen die Fetzen fliegen und permanenter Krach das einzig Verbindende ist. Verständlich, dass viele dieses heikle Thema nur zu gern beiseiteschieben und das unbeschwerte Zusammensein mit ihren Kindern genießen. Noch. Die Kinder selbst wissen häufig nur das Notdürftigste von dem, was sie in der Pubertät erwartet, und erstaunlich viele Eltern haben ihre eigenen Erfahrungen aus dieser Zeit vergessen oder verdrängt. Mit dieser Entwicklungsphase verhält es sich wie mit den meisten anderen Lebensabschnitten: Je weniger man sich damit auskennt, desto hilfloser steht man der Situation gegenüber und desto größer ist die Wahrscheinlichkeit, in Probleme oder sogar schwerwiegende Krisen zu geraten. Pubertät – der Begriff stammt aus dem Lateinischen und bedeutet Geschlechtsreife. Damit ist aber nur ein Teil dessen erfasst, was sich in dieser Phase abspielt. Viele Autoren, vor allem Wissenschaftler, nehmen deshalb die Bezeichnung Adoleszenz zu Hilfe, manchmal als Synonym für Pubertät, manchmal, um den Prozess der geistigen und seelischen Reifung, der den körperlichen Wandel begleitet, gesondert zu benennen. Im allgemeinen Sprachgebrauch hält sich jedoch der Begriff Pubertät für die gesamte Entwicklung zwischen Kindheit und Erwachsenendasein. Die Ungenauigkeit der Begriffe spiegelt wider, was für diese Lebensspanne so charakteristisch ist: Nichts lässt sich exakt fixieren. Weder Anfang noch Ende oder Ablauf der Pubertät stimmen bei allen Jugendlichen überein. Ob friedlich und zielstrebig oder dramatisch, mit wilden Auswüchsen und gefährlichen Abstürzen – jedes Kind erlebt seine ganz individuelle Pubertät. In einem Punkt allerdings gleicht sie sich bei allen: Immer ist es aufregend und spannend zu erleben oder zu beobachten, wie sich aus einem knuddeligen Kindchen eine unverwechselbare Erwachsenenpersönlichkeit entpuppt. Zu keiner anderen Zeit in seinem Leben macht ein Mensch eine vergleichbar stürmische Veränderung durch. Das gesamte Koordinatensystem des Kinderlebens gerät aus den Fugen. Die biologischen »Umbauten« lassen den Körper plötzlich fremd erscheinen; überrollt von Hormonen und verwirrt durch unbekannte sexuelle Regungen, spüren die Heranwachsenden, dass sie nicht mehr in ihre alte Kinderrolle passen und sich auf die Suche nach einer neuen Identität machen müssen. Mienen und Moden werden ausprobiert, Frisuren und Posen. Überempfindlich registrieren sie, dass ihre Umgebung ihnen anders begegnet, sie mit ungewohnten Blicken taxiert. Um den Weg zum neuen Erwachsenen-Ich freizumachen, müssen die Eltern entthront werden, an ihre Stelle treten Freunde, mit denen per Smartphone Kontakt gehalten wird. Auch die Idole aus der Sport-, Pop- oder Kinoszene werden gebraucht als eine Art Rankgerüst auf unsicherem Terrain. Die erste glühende Liebe schlägt über den meisten Teenies

13

zusammen, fast zwangsläufig gefolgt von abgrundtiefem Kummer. Hinter verrammelten Türen gehen Spielzimmer unter in Chaos und dröhnender Musik. Und auch das Denken entfaltet neue Möglichkeiten, es ist nicht mehr wie bislang auf das konkrete Umfeld beschränkt, sondern wird fähig zu größeren logischen, abstrakten Aufschwüngen. Plötzlich hagelt es Widerspruch, Kritik – Eltern und Lehrer wissen ein Lied davon zu singen. Alles signalisiert: Achtung, ich bin kein Kind mehr! Aber der Weg bis zum Erwachsensein ist weit, und häufig sehnen sich die Jugendlichen zurück nach der Geborgenheit ihrer Kinderzeit. Sie schwanken hin und her zwischen maßloser Selbstüberschätzung und verzweifelter Hilflosigkeit, überbordender Lebenslust und völliger Abschottung. Nie sind sie so verletzlich wie in dieser Zeit. Die Unsicherheit macht sie reizbar, launisch und widerborstig. Oft hängen sie herum, scheinen sinnlos zu gammeln und pumpen dabei wie die Maikäfer vor dem Abheben, bis sie Kraft und Mut genug haben für den nächsten Schritt in Richtung Großwerden. Es gibt eine Reihe von sogenannten Naturvölkern, in denen die geschlechtsreifen Jungen und Mädchen von ihren Eltern getrennt und durch traditionelle Initiationsriten – wie Mutproben oder Prüfungen – in den Kreis der Erwachsenen eingeführt werden. Das Kind in ihnen muss symbolisch sterben, während sie ihre Rolle als Mann oder Frau übernehmen. Der Ritus lässt keinen Raum für Schwierigkeiten und Umwege der bei uns bekannten Art. Einerseits ist er deshalb Hilfestellung, andererseits jedoch eine große Einschränkung, denn er legt die

Jugendlichen unabänderlich auf überlieferte Muster fest. Im hiesigen Kulturkreis dagegen müssen sie den Übergang von der Kindheit zum Erwachsenenleben selbst aktiv gestalten, und nur selten gelingt das ohne Schmerzen, Irrtümer, Angst oder Kampf. Dafür aber haben sie die große Chance, sich umzuschauen, zu experimentieren und schließlich selbst zu entscheiden: Wie will ich sein, wo liegen meine Ziele, wo ist mein Platz in der Gesellschaft? Wegen dieser Möglichkeit, noch einmal von vorn anzufangen und die Weichen neu zu stellen, erscheint die Pubertät manchen Psychologen wie eine »zweite Geburt«. Überhaupt wurden eine Menge Bilder und Bezeichnungen erfunden, um die Turbulenzen dieser Phase auf einen Nenner zu bringen. Vom klassischen »Sturm und Drang« und den »Flegel- oder Backfischjahren« zu Beginn des 20. Jahrhunderts über den »Abschied von der Kindheit«, die »zweite Trotzphase«, die »ersten Wechseljahre«, die »Verflüssigung der Persönlichkeitsstruktur« bis zum »Hummer-Syndrom«, so genannt, weil die Jugendlichen streckenweise genauso schutzlos und gefährdet sind wie der Hummer beim Panzerwechsel. Dass die Pubertät ein so verheerendes Image hat, ist nicht zuletzt darauf zurückzuführen, dass sie von Entwicklungspsychologen der psychoanalytischen Richtung, die sich in erster Linie an Patienten orientierten, lange Zeit in den finstersten Farben dargestellt wurde. Sie sei eine einzige permanente Krise, hieß es, regelmäßig begleitet von tief greifenden psychologischen Brüchen und Störungen, von Aufstand gegen Autoritäten und Entfremdung von der Familie. Dieses Bild prägte die Erwartungshaltung vieler Elterngenerationen, und in jeder Aufmüpfigkeit ihrer Sprösslinge fanden sie dafür eine Bestätigung. Untersuchungen aus den letzten rund zehn Jahren kamen zu ganz anderen Ergebnissen. Sie förderten zutage, dass die Heranwachsenden viel weniger von Ängsten und Konflikten gebeutelt werden als bisher behauptet und sich auch keineswegs ständig mit ihren Familien in den Haaren liegen. Die meisten von ihnen, so das Ergebnis verschiedener Studien, haben bei aller Skepsis eine positive Grundstimmung und geraten emotional nicht völlig aus dem Lot; sie sind selbstbewusst und zielstrebig und beurteilen ihr Verhältnis zu den Eltern als gut und harmonisch. Offensichtlich ist die viel berufene Katastrophen-Pubertät keineswegs die Regel. Und dennoch: Wenn sie auch weniger dramatisch eingeschätzt wird als vor einigen Jahrzehnten, bleibt die Pubertät doch eine konfliktträchtige, schwierige Zeit. Nicht nur für die Jugendlichen, sondern auch für ihre Mütter und Väter. Es tut weh loszulassen, die innige Verbundenheit mit den Kindern zu lockern, damit sie ihren eigenen Weg finden können. Es ist hart, plötzlich als hoffnungslos vorgestrig und steinalt eingestuft zu werden. Es macht Sorgen, den Jungen bei ihren ersten »Flugversuchen« zuzuschauen und nicht zu wissen, ob sie heil am rettenden Ufer eines gelingenden Erwachsenenlebens landen werden. Es ist schwer, sich nicht ständig einzumischen, während die Weichen für die Zukunft gestellt werden. Es fordert eine Menge Geduld und Vertrauen, auch Irrwege und Fehler zuzulassen. Viel Zuwendung und Nähe sind nötig, um erkennen zu können, wann die Kinder tatsächlich Hilfe – vielleicht auch fachmännische – brauchen. Bei aller Keckheit sind sie nämlich noch lange auf elterlichen Beistand angewiesen. Nur in ganz anderer Form als bisher. Nicht Regieanweisungen und Einmischungen tun ihnen gut, sondern freundschaftliche Begleitung, die Achtung vor ihrer Eigenart zeigt, sie ernst nimmt, ihr Selbstwertgefühl stärkt und ihre Unabhängigkeit im Denken und Handeln fördert. »Meine Geheimwaffen waren Humor und Gelassenheit, als meine drei Kinder in ›die Jahre‹ kamen«, berichtet ein erfahrener Vater. »Ich konnte mich genau an meine eigenen Verrücktheiten von früher und meine unverschämten Attacken gegen die Eltern erinnern. Und plötzlich zogen meine Sprösslinge gegen mich zu Felde, manchmal sogar mit den gleichen Sprüchen! Natürlich musste ich manchmal schlucken, aber ich wusste, was dahintersteckte und dass sie nicht mich persönlich meinten, sondern meine Position als Vater ankratzten.« Vielen Eltern macht das Flüggewerden ihrer Kinder deswegen so schwer zu schaffen, weil es sie zwingt, einen neuen Abschnitt ihres eigenen Lebens ins Auge zu fassen. Was für die Teenies der Abschied von der Kindheit ist, bedeutet für die Eltern den Abschied vom Jungsein. Ehe sie sich's versehen, gehören sie zum alten Eisen, werden belächelt wegen ihrer Ansichten, Ausdrucksweisen, Frisuren oder Hits. Dabei fühlen sich die meisten durchaus noch jugendlich und schwungvoll. Bei manchen rührt sich der Neid, wenn sie die heiße Verliebtheit ihrer Kinder miterleben, während ihre eigene Beziehung vielleicht längst verwelkt oder sogar abgestorben ist. Oder wenn sie die weltverbesserischen Träumereien mitbekommen, während sich bei ihnen selbst schon Resignation einschleicht. Dazu mischt sich Wehmut, das schmerzliche Gefühl, die wärmende, vertraute Nähe mit dem Sohn, der Tochter nicht halten zu können. Aber selbst wenn der Abschied von der langen, oft erfüllenden Kinderphase nicht leichtfällt, liegt darin immer auch eine große Chance: neu anzufangen, für sich selbst oder auch gemeinsam zu zweit, eigene Pläne zu verwirklichen, Dinge zu tun, für die nie Zeit blieb, über sich selbst nachzudenken anstatt immer nur über das Wohlergehen der Sprösslinge.

Unsere Gesellschaft ist nicht gerade kinderfreundlich. Die Skepsis hält sich allerdings in Grenzen, solange die Sprösslinge klein und niedlich, lieb und schmusefreudig sind. Aber Pubertierende, schlaksig, motzig, picklig – was soll man an ihnen mögen? Neben den unzähligen Tiraden über die Verwirrungen, Abwege und Gefahren der Pubertät gingen ihre positiven Seiten fast restlos unter. Erst in jüngster Zeit mehren sich die Stimmen, die zur Sprache bringen, was am Zusammenleben mit Jugendlichen im Aufbruch zum Erwachsenwerden interessant und spannend sein kann und einfach Spaß macht. Das ist nämlich gar nicht so wenig: ihre Begeisterungsfähigkeit zum Beispiel, ihr Mut und Optimismus trotz aller bedrohlichen Perspektiven, die Fantasie und der Erfindungsreichtum, wenn sie sich ihre eigene Kultur neben der alten schaffen, die Intensität, mit der sie fühlen, lieben und leiden, die Art, wie sie das Denken entdecken – so ungebremst, als hätte es Sokrates nie gegeben –, ihr chamäleonartiges Ausprobieren – und nicht zuletzt die Herausforderung an die Eltern, jung und flexibel zu bleiben, um die groß werdenden Kinder überhaupt auszuhalten. Wenn am Ende dieser turbulenten Phase der Brückenschlag zum Erwachsensein geschafft ist, gelingt vielen Eltern und Kindern eine neue Art der Verbindung. Nicht mehr ganz so eng vielleicht, aber doch nah und zärtlich, mit Respekt vor der jeweiligen Andersartigkeit, eine Gemeinsamkeit unter allmählich gleichberechtigten Partnern.

2. Erwachsen werden in Etappen

Die drei wichtigsten Phasen
der Pubertät

Die einzelnen Etappen der Pubertät lassen sich zeitlich nicht genau festlegen. Ein Kind in einem Elendsviertel Südamerikas beispielsweise wird notgedrungen früh selbstständig und unkindlich, ein behütetes Kind gut situierter Eltern darf sich Zeit nehmen, bis es erwachsen ist. Zudem sind in einer einzelnen Familie manche Kinder Früh-, andere Spätentwickler. Doch ungeachtet aller gesellschaftlichen Unterschiede und trotz individueller Abweichungen in der persönlichen Entwicklung sind auch wesentliche Gemeinsamkeiten festzustellen. Die klassische Entwicklungspsychologie gliedert den Übergang von der Kindheit ins Erwachsenenalter in drei Phasen: die Vor- oder Frühpubertät (Mädchen: 10,5 bis 13,5 Jahre, Jungen: 12 bis 14 Jahre), die Pubertät (Mädchen: 13,5 bis 15,5 Jahre, Jungen: 14 bis 16 Jahre) und die Adoleszenz (Mädchen: 15,5 bis 20 Jahre, Jungen 16 bis 21 Jahre). Im allgemeinen Sprachgebrauch allerdings steht der Begriff Pubertät für die gesamte Entwicklung einer bestimmten Altersgruppe, wobei ihr Beginn erheblich früher einsetzt als zur Zeit unserer Großeltern.

Wie kündigt sich die Pubertät an? Bei jedem Kind ein wenig anders, und dennoch: Die ersten Vorboten des Ablösungsprozesses sind nicht zu verkennen. Meistens gerät zuallererst das seelische Gleichgewicht ins Wanken.

1. Phase: Die Ablösung bahnt sich an

Mit kleinen, oft kaum merklichen Schritten beginnen Mädchen bereits mit zehn oder elf Jahren, die Unbefangenheit aus Kinderzeiten hinter sich zu lassen, Jungen starten etwa zwei Jahre später. Die Stimmungen der Heranwachsenden schwanken zunehmend; die Kids sind schneller gekränkt als vielleicht noch zwei, drei Monate zuvor, sie sind grüblerischer und verschlossener. Die Mädchen werden vor allem alberner, kichern grundlos und immerzu. Die Jungen sind eher grob und ruppig.

Beide Geschlechter versuchen auf ihre Art, ihre Unsicherheit und geradezu mimosenhafte Empfindsamkeit – sie wissen ja nicht mehr so genau, wer sie sind oder wo sie stehen – zu übertünchen. Das mangelnde seelische Gleichgewicht wird begleitet von körperlichen Veränderungen und dem Verlust der harmonischen kindlichen Proportionen, das Körperbild gerät also auch aus dem Lot.

Sowohl Jungen als auch Mädchen werden jetzt streitlustiger. Da sie selbstständig werden wollen, sind Auseinandersetzungen mit den Eltern unvermeidlich. Mit Macht wehren sich die Jugendlichen gegen Kontrolle und Bevormundung, gleichzeitig aber suchen sie immer wieder die Nähe zu den Eltern, um Kräfte zu sammeln auf dem Weg in die Autonomie.

Am liebsten beschäftigen sich die Pubertierenden mit sich selbst – sie drehen und wenden sich vor dem Spiegel, prüfen die allerersten körperlichen Veränderungen und versuchen, sich mit dem Wandel ihrer äußeren Erscheinung anzufreunden. Die meisten Mädchen sind stolz auf ihre neuen Rundungen. Doch manchen geht die Entwicklung viel zu schnell, und sie ziehen sich noch einmal in die Kindheit zurück.

Das Verhältnis zwischen den Geschlechtern liegt zu diesem Zeitpunkt auf Eis. Die Jungen wollen von gleichaltrigen Mädchen überhaupt nichts wissen: Alle »Weiber« sind »blöd«. Dahinter verbergen sich Rivalität und Hilflosigkeit, aber auch die unbewusste Flucht vor der umsorgenden Liebe der Mutter, die den Sohn jetzt, da er unabhängig werden will, gleichsam zu ersticken droht. Mädchen stehen also für jene emotionale Abhängigkeit, die es nach und nach abzuschütteln gilt. Daher mobilisieren die Jungen »männliche« Kräfte – sie werden zu renommiersüchtigen kleinen Angebern. Was zählt, sind Mut und Körperkraft, in der Schule bilden sie Gruppen, denn zu vielen fühlen sie sich am stärksten.

Die Beziehung zum Vater ist in dieser frühen, gerade erst aufkeimenden Phase der Pubertät noch weitgehend harmonisch und unbefangen. Für die Jungen ist er Verbündeter und häufig noch unbestrittenes Vorbild. Die Mädchen kokettieren mit ihrem Vater wie zu Kinderzeiten und sind nach wie vor Papis Liebling. Erst allmählich beginnen andere Idole, dem Vater den Rang abzulaufen.

In manchen Bereichen sind die angehenden Erwachsenen noch echte Kinder, in anderen erstaunlich reif. Ihr gesamtes Verhalten ist widersprüchlich und unberechenbar: Sie schwanken zwischen Tatendrang und Dauerkontakt mit Freunden und Tagträumen und Langeweile, Erlebnishunger und Zurückgezogenheit, Selbstüberschätzung und Komplexen, und das zieht sich durch alle Lebensbereiche. Mal sind sie tieftraurig, Augenblicke später platzen sie fast vor Übermut und Lebensfreude. Ihre Zerrissenheit rührt aber auch daher, dass sich in dieser Zeit die geistigen Fähigkeiten verändern. Mit dem wachsenden Verständnis für sinnvolle Zusammenhänge und der rapiden Entwicklung des logischen Denkvermögens keimen auch irritierende Erkenntnisse: Die Unzulänglichkeiten der Eltern und der Gesellschaft, der Welt insgesamt werden immer deutlicher wahrgenommen. Die Kritik der Heranwachsenden fällt oft vernichtend aus – zu spüren bekommen das vor allem die Eltern.

2. Phase: Auf der Suche nach der eigenen Identität

Die erste Menstruation gilt als endgültiger Beginn der Pubertät, sie ist für ein Mädchen ein aufregendes Ereignis. Es macht ihr vielleicht ein wenig Angst und erfüllt sie mit Unsicherheit – Wie »weiblich« muss sie jetzt auftreten? Was muss sie in Zukunft bedenken? –, aber gleichzeitig stärkt es ihr Selbstbewusstsein: Aus dem kleinen Mädchen wird eine junge Frau.

Auch bei Jungen erzeugt der erste Samenerguss meist gemischte Gefühle: Einerseits Befremden – viele Jungen sind zunächst unangenehm berührt und schämen sich über die Flecken im Laken –, andererseits sind sie stolz auf den Beweis ihrer Männlichkeit.

Der Geschlechtstrieb der Heranwachsenden wird nun intensiver, doch trotz aller Sehnsucht, sich zu verlieben, und trotz diffuser Einsamkeitsgefühle scheuen sich die meisten noch davor, es »das erste Mal« mit einem Mädchen bzw. mit einem Jungen zu wagen. Die Mehrzahl der Teenies ist bereit zu warten, bis sie sich reif dafür fühlt. Flüchtige Schmusereien oder leichtes Petting ja, aber weiter gehen sie meist nicht.

Normal ist es, dass die Pubertierenden nun häufig onanieren, Jungen auch in der Gruppe von Freunden, wobei sie mit Vorliebe ihre »Potenz« untereinander vergleichen. Mädchen dagegen ziehen sich häufig zurück und geben sich ihren Fantasien und Träumereien hin oder bereden mit ihren Freundinnen online oder offline, was sie vom Leben erwarten.

Sehr wichtig wird es für die 13- und 14-Jährigen, sich möglichst sichtbar von ihren Eltern zu unterscheiden, etwa durch verrückte Kleidung oder ausgeflippte Frisuren. Doch die allmähliche Loslösung bringt nicht nur die ersehnte Unabhängigkeit, sie erzeugt auch Gefühle der Leere und Verlorenheit, zumal die meisten Teenager auch noch keinen Liebespartner außerhalb der Familie gefunden haben: Die romantischen und erotischen Fantasien sind noch Luftschlösser, Schwärmereien für fiktive oder unerreichbare »Traumgestalten«, die es mit der gestandenen Liebesbeziehung zu den Eltern keineswegs aufnehmen können.

Die »beste Freundin« hilft den Töchtern, die Bindung

an die Familie, vor allem an die Mutter als engste Vertraute, zu lockern. Außerdem versuchen die Mädchen auf diese Weise, Antworten zu finden auf Fragen wie: »Was will ich? Was ist mir wichtig? Was denken die anderen von mir?« Manche schwärmen für eine ältere Jugendliche, eine Freundin der Mutter oder eine Lehrerin, sodass die einstmals der Mutter geltende Idealisierung nun auf eine Frau außerhalb der Familie verlagert wird.

Jungen fällt es meist schwerer als Mädchen, zu ihren Gefühlen, zu ihrer Verletzlichkeit und zu ihren Ängsten zu stehen. Sie leugnen sie, indem sie sich besonders cool geben, vielleicht derbe Zoten reißen und sich in wenig realistische Allmachtsfantasien flüchten. Nur ein oder zwei nahen Freunden werden Schwächen gebeichtet, ohne dabei fürchten zu müssen, womöglich ausgelacht zu werden.

Eine Chance, Gefühle auszuleben, bietet die Clique – beispielsweise beim gemeinsamen Musikhören. Die Gruppe Gleichaltriger ist wie eine Zufluchtsstätte, in der man fern von den Eltern miteinander Erfahrungen macht und Meinungen austauscht. Auch neue Vorbilder helfen, Gefühle der Leere zu bekämpfen. Popstars und andere Idole verkörpern Ideale, denen es in dieser Altersphase nachzueifern gilt, bis nach einem Entwicklungssprung wieder andere Identifikationsmodelle fällig werden. So schlüpfen die Heranwachsenden in ihrer Fantasie in die unterschiedlichsten Rollen, bis sie eine finden, die annähernd zu ihnen passt.

Sie sind auf der Suche nach sich selbst und müssen sich

somit auch von jenem Bild unterscheiden, das sich Vater und Mutter bisher von ihnen gemacht haben. Das heißt nicht, dass sie sich innerlich ganz und gar von ihren Eltern loslösen müssen. Es bedeutet vielmehr, dass sie sich – um eine eigene Identität zu finden – mit sich selbst und mit ihrer Umwelt intensiv auseinandersetzen müssen.

Mit 15, 16 Jahren erreichen die Konflikte zu Hause und in der Schule meist ihren Höhepunkt. Der Freiheitsdrang der Jugendlichen ist kaum noch zu bremsen, sie wollen ausgehen, Abenteuer erleben oder einfach mit ihren Freunden chatten und quatschen. Elterliche Ermahnungen, Einschränkungen oder Erziehungsversuche treiben die Teenager zur Raserei. Sind sie nicht endlich erwachsen? Väter haben vor allem Angst um ihre Töchter, die ihnen entgleiten, während sie mit ihren Söhnen heftige Machtkämpfe ausfechten. Mütter betrauern den Verlust emotionaler Nähe zu ihren Kindern, aber häufig auch die Abnahme an Kontroll- und Einflussmöglichkeiten.

Dafür werden die Kinder zu erstaunlich interessanten Gesprächspartnern. Zum einen nehmen ihre geistigen Interessen zu, zum anderen beginnen sie, intensiv über ihre eigenen Gefühle nachzudenken. Ihre Stimmungsschwankungen lassen nach, sie horchen eher in sich hinein, analysieren ihr eigenes Seelenleben, die Gefühle, Gedanken und Verhaltensweisen der anderen. Die Mädchen sind meist introvertierter und ziehen sich häufig in ihre eigene Welt zurück, während die Jungen ihre Bedürfnisse und auch ihre Aggressionen stärker ausleben.

Viele sind in dieser Lebensphase auch schwermütig und erleben ihren ersten Weltschmerz. Schließlich ist ihr Selbstgefühl noch keineswegs stabil; sie zweifeln an sich und fühlen sich manchmal völlig verloren. Zum Glück aber werden seelische Tiefs immer wieder von euphorischen Gefühlen, überbordender Lebensfreude und einer Begeisterungsfähigkeit abgelöst, die Erwachsenen längst abhandengekommen sind.

3. Phase: Selbstfindung und Versöhnung mit den Eltern

Mit 16 werden fast alle Mädchen ausgeglichener, offener und auch den Eltern und anderen Erwachsenen gegenüber wieder zugänglicher. Jungen brauchen meist noch einige Zeit, bis sich ihr Selbstgefühl festigt und sie ein freundschaftliches Verhältnis zu Familie und Lehrern aufbauen können. Die Abgrenzung zu ihnen hat sie nicht nur unabhängiger und freier werden lassen, sondern auch gestandener und sicherer.

Die meisten haben bereits verschiedene Stadien der Verliebtheit erlebt, haben die ersten Glücksgefühle und den ersten Kummer in der Liebe hinter sich. Sie sind daher zunehmend in der Lage, offen und »normal« mit dem »fremden« Geschlecht umzugehen. Die Gruppe Gleichgeschlechtlicher verliert in dem Maße an Gewicht, in dem die heterosexuellen Beziehungen an Bedeutung zunehmen. Die eigene Geschlechtsidentität ist weitgehend gefestigt.

29

Vieles konsolidiert sich in der Schlussphase der Pubertät: die Interessen und die eigenen Werte, Freundschaften, der Wunsch, etwas zu leisten, und persönliche Zukunftsvorstellungen. Immer häufiger setzen sich die Jugendlichen jetzt mit erwachsenen Lebensrollen auseinander und fragen sich, was sie werden und wie sie später einmal leben wollen. Die ausgefallenen, oftmals fantastischen, verschwommenen Vorstellungen der Vergangenheit weichen allmählich realistischeren Zielen.

Aus den ungestümen, unansprechbaren 15- und 16-Jährigen sind auf einmal geradezu besonnene Heranwachsende geworden: Ihr Denken ist präziser und fundierter, gleichzeitig sind sie flexibler und differenzierter in ihrem Urteil über andere. Die Größenfantasien sind fast überwunden, die Unvollkommenheit der Eltern, aber auch die eigene Unzulänglichkeit wird als das hingenommen, was sie ist: menschlich.

Sicher – noch hat der Jugendliche seinen Platz in der Gesellschaft nicht gefunden. Konflikte bleiben, es ist nicht leicht, sich in die Erwachsenenwelt einzufügen. Doch der innere Aufruhr, die Gefühle der Leere und Verlorenheit aus zurückliegenden Jahren werden immer seltener; es ist nicht mehr ganz so schwer, mit Enttäuschungen fertigzuwerden, und man hat gelernt, mit sich, den Freunden und Erwachsenen sachlicher, selbstverständlicher und souveräner umzugehen. Den Widrigkeiten des Lebens steht man endlich nicht mehr so hilflos gegenüber.

3. Wie sich der Körper verändert

Warum die Pubertät früher beginnt und länger dauert

Im Lauf der letzten 100 Jahre hat sich der Beginn der Pubertät in unseren Breiten um Jahre vorverlagert. Gar nicht so selten platzt er mitten in die Kindheit, fängt bei verspielten kleinen Mädchen die Brust an, sich zu wölben, und bei verträumten kleinen Jungen geht es los mit dem Wachstum der Hoden und dem Sprießen der ersten Schamhaare. »Wir wurden völlig überrascht vom frühen Start unserer Tochter«, erzählt eine Mutter. »Mit zehn Jahren schon ein Busen? Wir hatten keine Ahnung, ob das normal war.« Mädchen, die sehr früh, also bereits mit zehn oder elf, in die Pubertät kommen, erleben oft ein besonders heftiges Wechselbad der Gefühle. Natürlich finden sie es spannend, dass die ersten Schamhaare wachsen und die Brust beginnt, sich minimal zu wölben. Auch Jungen können es häufig kaum abwarten, dass der Penis sich entwickelt, die Körpergröße zunimmt und die Muskelstärke endlich sichtbar wird. Für Frühpubertierende ist es cool, nicht mehr kindlich auszusehen und manch einer Freundin, einem Kumpel in der Entwicklung voraus zu sein. Ein bisschen Stolz und Überlegenheitsgefühle sind auch dabei. Zugleich schleicht sich aber Unsicherheit ein.

Früh entwickelte Jungen und Mädchen fühlen sich von der Schnelligkeit, mit der sich ihr äußeres Erscheinungsbild wandelt, geradezu überrumpelt. Sie müssen immer wieder neu mit dem Umbau ihres Körpers fertigwerden, das Eiltempo der physischen Veränderungen überfordert viele von ihnen. Manche kämpfen auch gegen Schamgefühle an, die sie selbst nicht recht verstehen, schließlich

32

Weiter auf Seite 34

Eltern tun sich schwer, wenn die Pubertät der Tochter bereits mit elf, zwölf oder sogar schon mit zehn Jahren einsetzt, der Sohn mit 13 oder 14 zu pubertieren beginnt. Die meisten sind überrascht, dass ihr Kind in einem Alter in die Pubertät kommt, in dem sie selbst noch recht unreif und verspielt waren und auch ihr Körper noch kindliche Formen hatte. Sie verstehen nicht, warum die Tochter schon stark geschminkt und in engen Leggings und einem ebenso eng anliegenden und tief ausgeschnittenen Top mit ihrer Freundin dauernd zum Shoppen gehen muss. Sie ist doch gerade mal zwölf! Oder weshalb der Sohn mit 13 dauernd diese ach so wichtige Coolness an den Tag legt. Für die meisten Väter und Mütter ist das Verhalten ihrer früh pubertierenden Kinder befremdlich.

Auch heute gibt es noch viele Spätentwickler – biologische Prozesse und die hormonelle Umstellung sind nicht an ein bestimmtes Alter gebunden und verlaufen unterschiedlich. Doch die Zahl der Frühentwickler nimmt deutlich zu.

Woran liegt es, dass die Pubertät heute so früh beginnt? Ein Ergebnis der Forschung: Häuslicher Stress und ein konfliktreiches, wenig stabiles Familienklima können, vor allem bei Mädchen, ein Grund dafür sein, dass die geschlechtliche Reifung besonders früh eintritt. Wenn bei einem Mädchen bereits mit zehn, elf Jahren Brüste und Schamhaare wachsen, die Entwicklung der sekundären Geschlechtsmerkmale also fast noch im Kindesalter einsetzt, dann könne das, so die Forschung, darauf hinweisen, dass das Mädchen schnell flügge werden will: Sie reift früh, um alsbald auf eigenen Beinen zu stehen und sich ein unabhängiges Leben aufzubauen. Untersuchungen

33

Weiter auf Seite 35

ist der schrittweise Abschied von der Kindheit vollkommen normal und natürlich. Und dennoch: Mental in die neue Situation mit ihren körperlichen Veränderungen und Hormonumstellungen hineinzuwachsen ist keine einfache Aufgabe.

Auch die Außenwelt macht es den Frühpubertierenden nicht leicht. Wenn sich etwa bei einem gerade mal zehnjährigen Mädchen bereits der Busen abzeichnet, kann das unter gleichaltrigen Jungen zum Auslöser für abfällige Bemerkungen und derbe Sprüche werden. Auch neidvolle Mädchen, sogar gute Freundinnen, lassen giftige Kommentare fallen. Früh entwickelte Jungen haben es da meist besser. Nur wenn sie, jede Unsicherheit übertönend, zu Angebern werden, bekommen auch sie die Häme der anderen zu spüren.

Zu Hause geht es Frühzündern auch meist nicht sonderlich gut: Da sie körperlich nicht mehr wie richtige Kinder aussehen, sind die Erwartungen der Eltern entsprechend groß. Viele Väter und Mütter wollen oder können nicht verstehen, wie zerrissen sich ein Pubertierender fühlt, wenn die innere Befindlichkeit und die äußere Erscheinung auseinanderklaffen.

Die elfjährige Naomi kann ein Lied davon singen. Sie sperrt sich dauernd ins Bad ein, will alleine sein, beobachtet sich im Spiegel. Mal findet sie sich attraktiv und fühlt sich toll, plötzlich wieder total hässlich – der Po zu dick, auf der Nase ein Pickel, die Haare zu fransig, zu strähnig –, nichts stimmt. Vor ein paar Monaten war sie noch ein mit

Weiter auf Seite 36

greifen sogar auf die Evolutionsbiologie zurück: Der gestresste Teenager, so die Evolutionspsychologen, wird schnell geschlechtsreif, um möglichst bald einen Partner finden zu können, mit dem er sich fortpflanzt, eine eigene Familie gründet und so die Art erhält.

Weitere Gründe, die in der Fachwelt für die frühe Pubertät verantwortlich gemacht werden, sind genetische Faktoren, die gute Ernährung und auch der Umstand, dass sich unser Energiehaushalt verändert hat – wir müssen uns körperlich kaum noch anstrengen, um unser Leben zu meistern, und entwickeln so problemlos das für die Reproduktion benötigte Fettgewebe. Auch östrogenverwandte Substanzen in Wasser, Nahrung und Haushaltsmitteln werden genannt.

In einem Punkt sind sich sämtliche Fachleute einig: Ein Kind, das besonders früh zu pubertieren beginnt, braucht ein hohes Maß an Unterstützung und Geborgenheit. Paradoxerweise sind gerade jene Teenager, die körperlich schnell reifen, besonders labil und unsicher, denn die Schere zwischen körperlicher Entwicklung und innerer Reife ist meist riesengroß. Eltern und Lehrer meinen oft, eine Zwölfjährige, die schon etwas Busen hat, geschminkt und gestylt daherkommt, oder ein hochgeschossener 13-Jähriger, dessen Stimme bereits kippt, müsste auch seelisch-geistig einigermaßen erwachsen sein. Doch mit dieser Haltung überfordern sie diese Kinder, sie üben psychischen Druck aus.

Äußerlich früh reifenden Teenagern bleiben auch weniger Zeit und Muße, um die notwendigen Entwicklungsphasen der Kindheit zu durchlaufen und abzuschließen. Das ist mit

35

Weiter auf Seite 37

sich selbst zufriedenes, unbeschwertes Mädchen, plötzlich muss sie sich ständig mit ihrem neuen Erscheinungsbild auseinandersetzen. Die Mutter hämmert schon zum dritten Mal gegen die Tür. Übel gelaunt rennt Naomi aus dem Bad, verschwindet in ihrem Zimmer und zerrt den gerüschten BH aus dem Schrank, obwohl ihr Busen noch winzig ist. Kurz darauf steht die Mutter in der Tür: »Was ist los mit dir?« Aber nein, Naomi will kein Gespräch führen, die Mutter nervt bloß. Warum das alles so ist, weiß Naomi selbst nicht. Auf ihren Vater hat sie genauso oft eine Wut. Er zieht sie immer auf, wenn er etwas von ihr will, was sie nicht erfüllt: »Mein süßes Töchterchen tut so erwachsen und benimmt sich wie ein Kleinkind.«

Maxi, zwölf Jahre, fühlt sich mindestens so gestresst durch seine Eltern. Er hantiert mit seinem Handy und hört Musik, anstatt seine Hausaufgaben zu machen Er ist hoch konzentriert, da platzt seine Mutter ins Zimmer und schimpft: »Wann wirst du endlich vernünftig? So geht es nicht weiter, junger Mann!« Sie knallt die Tür zu, Maxi wirft sich aufs Bett, starrt auf das Poster an der Wand – es muss weg, er steht doch gar nicht mehr auf Dinos. Oder doch? Es ist verdammt schwer, äußerlich ein Teenager zu sein und innerlich noch nicht so recht.

innerem Stress verbunden, sie werden früh mit Themen und Anforderungen konfrontiert, die eigentlich erst später dran wären. Eltern stehen ihren Kindern bei, wenn sie im Umgang mit ihnen nicht von der körperlichen Reife ausgehen, sondern von der noch kindlichen Gefühlslage.

Erstaunlicherweise beginnt die Pubertät häufig nicht nur früher, sie zieht sich auch länger hin. Manche Söhne und Töchter kleben noch mit 20 an ihrem Zuhause. Eine neue Bezeichnung für dieses Phänomen ist *emerging adulthood*. In dieser Phase des »aufkommenden Erwachsenwerdens« sind die älteren Jugendlichen noch auf der Suche nach ihrem Platz in der Gesellschaft. Diesen zu finden ist heutzutage gar nicht leicht. Was kommt nach der Schule? Welche Ausbildung ist die richtige? Die unendliche Vielfalt von Optionen verwirrt und macht die Zukunftsplanung zu einer Mammutaufgabe. Je mehr Möglichkeiten und Angebote, desto komplizierter die Auswahl. Gleichzeitig steigt der Entscheidungsdruck, gekoppelt mit der Befürchtung, die falsche Wahl zu treffen. Früher war das Leben planbar, die junge Generation von heute weiß dagegen nicht, was sie erwartet.

Für Eltern gilt es, einen schwierigen Spagat zu meistern – einerseits wollen sie ihrem Spätabnabler die Verlässlichkeit geben, die ihm die Gesellschaft mit all ihren Unwägbarkeiten verweigert. Andersseits möchten sie loslassen und verlangen ein wachsendes Maß an Selbstverantwortung.

Und plötzlich wächst der Busen

Irgendwann im Alter zwischen sechs und zehn Jahren gibt das Gehirn das Startzeichen für den Umbau des Kinderkörpers in den einer Frau. Die Eierstöcke erwachen aus ihrer frühkindlichen Ruhephase, sie wachsen und beginnen mit der Produktion der weiblichen Geschlechtshormone Östrogen und Gestagen. Durch sie angeregt, nimmt die Gebärmutter an Größe zu, und ihre Schleimhaut wird dicker. Was sich bei den inneren Geschlechtsorganen anbahnt, schlägt nach und nach auch äußerlich durch: Das Becken verbreitert sich zu seiner bleibenden Form; die Brustwarzen werden dunkler, und das Gewebe um sie herum fängt an, sich zu wölben; die Schamlippen nehmen an Größe und Fülle zu und verfärben sich dunkler, die Klitoris schwillt an. Neben den weiblichen Geschlechtshormonen zirkulieren aber auch die männlichen Androgene in den Blutbahnen jeder Frau, nur in geringerer Menge. Sie lösen das Sprießen der Schambehaarung aus und etwas später auch das der Achselhaare.

Parallel zu dieser rasanten Entwicklung schießen die Mädchen in die Höhe, bis zu acht Zentimeter in nur zwei bis drei Jahren – zum Leidwesen der Betroffenen keineswegs in harmonischen Proportionen. Die Extremitäten sind dem Rumpf beim Wachstumsspurt ein Stück voraus, sie wirken plötzlich ungelenk und schlaksig. Aber auch sonst ändern sich die Konturen des Kinderkörpers: Er beginnt programmgemäß Fett anzulegen, Hüften und Po werden runder. Das Gesicht entwickelt allmählich markantere Züge – und dank des Hormonüberschusses

38

Weiter auf Seite 40

Während der Pubertät blicken Mädchen besonders kritisch in den Spiegel. Mal entdecken sie einen Pickel, der stört, mal Haare, die nicht so glänzen, wie sie glänzen sollten. Besonders aufmerksam wird der Busen betrachtet. Er muss perfekt sein, weil er als wichtigstes Merkmal ihrer »neuen« Weiblichkeit gilt. Stimmt die Oberweite, oder stimmt sie nicht? Ist der Busen klein, heißt das: »Viel zu mickerig. Ich kann nicht mithalten mit den Freundinnen, die einen viel üppigeren Busen vorzuweisen haben.« Ist er groß, dann macht das auch nicht unbedingt glücklicher: »Alle schauen mich an – vor allem in den Turnstunden!« Größe und Wachstum der Brust legen weitgehend die Gene fest. Oft entwickeln sich die Brüste nicht gleichmäßig. Manche Mädchen müssen eine Weile mit einer Asymmetrie leben, die sich später aber wieder verwächst. Die Mutter einer heute 18-Jährigen erzählt von eigenen Erfahrungen: »Ich ging zu meiner Mutter, als ich mit 13 so einen merkwürdigen glasigen Ausfluss hatte. Sie schickte mich weg mit der Bemerkung: ›Das gibt sich wieder.‹ In Wirklichkeit war es ein Signal für die wenig später beginnende Periode. Schon damals beschloss ich, meine zukünftigen Kinder nie so allein zu lassen. Was ihnen hilft, ist ein klares, deutliches Gespräch über alle kommenden Veränderungen ihres Körpers. Dadurch finden sie Sicherheit und das Gefühl, ernst genommen zu werden.«

Am wenigsten vertragen es die Teenager, wenn Eltern ihre eigene Unsicherheit hinter Spötteleien verstecken. »Sehe ich da etwa eine Wölbung?« Kommentare dieser Art nehmen ihnen jegliches Zutrauen und drängen sie dazu, sich zu verschließen. Oft gelingt der Brückenschlag besonders gut über

39

Weiter auf Seite 41

oft auch eine Menge Pickel. Nahezu ausnahmslos tritt erst nach dem größten Wachstumsschub die erste Monatsblutung ein, die Menstruation.

Die Brust

Meistens ist die knospende Brust das erste sichtbare Zeichen für den Pubertätsbeginn bei Mädchen. Bis zur vollen Reife dauert es aber gewöhnlich noch rund vier Jahre. Die Größe der Brust wird durch den Drüsenkörper und Fettansammlungen bestimmt. Im Wesentlichen ist sie anlagebedingt und lässt sich weder durch Päppel- noch durch Fastenkuren entscheidend beeinflussen. Häufig entwickelt sich die Brust zunächst asymmetrisch. Kein Grund zur ernsthaften Beunruhigung, denn diese Ungleichheit legt sich fast immer im Verlauf der weiteren Entwicklung.

Berichte der Erwachsenen von ihren eigenen früheren Problemen und Empfindungen. Um mit allen irritierenden Veränderungen fertigzuwerden, brauchen die Teenies verständnisvollen Beistand.

Unvermittelt kippt die Stimme

Lange bevor ein Junge irgendwelche Veränderungen seiner Geschlechtsmerkmale entdeckt, bereitet sich der Körper bereits auf die Pubertät vor und produziert Androgene, männliche Keimdrüsenhormone. Zwischen dem 12. und 13. Lebensjahr ist es meist so weit, dass sich die ersten ersehnten Beweise körperlicher Veränderungen zeigen. Es ist aber auch völlig normal, wenn sich das präpubertäre Stadium bis zum 14. Lebensjahr hinzieht.

Gesteuert durch das in den Hoden freigesetzte männliche Geschlechtshormon Testosteron sowie durch die in der Nebenniere produzierten Androgene, kommt die Pubertät in Gang: Zunächst vergrößern sich die Hoden, und kurze Zeit später wachsen die ersten Schamhaare. Nach etwa vier Jahren ist das Stadium des Erwachsenen erreicht. Der Penis wird etwa ein Jahr nach Beginn des Hodenwachstums zunächst länger, dann breiter und dicker. Den ersten Samenerguss entdeckt ein Junge meistens erst morgens beim Aufwachen, denn er geschieht unbemerkt während des Schlafs, manche Jungen produzieren den ersten Erguss allerdings auch durch Selbststimulation.

Kurz nach Beginn des Peniswachstums legt auch der Körper an Größe zu: In einem einzigen »Rekordjahr« – häufig mit 14 – beträgt das Längenwachstum oft bis zu zwölf Zentimeter. Spätestens jetzt holen männliche Teenager körperlich den bisherigen Vorsprung der Mädchen auf. Dabei wachsen einige Körperregionen schneller als andere: Hände und Füße machen den Anfang, dann folgen Hüften, Brust und Schulterbreite. Der Rumpf streckt

Weiter auf Seite 44

Manchmal können sich Eltern ein Lachen nicht verkneifen: Komisch die ungelenken Bewegungen ihres pubertierenden Sohnes, so riesenhaft seine Füße, so witzig diese kippende Stimme, mal rau und männlich, plötzlich wieder hoch und piepsig. Ist es da verwunderlich, wenn Eltern den Sohn ab und zu ein wenig aufziehen?

Normalerweise sind die heranwachsenden Kinder aber wenig empfänglich für diese Art von Humor und kaum in der Lage, über sich selbst zu lachen. Zu drastisch und sogar unheimlich sind die Veränderungen ihres Körpers, als dass sie souverän damit umgehen könnten. Außerdem müssen Jugendliche nicht nur die indiskreten Bemerkungen Erwachsener ertragen, auch Gleichaltrige sind groß darin, sich übereinander zu mokieren – kein Pickel, keiner der angeblichen Mängel des anderen bleibt unkommentiert.

Schon deswegen tut es männlichen Teenagern gut, von den Eltern aufgebaut zu werden. Selbst wenn sie sich lässig geben, sind sie doch einerseits überaus kränkbar, andererseits aber auch stolz auf die Attribute ihrer Männlichkeit – etwa über den ersten Flaum an der Oberlippe oder die neue imposante Muskelmasse. Sie wollen also ernst genommen werden. Und wenn sich ein Junge unbedingt rasieren will, selbst wenn er erst knapp 15 ist und die Barthaare nur vereinzelt sprießen, so soll er es ruhig probieren, ohne deswegen belächelt zu werden. Vermutlich haben auch seine Freunde schon die erste Rasur hinter sich, und er muss mithalten. Sollte er danach fragen: Am besten ist eine Nassrasur, vor allem bei Akne, egal, ob am Anfang der Schaum nur so aus den Nasenlöchern quillt.

43

Weiter auf Seite 45

sich meist erst zum Schluss, daher die für die Pubertät typische Disproportion des Körpers.

An Armen, Brust und Beinen wachsen die Muskeln, auch das Herz vergrößert sich fast auf das Doppelte, der Blutdruck und das Atemvolumen steigen rascher als bei den Mädchen. Etwa mit 16 haben 98 Prozent der Jungen den Stimmbruch überwunden und ihre endgültige Größe erreicht.

Jeder erste Versuch ist schwierig, aber deswegen auch umso aufregender.

Die meisten Jungen empfinden es übrigens als unangenehm, im Stimmbruch zu sein, und wünschen sich sehnlichst, dass das Gekrächze ein Ende haben möge. Zu ihrem Trost: Meist erhält die Stimme drei bis sechs Monate nach Beginn des Stimmbruchs ihre endgültige Klangfärbung.

So läuft das Programm bei Mädchen ab

Der zeitliche Ablauf der körperlichen Entwicklung ist individuell sehr unterschiedlich. Nicht selten sitzen zwei Mädchen gleichen Alters in der Schule nebeneinander, die eine noch völlig kindlich, die andere schon mit den Rundungen einer erwachsenen Frau. Und auch bei der Reihenfolge der einzelnen Stadien hält sich die Natur nicht immer an das Schema. Bei manchen ist die Brustentwicklung das erste sichtbare Zeichen für den Start in die Pubertät, bei anderen die Schambehaarung. Was »normal« ist, hat hier eine große Streubreite. Bei 96 Prozent der Mädchen aber spielt es sich so ab:

- *Beginn der Schambehaarung* zwischen 8,5 und 12,5 Jahren;
- *Beginn der Brustentwicklung* zwischen 8 und 13 Jahren;
- *größter Wachstumsschub* zwischen 9,5 und 14,5 Jahren;
- *erste Regelblutung* zwischen 10 und 16,5 Jahren;
- *Wachstumsende* mit rund 16 Jahren.

Fast immer dauert es ein paar Jahre, bis sich der Zyklus eingependelt hat. Damit verschwinden auch die lästigen Begleiterscheinungen der hormonellen Umstellung wie fettige Haut, Pickel und übermäßiges Schwitzen. Gegenüber ihren männlichen Altersgenossen haben Mädchen einen Entwicklungsvorsprung von etwa zwei Jahren. Deswegen wachsen sie ihnen zeitweilig über den Kopf.

Mit jedem der zahlreichen Entwicklungsschritte betreten die Jugendlichen Neuland, auf dem sie sich erst zurechtfinden müssen. Die Gruppe der Gleichaltrigen, mit denen sie sich gemeinsam vortasten, gibt ihnen dabei besonders viel Halt und Sicherheit. Umso schlimmer, wenn einer aus dem Takt der Gruppe fällt. Gerade jetzt wirkt jede Abweichung vom Gros der Übrigen extrem verunsichernd und beängstigend. »Meine Tochter war immer schon etwas größer als ihre Freundinnen«, berichtet eine Mutter, »aber mit zwölf überragte sie plötzlich alle um zwei Köpfe. Sie kam sich wie eine Riesin vor, und jeder erwartete von ihr das Verhalten einer Erwachsenen. Am liebsten hätte sie sich verkrochen. Inzwischen – mit 17 – ist es wieder wie früher. Ein bisschen größer wird sie immer bleiben, mehr aber nicht.«

Bei der Variationsbreite im zeitlichen Ablauf ist es klar, dass einige im Vergleich besonders früh oder besonders spät starten. Für die Kinder ist es sehr beruhigend, zu wissen, dass beides völlig in Ordnung ist. Fast immer lässt sich übrigens nachweisen, dass die Eltern ebenfalls Früh- oder Spätzünder waren. »Ich sah mit 13 auch noch aus wie ein Kleinchen«, erzählt Julia. »Und ich erinnere mich, wie ich es hasste, als Baby behandelt zu werden. Umso besser kann ich jetzt meiner Tochter helfen, sich auch als Nachzüglerin stark zu fühlen und darauf zu vertrauen, dass sie trotzdem eine richtige Frau wird.«

Wenn allerdings Busen und Schamhaar schon vor dem achten Geburtstag sprießen oder sich mit 14 Jahren noch gar nichts rührt, ist das Anlass für eine ärztliche Klärung.

Die Menstruation

Von der Pubertät bis zu den Wechseljahren ist der monatliche Zyklus ein wesentlicher Teil des Lebens jeder Frau. Der rhythmische Ablauf beginnt, wenn auf Befehl der Steuerungszentrale im Gehirn das erste von vielen Tausend Eibläschen in den Eierstöcken reift, platzt und ein Ei entlässt. Während das Ei durch den Eileiter Richtung Gebärmutter wandert, bereitet sich deren Schleimhaut darauf vor, das befruchtete Ei zu schützen und zu ernähren. Sie wird dicker und lockerer. Findet keine Befruchtung statt, stößt die Gebärmutter die Schleimhaut ab: Die Menstruation tritt ein. Danach fängt der Prozess von Reifung, Vorbereitung und – falls das Ei unbefruchtet bleibt – Abstoßung erneut an. Es sind die weiblichen Geschlechtshormone, die das periodische Geschehen dirigieren. Gewöhnlich dauert die Blutung drei bis sieben Tage. Dabei werden rund 100 Milliliter Blut, ungefähr eine kleine Tasse voll, vermischt mit Stückchen des Schleimhautgewebes, ausgeschieden. Fast immer ist die Periode anfangs sehr unregelmäßig. Der Körper braucht ein paar Jahre, um seinen Rhythmus zu finden. Und auch dann stimmt er nur in seltenen Fällen mit dem Durchschnittsmaß von 28 Tagen überein. Manche Frauen haben einen Zyklus von nicht einmal 21 Tagen, bei anderen dauert er länger als 35 Tage. Die unregelmäßigen Zyklen der ersten Zeit lassen meistens darauf schließen, dass die Blutung nur durch den Hormonspiegel ausgelöst wurde, aber kein Eisprung stattfand. Obwohl in derartigen Zyklen keine Schwangerschaft eintreten kann, ist es höchst riskant, darauf als Si-

48

Weiter auf Seite 50

Wie wichtig es ist, die Kinder gründlich auf alle körperlichen Ereignisse während der Pubertät vorzubereiten, illustrieren die Horrorgeschichten aus vergangenen Zeiten: Ahnungslose junge Mädchen fürchteten bei ihrer ersten Blutung, sich verletzt zu haben oder an einer schlimmen Krankheit zu leiden. Selbst wenn solche Fälle heute selten sein dürften, wird das Erleben der Menstruation noch immer entscheidend vom mütterlichen Verhalten mitgeprägt. Frauen, die die Regel als selbstverständlichen, natürlichen Teil ihrer Weiblichkeit betrachten, geben diese unkomplizierte Einstellung meistens an ihre Töchter weiter. Weder der Vorgang selbst noch die notwendigen Gebrauchsgegenstände wie Binden oder Tampons müssen verheimlicht werden. Gerade der Einkauf dieser Utensilien bietet eine Chance, schon kleinen Mädchen zu erklären, was später auch in ihrem Körper ablaufen wird und dass es ein ganz normaler Vorgang ist, von dem alle Frauen betroffen sind. Es liegt primär in der Hand der Mütter, ihren Töchtern zu vermitteln, dass Menstruationsblut nichts Schmutziges, Ekelhaftes ist, sondern ein Zeichen ihrer Fruchtbarkeit, ein Symbol ihres Erwachsenseins, auf das sie stolz sein können. Solch eine positive Haltung nimmt den Mädchen die demütigende und peinliche Sorge, bloß alles heimlich abwickeln zu müssen. Auch auf die Geschwister – vor allem die männlichen – färbt diese Einstellung meistens ab, und sie gewöhnen sich schon früh daran, eine ganz natürliche Sache entsprechend natürlich zu behandeln. Weniger einfach ist der Start ins Frausein für Mädchen, deren Mütter die Menstruation als schambesetzte, unangenehme weibliche Plage ansehen. Auch die negative

49

Weiter auf Seite 51

cherheit zu vertrauen. Denn auch andere Einflüsse wirken sich auf die Periode aus. Seelische Belastung etwa, körperliche Überanstrengung, Krankheit oder Klimawechsel führen unter Umständen dazu, dass sich Termin, Stärke oder gewohnter Ablauf der Menstruation verändern. Unter extremen Bedingungen setzt sie manchmal ganz aus. Rund die Hälfte der jungen Mädchen hat im Umfeld der Menstruation mit Beschwerden wie Bauchkrämpfen, Ziehen im Unterleib, Rückenschmerzen, Aggressionen oder Stimmungstiefs zu kämpfen. Manchmal kann Stress die Ursache sein, eine hormonelle Störung oder die Ablehnung der weiblichen Rolle. Oft helfen Entspannung, ein heißes Bad oder feuchte Wärme auf dem Bauch. Bei starken, regelmäßig auftretenden Schmerzen oder wenn die Blutung länger als acht Tage dauert, ist eine frauenärztliche Kontrolle anzuraten.

Es wird oft empfohlen, dass die jungen Mädchen von Anfang an den ersten Tag ihrer Periode, mit dem ein neuer Zyklus beginnt, im Kalender markieren. So können sie beobachten, wie sich ihr individueller Rhythmus allmählich einpendelt, und nach einer Weile berechnen, wann die nächste Blutung zu erwarten ist. Die erste Monatsblutung zeigt an, dass ein Mädchen körperlich zur Frau geworden ist, reif und fähig, Kinder zu bekommen. Eigentlich ein Grund, stolz zu sein. Manche Teenies reagieren erschrocken auf das Zeichen ihrer Weiblichkeit, andere empfinden es als Last, die meisten nehmen es ziemlich gleichgültig hin. Viele Mädchen gehen zwar mit ihrer Menstruation

50

Weiter auf Seite 52

Haltung »vererbt« sich fast immer auf die Töchter – und mit ihr oft die Neigung, die Periode als besonders schmerzhaft oder stimmungsdämpfend zu empfinden. Egal, ob zur einen oder anderen Kategorie gehörend, schätzen die Mädchen es gewöhnlich nicht, wenn die Eltern das große Ereignis im Freundes- und Verwandtenkreis ausposaunen. Gerade jetzt braucht ihre Intimität besonderen Schutz. Viele Mütter sind selbst noch mit einer Menge traditioneller Vorurteile, die Menstruation betreffend, aufgewachsen. Dass man in dieser Zeit nicht schwimmen gehen dürfe etwa, dass man keinen Sport treiben und nicht miteinander schlafen solle. Vorstellungen, die neben vielen anderen aus den Zeiten finstersten Aberglaubens stammen. Tatsächlich gibt es für das Verhalten eines Mädchens oder einer Frau während der »Tage« keine einschränkenden Richtlinien. Erlaubt ist, was Spaß macht und guttut – auch ausruhen und sich schonen. Im deutschsprachigen Raum liegt das Durchschnittsalter der Mädchen bei der ersten Monatsblutung bei 12,7 Jahren. Von einer Entwicklungsverzögerung sprechen Ärzte erst, wenn mit 14 Jahren noch keine Zeichen körperlicher Veränderung erkennbar sind. Meist liegt dann eine konstitutionelle Verzögerung vor. Das heißt: Das Mädchen ist einfach ein Spätentwickler. Die Pubertät verläuft sonst aber ganz normal. Nur selten ist eine chronische Erkrankung Ursache, zum Beispiel eine Erkrankung der Nieren oder der Schilddrüse, oder es steckt eine Störung der Chromosomen oder der Keimdrüsen hinter der Verzögerung.

51

Weiter auf Seite 53

ganz locker um, vielleicht empfinden sie auch Genugtuung, weil sie nun zum Kreis der Großen gehören. Aber wirklich stolz – das ergaben Umfragen – sind die wenigsten. Und es wird ihnen auch nicht gerade leicht gemacht. Denn das Ereignis, das ihnen zu ihrem neuen, erwachsenen Status verhilft, ist gleichzeitig eines, das sich im Verborgenen abzuspielen hat, von dem nach wie vor möglichst niemand etwas bemerken soll. Am ehesten können diejenigen Mädchen eine positive Einstellung entwickeln, die bei ihren Müttern eine selbstbewusste, unbefangene Weiblichkeit miterleben.

Beim Gynäkologen

Wenn das heranwachsende Mädchen oder die Eltern unsicher sind, ob die Entwicklung programmgemäß verläuft, wenden sie sich am besten an einen Frauenarzt oder eine Frauenärztin. Ebenso, wenn die Blutungen sehr schmerzhaft oder sehr lang anhaltend sind. Töchter mit einem guten Verhältnis zu ihren Müttern gehen oft zu deren Ärztin oder Arzt und nehmen beim ersten Mal gern ihre Begleitung an. Sie haben aber auch das Recht, ohne Kenntnis der Eltern einen Krankenschein anzufordern oder um eine Überweisung durch den Hausarzt zu bitten. Und Eltern sollten den Wunsch ihrer Töchter, eventuell allein mit Arzt oder Ärztin zu reden, unbedingt respektieren.

So läuft das Programm bei Jungen ab

Bei Jungen kündigt sich die Pubertät in der Regel ein, zwei Jahre später an als bei Mädchen. Doch wann der Körper beginnt, sich zu verändern, und in welchem Tempo, ist individuell sehr verschieden. Nur die Abfolge ist relativ konstant – so entwickeln sich zuerst die Genitalien, dann folgt der Wachstumsschub, und erst später setzt der Bartwuchs ein.

Bei der Mehrzahl der Jungen spielt es sich so ab:

- *Vergrößerung der Hoden* zwischen 9,5 und 13,5 Jahren bzw. ab einem Körpergewicht von 35 Kilo;
- *Wachstum der Schambehaarung* zwischen 9,5 und 15,5, nach und nach kräuseln sich die Haare;
- *Vergrößerung des Penis* zwischen 9,5 und 16,6, wobei die Genitalentwicklung bereits mit 13, aber bei Spätentwicklern auch erst mit 18 Jahren beendet sein kann;
- *der erste Samenerguss* zwischen 13 und 15;
- *die ersten Barthaare* zwischen 13 und 16;
- *Stimmbruch* zwischen 13 und 16;
- *Wachstumsschub* zwischen 10,5 und 16;
- *Achselbehaarung* zwischen 13,6 und 14,5;
- *Brust- und Beinbehaarung* zwischen 15 und 17;
- *Wachstumsende* zwischen 13,5 und 17,5 Jahren.

Während bei Mädchen der Wachstumsschub meist den Beginn der Pubertät ankündigt, schießt die Mehrzahl der Jungen erst schlagartig in die Höhe, nachdem sich die Genitalien vergrößert haben. Noch eines: Die Nase verändert sich natürlich auch in der Pubertät und erreicht meist schon im 15. Lebensjahr ihre Erwachsenengröße.

Jungen sind meist zufriedener mit ihrer körperlichen Entwicklung als Mädchen, denn für ihr Selbstwertgefühl ist das Erscheinungsbild nicht so ausschlaggebend, obwohl es sich langsam zu verändern beginnt. Dennoch: Buben, die mitten in der Pubertät noch deutlich kleiner und schmächtiger sind als die Mehrzahl ihrer Freunde und körperlich noch wie ein Kind aussehen, fühlen sich oft »minderwertig«. Die sich schneller entwickelnden Jungen treten besonders selbstbewusst auf und entsprechen am ehesten dem Ideal des attraktiven Jugendlichen – vor allem natürlich, wenn sie wohlproportioniert und athletisch aussehen. Auch werden Frühentwickler von Erwachsenen eher ernst genommen und genießen mehr Freiheiten als Gleichaltrige, die körperlich noch nicht so weit sind.

Eltern neigen dazu, den »Kleinen« zu bemuttern, und sind meist strenger, als es seinem Alter entspricht. Dabei wäre dem Sohn eher geholfen, wenn sie ihn zunehmend mitreden und mitbestimmen ließen und Verständnis für eventuelle Minderwertigkeitsgefühle zeigten. Denn kleine, kindlich wirkende Jungen machen oft demütigende Erfahrungen – ständig sind etwa sie es, deren Ausweis vor der Disko kontrolliert wird.

Wichtig sind auch informative Gespräche. Gerade Spätentwickler sollten wissen, dass ein Wachstumsschub auch noch mit 15 oder 16 möglich ist, die Körpergröße allerdings in 80 Prozent der Fälle vererbt wird. Viele Jugendliche machen sich Gedanken über ihre Entwicklung: Ist ihr Penis nicht zu klein? Wann beginnt endlich der Bart zu wachsen? Je mehr sie über die normalen, individuell sehr unterschiedlichen körperlichen Veränderungen wissen, desto sicherer fühlen sie sich.

Nachts im Schlaf der erste Samenerguss

Wenn die Hoden sich vergrößern und die ersten Scham-haare sprießen, kündigt sich beim Jungen der Beginn der Pubertät an. Der Körper produziert vermehrt männ-liche Geschlechtshormone, der Penis wird größer, und einige Zeit später, in aller Regel zwischen dem 13. und 14. Lebensjahr, erlebt der Junge den ersten Samenerguss. Diese erste Ejakulation, auch Oigarche genannt, wird oft gleichgesetzt mit der Menarche, also der ersten Mens-truation des Mädchens. Doch ganz korrekt ist das nicht, da Mädchen die erste Menstruation etwa in der Mitte der Pubertät bekommen, und zwar meist dann, wenn sie den größten Wachstumsschub bereits hinter sich haben. Jungen hingegen erleben die erste Ejakulation zu Beginn der Pubertät, wenn der entscheidende Wachstumsschub meistens noch bevorsteht.

Außerdem sind die Empfindungen von männlichen Teenagern beim ersten Samenerguss größtenteils weni-ger gemischt als die Gefühle der Mädchen bei der ersten Menstruation. »Als ich morgens aufwachte, mein Schlaf-anzug nass war und klebte, dachte ich nur, geil, jetzt bin ich ein Mann. Das Onanieren macht seitdem auch viel mehr Spaß, einfach weil ich jetzt spermen kann, also einen Samenerguss habe«, freut sich der 13-jährige Mar-kus.

Selbst wenn es manche Jungen irritiert, dass sie auf den nächtlichen Samenerguss keinen Einfluss haben, sind sie doch geradezu stolz auf den Beweis ihrer Männlichkeit.

Natürlich will keine Mutter indiskret sein, aber wenn ihr Sohn eindeutig in der Pubertät ist, nimmt sie doch hie und da die Laken genauer unter die Lupe: Hat er bereits einen Samenerguss? Die Mutter des 15-jährigen Philip: »Als mein Sohn 14 wurde und ich niemals die geringste Spur einer nächtlichen Ejakulation in seinem Bettzeug entdeckte, begann ich mich zu wundern. Ich hätte aber nie ein Wort gesagt, wenn ich nicht ein lautes Gespräch zwischen meinem Sohn und zwei Freunden mitbekommen hätte. Vielleicht hatten sie um die Wette onaniert, jedenfalls machten sich die zwei anderen über meinen Sohn lustig, weil er nicht ›spermen‹ konnte. Daraufhin habe ich mit einem Arzt gesprochen, der mir versicherte, es sei völlig normal, die erste Ejakulation erst mit 15 oder sogar noch später zu bekommen.«

Da es schwierig ist, mit Jugendlichen über ihre Sexualität zu reden, können Eltern ihren Söhnen vorschlagen, einen Arzt aufzusuchen, um Antworten auf Fragen zu bekommen, die sie ihren Vätern und Müttern nicht stellen wollen. Jugendliche beschleicht immer wieder die Ungewissheit, ob bei ihnen auch wirklich alles stimmt: Den einen beruhigt es zu erfahren, dass Aussehen und Konsistenz der Samenflüssigkeit verschieden sein können, gelblich oder weiß, ein Teil davon auch durchsichtig. Ein anderer profitiert vielleicht von der Information, dass sein Ejakulat und sogar das bisschen Flüssigkeit, das bereits vor dem Orgasmus austritt, meist lebendige Spermien enthalten. Selbst wenn die Hoden zu Anfang noch nicht voll funktionsfähig sind und somit nicht in jedem Samenerguss Spermien vorhanden sind, kann ein Junge davon ausgehen, dass er mit Beginn des ersten Samenergusses ein Kind zeugen könnte.

Womit fast jeder zu kämpfen hat:
Akne, Schwitzen, Müdigkeit

Neben den gravierenden körperlichen Veränderungen gehören ein paar Begleiterscheinungen zum Programm der Pubertät, die mal stärker, mal schwächer auftreten, in jedem Fall aber die generelle Unsicherheit der Jugendlichen entschieden vergrößern.

Akne – eine Flut von Pickeln und Pusteln auf Gesicht, Nacken, Rücken und Dekolleté – ist ein geradezu klassisches Merkmal dieser Phase. Sie entsteht durch einen Überschuss an männlichen Sexualhormonen, die die Talgdrüsen der Haut veranlassen, zu viel Fett abzusondern. In den verstopften Poren bilden sich Stippchen, Mitesser oder eitrige Pusteln – in welchem Ausmaß, hängt jeweils von Erbanlage und Hormonproduktion ab. Mädchen trifft es gewöhnlich weniger heftig als Jungen, weil in ihrem Organismus der Einfluss der weiblichen Geschlechtshormone gegenüber dem der männlichen dominiert.

Wie Stress die Pickelproduktion anregen kann, erleben viele Teenager sehr peinigend: Gerade wenn sie für eine Verabredung besonders attraktiv sein möchten, machen sich die dicksten Exemplare breit. Obwohl die Pickelplage fast regelmäßig zum Ende der Pubertät verschwindet, ist sie für die Betroffenen oft eine Zeit lang das beherrschende Thema und die größte Sorge. Viel lässt sich nicht dagegen tun, weder mit Diäten noch mit Waschorgien. Wichtig sind seifenfreie, fettarme Pflegeprodukte und vor allem sorgfältige Desinfektion, wenn's ans Ausdrücken geht. Sonst wird die Sache eher noch schlimmer. In schweren Fällen kann mit Medikamenten zwar nicht un-

Weiter auf Seite 60

Ausgerechnet zu dem Zeitpunkt, wenn sie anfangen, sich intensiver um das andere Geschlecht zu bemühen und ihren Platz im Kreis der Großen zu suchen, schaut den meisten Teenies aus dem Spiegel ein pickelübersätes Gesicht entgegen.

Verständnisvolle Eltern werden begreifen, dass dieses Problem für ihre Kinder sehr schwerwiegend ist. Es setzt ihrem ohnehin schon instabilen Selbstbewusstsein heftig zu. Die Pickel einfach wegzuleugnen – »Die paar Stippchen sind doch wirklich nicht schlimm!« – nützt gar nichts, wo doch jeder sehen kann, wie sie blühen. Besser bewährt hat sich vernünftige, praktische Hilfestellung: die gemeinsame Auswahl der richtigen Pflegemittel und die gemeinsame Überlegung, ob und wann ärztlicher Rat nötig ist. Manche Eltern schaffen es, das Manko der Pickel durch ein scheinbar zufällig platziertes Kompliment auszugleichen. Der Vater eines 16-Jährigen: »Als ich ihm sagte, er bekäme allmählich Schultern wie ein Bodybuilder, ging er gleich ein paar Nummern gerader aus dem Zimmer. Es wirkte wie eine Mutspritze gegen die deprimierende Akne.« Irgendeine Schokoladenseite hat jeder – es lohnt den Versuch, sie im richtigen Augenblick ins Spiel zu bringen.

Verständnis brauchen die Kids auch, wenn sie plötzlich anfangen, ziemlich »gebraucht« zu riechen. Sie sind in dieser Phase hypersensibel, und jede taktlose Bemerkung würde sie verletzen. »Ich weiß, es wäre meiner Tochter entsetzlich peinlich gewesen, wenn ich sie auf ihren Schweißgeruch hingewiesen hätte«, erzählt eine Mutter. »Deshalb schlug ich ihr vor, gemeinsam ein eigenes Duschgel und Deo für sie auszusuchen. Schließlich sei sie ja beinahe erwachsen. Sie fand das toll,

59

Weiter auf Seite 61

bedingt Heilung, aber zumindest doch Linderung erreicht werden.

Schwitzen – in bislang ungewohnter Art – irritiert viele Heranwachsende. Die Schweißdrüsen in den Achseln und im Genitalbereich nehmen während der Pubertät ihre Funktion auf. Nicht nur bei Hitze sondern sie Schweiß ab, auch bei Angst und Aufregung. Und oft im Übermaß – daher plötzlich die Schwitzflecken unter den Achseln –, ein sicheres Zeichen, dass sich der Hormonhaushalt umstellt. Teenies duften nicht mehr so angenehm wie kleine Kinder, sie riechen wie Erwachsene. So normal das Ganze ist, gibt es doch ein Problem: Die Jungen und Mädchen merken häufig nichts davon. Tägliches Waschen und Deodorants für die Achselhöhle schaffen Abhilfe.

Müdigkeit – verbunden mit niedrigem Blutdruck, Rücken- und Gliederschmerzen – ist die ganz natürliche Folge des schnellen Wachstums und der immensen hormonellen Umstellung, die der Körper verkraften muss. Vor allem morgens haben Teenies oft Schwierigkeiten, in Gang zu kommen, und bei Mädchen speziell sind Schwindel- und Ohnmachtsanfälle beinahe an der Tagesordnung. Kein Grund also, sich zu sorgen. Bis sich der Organismus umgestellt hat, legen viele Jugendliche instinktiv Ruhephasen ein. Sie raffen sich zu nichts auf, hängen scheinbar sinnlos herum. Besser als mit Pillen lässt sich mit viel frischer Luft und Sport etwas gegen Kreislaufprobleme und Abgeschlafftheit unternehmen. Und am Morgen erleichtert Kaffee oder schwarzer Tee den Start.

und damit war die Sache erledigt.« Für die meisten Eltern bedeutet es eine extreme Geduldsprobe, wenn ihre Sprösslinge plötzlich in dauernde Lustlosigkeit und Müdigkeit verfallen. Im Alltagsstress übersehen sie leicht, wie strapaziös das körperliche Programm ist, das ihre Kinder jetzt in dieser Zeit zu absolvieren haben. Der Gedanke, dass es nicht gewöhnliche Faulheit ist, die sie so durchhängen lässt, gibt vielen Müttern und Vätern ein neues Maß an Geduld und Verständnis. Und durch eigene sportliche Aktivität und einen eiskalten Guss am Ende des morgendlichen Duschens können sie ihren Kindern am besten zeigen, wie man auch ohne Medikamente in Schwung kommt. Ständige, anhaltende Müdigkeit kann aber auch andere als entwicklungsbedingte Gründe haben. Einige Teenies leben mit einem viel zu vollen Programm, andere stehen unter emotionalem Druck oder fasten zu streng – der Figur zuliebe. In manchen Fällen liegt die Ursache auch in organischen Erkrankungen oder psychischen Störungen. Bei aller Toleranz ist deshalb die Aufmerksamkeit der Eltern wichtig, um erkennen zu können, wann sie selbst eingreifen müssen oder ärztlichen Rat suchen sollten.

Sich möglichst starke Nerven zuzulegen ist das Beste, was Väter und Mütter tun können, damit aus den Begleiterscheinungen der Pubertät nicht massiver Zündstoff für Familienkräche wird, denn längst nicht bei jedem Kind greifen die Tipps erfahrener elterlicher Leidensgenossen. Manche Teenies setzen Pickelgesicht, Schweißgeruch und Lethargie hemmungslos als Waffen beim Ablösungsprozess vom Elternhaus ein. Dann hilft nur ein stabiles Nervenkostüm.

Soll das etwa ich sein? Das neue Körpergefühl

Für kleine, gesunde Kinder ist der eigene Körper gewöhnlich überhaupt kein Thema. Lang oder kurz, hübsch oder weniger wohlgeraten, männlich oder weiblich – lauter Fragen von höchst nebensächlicher Bedeutung. Erst die einschneidenden Veränderungen während der Pubertät beenden dieses naive, unreflektierte Einssein mit sich selbst. Durch seine rapide Verwandlung rückt der Körper plötzlich in den Mittelpunkt des Interesses. Fasziniert, erschrocken oder stolz beobachten die Heranwachsenden, wie er neue Umrisse, eventuell auch neue Problemzonen entwickelt. Und die Reaktionen und Kommentare der Umgebung verstärken das Gefühl, nicht mehr zu sein, wer man bisher war. Das Herauswachsen aus dem gewohnten Erscheinungsbild können sie beobachten, aber was sich da an neuen Konturen entpuppt, stürzt viele zunächst in tiefste Verunsicherung. Soll das etwa ich sein? Mit dieser Riesennase? Diesem dicken Po? Stunden verbringen sie jetzt vor dem Spiegel, überprüfen kritisch ihr Konterfei, probieren Frisuren, Klamotten, Make-up, Posen und Mienenspiel. Und es ist wichtig, dass sie das tun. Schließlich müssen sie sich wieder finden in diesem mutierenden Körper, müssen lernen, dass die Merkmale ihres Geschlechts ihn nun endgültig prägen, müssen entdecken, was zu dem neuen Ich passen könnte. Das Akzeptieren des eigenen Körpers ist eine entscheidende Grundlage für einen wesentlichen Teil ihrer Erwachsenenidentität, das Erleben ihrer zukünftigen Rolle als Frau oder Mann. Vielen Heranwachsenden fällt das nicht gerade leicht. Denn

62

Weiter auf Seite 64

Auch wenn längst nicht alle Jugendlichen gravierende Probleme mit der Veränderung ihres Körpers haben, gehört die stundenlange Okkupation des Badezimmers fast ausnahmslos zum Programm. Eltern neigen oft dazu, diese intensive Beschäftigung mit dem Erscheinungsbild als grenzenlose Eitelkeit zu betrachten. Viele erinnern sich einfach nicht an ihre eigene Zeit der Experimente vor dem Spiegel: »»Sag bloß, du hast nicht herumprobiert‹, warf mir meine Tochter vor, als ich sie genervt aus dem Bad zu scheuchen versuchte«, berichtet eine Mutter. »Und plötzlich fiel's mir wieder ein: der Schmollmund von Brigitte Bardot – ewig habe ich daran geübt. Ich wusste nicht, wie ich sein wollte, sexy und wild, zart und romantisch oder stark und emanzipiert, und es dauerte seine Zeit, bis ich bei mir selbst landete.« Genauso geht es den Jugendlichen heute: Mal treten sie klotzig als Machos auf, dann wieder als durchgestylter Dandy oder abgebrühter Weltkenner, lassen Kaskaden »weiblichen« Gelächters los, schwenken die Hüften und geben sich im nächsten Augenblick als die kühle Intellektuelle. Viele stülpen sich in dieser Zeit der Unsicherheit einen bestimmten Look über, der dem Trend einer Clique oder Jugendmode folgt. Dabei ist das Gefühl dazuzugehören meistens entschieden wichtiger als die Frage, ob das jeweilige Outfit einem steht. Im Kreis der Altersgenossen, von denen fast alle in ähnliche Turbulenzen verwickelt sind, anerkannt zu werden gibt dem lädierten Selbstbewusstsein den dringend benötigten Auftrieb. Nicht wenige Kids erfahren auf diese Weise, dass Schönheit und Liebenswürdigkeit viel mit dem subjektiven Blickwinkel zu tun haben. Eltern erschauern

63

Weiter auf Seite 65

natürlich messen sie sich bei ihrem Wandlungsprozess häufig an den allgegenwärtigen Idealbildern von schlanker, langbeiniger Weiblichkeit und kerniger, kraftstrotzender Männlichkeit. Verglichen mit diesen überhöhten Traumgestalten sticht ihnen die Unausgewogenheit und Unvollkommenheit der eigenen Figur erst recht ins Auge. Sie empfinden sich als noch pummeliger, schlaksiger, mickriger. Das Gefühl, unrettbar hässlich zu sein, absolut nicht liebenswert, ist für Teenies manchmal ein großes Problem, das bis zum Selbsthass, zur Selbstzerstörungslust führen kann.

oft, wenn ihre Kinder plötzlich schwarz verhüllt daherkommen, wenn sie den Mund verziehen oder die Mähne schütteln wie »alle«. Fest steht, dass der elterliche Geschmack jetzt überhaupt keine Rolle spielt. Durch Kritik werden die Teenager nur weiter in ihre eigene Szene abgedrängt. Im Übrigen ist es müßig, sich über grün gefärbte, zerfetzte Hosen, befremdliche Mimik und Ähnliches mehr aufzuregen. Spätestens nach ein paar Wochen folgt garantiert der nächste Look – bis die meisten irgendwann stark genug sind, zu sich selbst zu stehen.

Akzeleration – der immer frühere Pubertätsbeginn

Um die Mitte des 19. Jahrhunderts trat in unseren Breiten die erste Monatsblutung mit ungefähr 17 Jahren ein. Heute im Durchschnitt schon mit zwölfeinhalb. Warum sich der Start ins Erwachsenendasein kontinuierlich vorverlagerte, konnte die Forschung bislang noch nicht endgültig klären. Es wird jedoch vermutet, dass die bessere Ernährung, vor allem mit Eiweiß, dafür verantwortlich ist. Diese zeitliche Verschiebung – von Fachleuten Akzeleration genannt – scheint inzwischen zum Stillstand gekommen zu sein. Auch hierfür gibt es noch keine zufriedenstellende Erklärung.

Komplexe und Schamgefühle

Neidisch blicken die schmächtigen Buben auf die kräftigen großen, vor denen Jung und Alt jede Menge Respekt zu haben scheinen. Unsicher schielen die kindlich aussehenden Mädchen auf ihre sich schnell entwickelnden Freundinnen. Doch fragt man nun die Beneideten, ob sie zufrieden mit ihrem Aussehen sind, fällt die Antwort meist negativ aus: Fast alle Jugendlichen meinen, sich zu langsam oder zu schnell, auf jeden Fall nicht wunschgemäß und nicht so »wie alle anderen« zu entwickeln.

Den Mädchen macht der körperliche Wandel meist besonders zu schaffen. Zum einen schämen sie sich der für alle so sichtbaren, nicht immer harmonischen Veränderungen. Sie wissen nicht, wie sie damit umgehen sollen, und all die neuen körperlichen Vorgänge überfordern sie. Zum anderen vergleichen sie sich ständig mit einem heiß ersehnten Idealbild von sich selbst – und fühlen sich unzulänglich, weil es für sie so unerreichbar ist. Nicht zuletzt erfüllt sie die »Sexualisierung« ihres Körpers und ihrer gesamten Erscheinung durch andere mit Unbehagen: Sie fühlen sich von Kopf bis Fuß beäugt, immer wieder scheint ihre »Weiblichkeit« auf dem Prüfstand, völlig unabhängig von ihren eigenen Gefühlen. Sie spüren, dass es die Blicke und Kommentare der anderen sind, die darüber entscheiden, ob sie als junge Frauen bestehen.

Jungen kümmern sich in aller Regel weniger um die Einschätzung ihres Äußeren durch die Erwachsenen, und es gelingt ihnen leichter, sich als selbstbestimmte Individuen zu fühlen. Das zeigt sich schon meist auch daran,

Weiter auf Seite 68

In der Psychologie spricht man von einer »Schamkrise«, wenn Jugendliche sich als Fremde in ihrem Körper fühlen und erleben, dass sie weder auf die kindliche Wahrnehmung, die sie früher von sich hatten, zurückgreifen können noch neue, stimmige Vorstellungen parat haben. Die Fähigkeit zu begreifen, was mit ihnen geschieht, hinkt hinter der biologischen Veränderung her. Ein Psychologe benutzt dafür folgendes Bild: Ein eifriger Gast erscheint zu einer Party, bevor sie begonnen hat. Da er viel zu früh gekommen ist, muss er sich so lange im Foyer aufhalten, bis das Fest anfängt.

Eine Mutter erzählt: »Es heißt doch, ein Teenager sei weder Fisch noch Fleisch. Bei meiner Tochter hielt dieser Zustand tatsächlich jahrelang an. Sie genierte sich zu tanzen, zeigte den Jungen die kalte Schulter und fand sie angeblich alle blöd, aber gleichzeitig beneidete sie die frühreifen Freundinnen, die sich ihrer Weiblichkeit bewusst waren und mit den Jungen herumschäkerten. Wenn wir sie ermunterten, doch auch mal aus sich herauszugehen und nicht so schüchtern zu sein, fauchte sie uns an. Überhaupt machten wir alles falsch; sie schämte sich ständig ihrer unmöglichen Eltern, alles war ihr peinlich. Doch im Grunde kam sie mit sich selbst nicht zurecht, war schrecklich verkrampft – und wir mussten eben als Blitzableiter herhalten. Als sie sich mit 16 in den Ferien glücklich verliebte, war endlich Schluss mit den ewigen Selbstzweifeln und Hemmungen.«

Meistens bleibt Eltern nichts anderes übrig, als abzuwarten, bis ihre heranwachsenden Kinder von alleine zu sich selbst finden. Dabei können sie natürlich alles tun, um das labile

67

Weiter auf Seite 69

wie entschieden sie von den elterlichen Erwartungen abrücken. Doch auch Jungen beschleichen Komplexe und Ängste, und zwar häufig im Zusammenhang mit ihren Geschlechtsorganen und ihrer Potenz: Wenn sie glauben, ihr Glied sei zu klein oder nicht richtig geformt, wenn sie etwa beim Onanieren im Vergleich mit Altersgenossen schlecht abschneiden oder sich überhaupt kleiner und mickriger fühlen als ihre Freunde, dann kann ihr männliches Selbstbewusstsein ins Wanken geraten.

Besonders die jetzt erwachende Sexualität löst immer wieder Komplexe und Schamgefühle aus – bei beiden Geschlechtern. Die Wünsche und Fantasien, die mit dem Anstieg der Sexualhormone einhergehen, erfüllen vor allem die Jüngeren mit Unsicherheit, schrecklich die Vorstellung, sich lächerlich zu machen. Viele befinden sich in einer emotionalen Zwickmühle: Einerseits weisen sie jegliches Interesse am anderen Geschlecht weit von sich und geben sich unnahbar und abweisend, aber andererseits meinen sie, es sei vielleicht doch Zeit, sexuelle Erfahrungen zu machen. Nur – Gefühle und Wünsche offen zu zeigen ist oft unendlich peinlich und riskant; wer weiß schon, wie man ankommt, ob man nicht abblitzt. Es ist daher kaum verwunderlich, wenn Jugendliche einiges unternehmen, um ihre Unsicherheit zu überspielen und ihre Scham- und Minderwertigkeitsgefühle zu kompensieren: Sie prahlen, flüchten in Allmachtsfantasien oder stürzen sich in Abenteuer, um zu beweisen, dass sie doch zu Großartigem fähig sind.

Weiter auf Seite 70

Selbstwertgefühl ihres Teenagers zu stabilisieren – das Gefühl, dass er wenigstens zu Hause so akzeptiert wird, wie er ist, tut ihm gut, selbst wenn er nicht darüber redet. Es hilft auch, wenn die Eltern die starken Seiten ihres Kindes herausstreichen und ihm versichern, dass bestimmt alle seine Freunde, auch die selbstbewussten, insgeheim an sich zweifeln und gegen Minderwertigkeitsgefühle ankämpfen müssen – sie tun nur so stark.

Hinter der Arroganz eines Pubertierenden verbirgt sich naturgemäß eine empfindsame Seele. In dieser Lebensphase sind fast alle Heranwachsenden Mimosen und brauchen viel Verständnis für ihre Schamhaftigkeit, für ihre Schüchternheit, die sich meist hinter extralauten Sprüchen verbirgt und dem Imponiergehabe, das sie an den Tag legen, wenn sie unter sich sind. Durch elterliche Kommentare wie »Komm, stell dich nicht so an, so genau schaut doch keiner hin« und/oder auch »Nimm dich nicht ganz so wichtig« fühlt sich jeder Jugendliche unverstanden und mag sich noch weniger leiden.

Dabei ist es besonders wichtig, dass er sich akzeptiert und innerlich davon überzeugt ist: »Ich bin es wert, geliebt zu werden, mitsamt meinen Mankos.« Zu einem umfassenden Selbstbewusstsein gehört bekanntlich auch das Wissen und Annehmen der eigenen Schwächen. Das kommt auch jeder Liebesbeziehung zugute, denn wer zu sich steht, braucht den anderen nicht zur Selbstbestätigung und nimmt auch dessen Schattenseiten gelassener hin, und wer sich mag, wird vermutlich auch mit einer Trennung eher fertig. Für Kinder ist es also geradezu lebenswichtig, sich von ihren Eltern – trotz aller unvermeidlichen Kritik – angenommen und gestützt zu fühlen.

69

Weiter auf Seite 71

Mädchen allerdings ziehen sich oft in sich zurück, flüchten sich in Tagträume oder tauschen sich mit ihren Freundinnen online oder offline aus, und das nicht nur über das Thema Sexualität. Andere behaupten, sie hätten für den ganzen Unsinn mit den Jungen überhaupt nichts übrig, kaschieren ihre Empfindungen und halten gleichzeitig ihre Schamgefühle in Schach. Sie sind froh, wenn niemand sie unter Druck setzt, bis sie sich auch gedanklich und gefühlsmäßig auf die Veränderungen ihres Körpers eingestellt haben und bereit sind, ihr Schneckenhaus zu verlassen, um sich einem Jungen zuzuwenden.

Der Umbau beginnt

Das Startzeichen gibt das Gehirn Buchstäblich über Nacht geht es los mit dem Umbau des Kinderkörpers in den eines Erwachsenen. Zunächst nur im Schlaf entsendet ein »zentrales Stellwerk« im Zwischengehirn das Gonadotropin-Releasing-Hormon an die Hirnanhangdrüse und regt sie dadurch an, die Sexualhormone FSH (Follikelstimulierendes Hormon) und LH (Luteinisierendes Hormon) auszuschütten. Diese leiten über den Blutkreislauf bei Jungen den Befehl an die Hoden weiter, Testosteron, das wichtigste männliche Sexualhormon, zu produzieren und damit das Wachstum von Hoden, Penis und Schamhaaren auszulösen und dem Körper männliche Konturen zu geben. Bei Mädchen wird der Befehl an die Eierstöcke weitergereicht. Sie starten daraufhin die Produktion des weiblichen Sexualhormons Östrogen. Als Folge runden sich der Busen und das Becken, und schließlich kommt es in Wechselwirkung mit Gestagen zu periodischen Blutungen.

4. Neue Spielräume für das Denken

Die Welt mit anderen Augen sehen

Jeder Teenager wird anders groß, auch Eltern machen die Pubertät ihrer Kinder auf ihre eigene Art durch. Von der typischen, für alle Heranwachsenden geltenden Pubertät kann keine Rede sein. Die Unterschiede zeigen sich in jedem Entwicklungsbereich, auch bei der Entwicklung des Denkens.

Das Gehirn ist auch nach 13, 14 Jahren Kindheit nicht fertig und muss sich noch entwickeln. Und wie beginnt der Reifeprozess?

- *Kleinkindalter.* Ein kleines Kind nimmt die Welt vor allem als Summe von Bildern und magischen Symbolen wahr. Es versucht, sich mithilfe von viel Fantasie in dieser Welt zurechtzufinden.
- *Erstes Schulalter.* Mit der Einschulung verwandelt sich das Kind in einen Realisten, interessiert sich jetzt mehr für konkrete Ereignisse als für Fantasiegeschichten; es zählt, misst, ordnet gerne und hat seinen Spaß an handfesten Beschäftigungen. Zu diesem Zeitpunkt stehen zwar die Wände, und Fenster und Türen sind eingeplant, aber es fehlt noch einiges, bis aus dem Rohbau ein fertiges Haus, ein gut funktionierendes Gehirn wird.

Hirnforscher haben herausgefunden, dass mit Beginn der Pubertät die Entwicklung des Gehirns einen Schub bekommt: Mächtige Bauarbeiten beginnen – vor allem im Bereich der Großhirnrinde. Hinter der Stirn tut sich einiges, und keiner ahnt etwas, denn von außen sind die Veränderungen ja nicht zu sehen.

Dass sich das Denken ihres Sohnes oder ihrer Tochter wesentlich verändert, was sich hinter dieser Stirn eigentlich tut, ist Müttern und Vätern nicht unbedingt klar. Für viele ist die Pubertät vor allem Hormonsache. Dass sie auch durch Veränderungen im Gehirn entfacht wird, ist weit weniger bekannt.

Mithilfe von Kernspintomografen haben Hirnforscher versucht, die Veränderungen im Gehirn Heranwachsender sichtbar zu machen. Aber auch ohne Kernspintomografen ist jedem klar, dass sich der Umbau des Gehirns auf Jugendliche auswirkt: Launen, Stimmungseinbrüche, Gefühlsausbrüche sind jetzt an der Tagesordnung. Vor allem der Umgang mit den eigenen Gefühlen fällt schwer: Wohin mit meiner Wut? Wohin mit meiner Lebensfreude? Nicht wenige Teenager haben den Eindruck, ihren Gefühlen, vor allem den negativen, hilflos ausgeliefert zu sein. »Plötzlich – ich weiß selbst nicht warum – bin ich total schlecht drauf. Miese Laune steigt tief aus dem Inneren in mir hoch, überfällt mich und ist irgendwann genauso schnell wieder verschwunden, wie sie gekommen ist. Keine Ahnung, warum das so ist!«, erzählt ein 15-Jähriger.

Das Gehirn eines Pubertierenden verarbeitet emotionale und Umweltreize anders als das Gehirn eines Kindes. Das heißt: Wenn ein 13-, 14-, 15-Jähriger die Welt nicht mehr so sieht, wie er sie vor seinen Pubertätswehen gesehen hat, reagiert er oftmals verunsichert: Die neue Weltsicht produziert Angst und verunsichert. Beides zusammen kann wütend und aggressiv machen. Beruhigend, wenn Eltern, Geschwister und Lehrer Launen, Stimmungseinbrüche, Gefühlsausbrüche verstehen, richtig einordnen und sogar auffangen können.

Was geschieht hinter der Stirn?

Die kleinen grauen Zellen verästeln sich heftig, und die verschiedenen Hirnbereiche reifen. Dieser Reifungsprozess zieht sich über mehrere Jahre hin, und währenddessen entwickeln sich die Nervenzellen nicht im Gleichtakt, sondern in unterschiedlicher Weise.

Welche Veränderungen finden in den verschiedenen Hirnarealen statt?

- *Vom Hypothalamus* aus werden erste wesentliche Signale gesendet, die bedeuten: Jetzt startet der Umbau. Daraufhin schüttet der Körper Wachstums- und Sexualhormone aus.

- *Der Mandelkern* ist während der Pubertät besonders aktiv. Dieser Hirnbereich ist an der Entstehung von Emotionen beteiligt. Das gesamte System wird nach und nach ausbalanciert.

- *In der Hirnrinde* wird entschieden, welche Nervenzellen zukünftig gebraucht werden, welche nicht. Die überflüssigen sterben ab. Neurowissenschaftler haben übrigens festgestellt, dass die Großhirnrinde bei den Schlausten aller Schlauen besonders langsam an Stärke zunimmt. Ihre endgültige Gestalt erreicht sie erst im frühen Erwachsenenalter. Klar: Kluge Köpfchen brauchen Zeit, um zu reifen.

- *Der Frontallappen,* für die Vernunft zuständig, reift erst gegen Ende der Pubertät. Mit zunehmender Reifung wachsen Einsicht und Vernunft bei den Heranwachsenden.

76

Weiter auf Seite 78

Jugendliche können nur dann unbeschwert die Welt erkunden, wenn sie in dieser turbulenten Umbauphase Rückhalt bei ihren Eltern haben, auf den sie falls nötig zurückgreifen können.

Sie wollen ihre neuen Denkfähigkeiten einsetzen, ausprobieren und sich reiben. An wem reiben? Die Familie kommt ihnen da gerade recht. Hier kann man ausprobieren, wo Grenzen, wo Freiheiten sind. So häufen sich während der Pubertät Auseinandersetzungen – nicht unbedingt zur Freude der Erwachsenen.

Der Umbruch im Denkapparat zeigt sich auch in weiteren Lebensbereichen:

- *Bei der Entwicklung der Sprache.* Kinder können irgendwann sprechen, ganz von selbst. Unbewusst, nebenbei haben sie einst den Umgang mit Sprache im Zusammensein mit geliebten Personen gelernt. Die Fähigkeit, Sprache einfach so – aus sich selbst heraus – zu lernen, nimmt im Lauf der Kinderjahre ab, gleichzeitig nimmt die Fähigkeit, Sprache zu analysieren, ihre Regeln zu durchschauen, zu, gerade jetzt, während der Pubertät. Und wie ist das mit dem Lesen? Sehr unterschiedlich. Lehrer klagen: »Längst nicht alle Heranwachsenden können einen Text flüssig lesen, den Inhalt verstehen und mit eigenen Worten wiedergeben!«

- *Bei der Entwicklung des logisch-mathematischen Denkens.* Viele Heranwachsende haben längst die Fähigkeit entwickelt, Zusammenhänge zu sehen, logisch zu denken, Kategorien zu erkennen und mit Zahlen umzugehen, natürlich kann es damit auch hapern. In diesem Bereich tut sich während der Pubertät nicht dramatisch Neues.

77

Weiter auf Seite 79

Die Denkfähigkeit gewinnt an Komplexität. Wurde bisher alles weitgehend als feste, klare, eindeutige Sache wahrgenommen, wird jetzt eine andere, differenzierte Welt sichtbar, ein System unendlicher Möglichkeiten mit vielen Wenn und Aber, die sich in Gedanken durchspielen lassen.

Neue Dimensionen werden erkundet und analysiert – alles zusammen eine Herausforderung für Heranwachsende.

Groß ist nicht gleich schlau

Ein mächtiger, großer Kopf bedeutet übrigens nicht, dass sich in diesem Kopf besonders viel abspielen muss. Weder die Hirnmasse noch die Stärke der für die Intelligenz zuständigen Großhirnrinde (Kortex) lässt Erkenntnisse über die Denkfähigkeit zu. Ob ein Mensch klug oder nicht ganz so intelligent ist, hängt also weniger von der Kopfgröße ab als von der Konstruktion seines Gehirns, von den Verknüpfungen der Nervenverbindungen.

- *Bei der Entwicklung des Sozialverhaltens.* Die Grundlagen dazu wurden bereits in der frühen Kindheit gelegt. Schon im Kleinkindalter haben Kinder eine Vorstellung von Moral nach dem Motto: Du darfst mir den Teddy nicht wegnehmen und ich dir deinen nicht. Mit der Pubertät lernen sie als Jugendliche, über den Tellerrand hinauszusehen, begreifen, dass es neben »du und ich« viele Menschen gibt, dass Regeln unser Zusammenleben ordnen und es bei diesen Regeln kulturell bedingte Unterschiede gibt. Nicht wenige Jugendliche denken intensiv über menschliches Verhalten nach.

Mehr Interesse am Denken?

Dank ihres neuen Könnens lernen Halbwüchsige jetzt zum Beispiel

- *abstrahieren* – aus Beobachtungen und Aussagen zu verallgemeinern.
- *ein Bild vom Ganzen* – Zusammenhänge in der Natur, in der Gesellschaft – zu sehen und zu verstehen.
- *Wechselwirkungen* und Ordnungssysteme wahrzunehmen.
- *eigene Denksysteme* zu erstellen und zu überprüfen.
- *Schlussfolgerungen* zu ziehen.

In ihrem Urteil über ihre Umwelt sind Jugendliche noch ausgesprochen radikal, denn ihrem »Schwarz-Weiß-Denken« fehlen mangels Erfahrung die Differenzierungen, die Zwischentöne.

Logischer und exakter, sinnvoller und analytischer denken zu können heißt noch lange nicht, dass damit mehr Neugierde, mehr Freude am Lernen, an Wissen und an Schule entstehen. Im Gegenteil. Viele 15- bis 18-Jährige haben gerade jetzt andere (»wichtigere«) Dinge im Kopf, und diese Dinge sind selbstverständlich – aus ihrer Sicht – bei Weitem spannender als Schule, Bildung und Wissensvermittlung.

Viele nutzen ihre neuen geistigen Kräfte, um über sich selbst nachzudenken. Aus diesem Grund ziehen sie sich gerne in ihr Zimmer zurück, wollen ausnahmsweise nicht von Handy, Facebook oder WhatsApp gestört werden, sondern in Ruhe nachdenken über Leben und Tod, über

80

Weiter auf Seite 82

Die Veränderungen im Denkapparat geschehen in den Anfangszeiten der Pubertät noch unauffällig. Erste zarte Anzeichen: »Beim Abendbrot fiel mir irgendwann auf, dass unser Sohn meinem Mann und mir mit einem ganz neuen Ausdruck im Gesicht zuhörte. Konzentrierter, wacher, reifer wirkte er plötzlich«, berichtet die Mutter eines 13-Jährigen. »Zum ersten Mal konnte ich ihn mir als nachdenklichen, erwachsenen Mann vorstellen!«

Mit der Zeit mehren sich die Hinweise darauf, dass das Kind nicht mehr lange wie ein Kind denken wird. So geben zum Beispiel 14-jährige Fußballer zu Hause jetzt nicht mehr ausschließlich Erlebnisberichte à la »Der hat dieses gemacht und der jenes« zum Besten, sondern erklären stattdessen, wie Fußballtrainer eigentlich generell arbeiten müssten, um Erfolg haben zu können. Sie kommen im Gespräch locker vom kleinen Verein auf große Vereine, vom Sport im Speziellen auf Sport im Allgemeinen und stellen zum Schluss elegante Theorien auf. Natürlich selbst ausgedacht. Ihre Gedanken gleichen sich Schritt für Schritt jenen Erwachsener an. Der Horizont erweitert sich.

Mütter und Väter, die auf Bildung pochen, haben ihre eigenen Vorstellungen davon, wie sich ein Jugendlicher sinnvoll geistig beschäftigen könnte/sollte. Ganz selbstverständlich gehen nicht wenige davon aus, dass geistiges Training in den »klassischen« Fächern zu geschehen hat: zum Beispiel in den Bereichen Mathematik und Naturwissenschaften oder vielleicht noch im Fach Politik. Beginnt ihr »Kind«, über Politik, Religion und ethische Werte nachzudenken und die Welt mit

81

Weiter auf Seite 83

Gott und die Welt. Sie versuchen, sich ein Bild von Freunden, Mitschülern, Geschwistern zu machen und den geltenden Verhaltensmustern. Sie lernen immer besser, sich in andere hineinzuversetzen, sich zu vergleichen: »Reagiere ich ebenso oder ganz anders?« Laufend sind sie damit beschäftigt, ihre Vorstellungen zu korrigieren. Mit wachsendem Verständnis für sich selbst, für andere und für menschliches Verhalten nimmt auch die Einsicht in gesellschaftliche Zusammenhänge zu. Das Denken verändert sich – ein Entwicklungsprozess, der sich über Jahre hinzieht.

kritischem Blick anzuschauen, wird das in vielen bildungsnahen Familien mit Vergnügen gesehen. Weitere gefragte Themen sind Schule und Zukunftsvorstellungen.

Stolz auf den eigenen Kopf

Eine komplexere Form des Denkens ist Voraussetzung dafür, dass Jugendliche lernen, ihr Leben selbst in die Hand zu nehmen. Das Gros ist fasziniert von seinem neuen, meist ziemlich gut funktionierenden Denkapparat. Probiert ihn aus, trainiert ihn und nimmt den eigenen Kopf entsprechend wichtig, hinterfragt und interpretiert die Welt von oben bis unten, stellt neue Behauptungen und Theorien auf. Nicht mehr die Frage »Was ist?« beschäftigt sie jetzt, sondern eher die Frage »Was kann sein?«. Jugendliche versuchen mithilfe neuer Denkkategorien, Ordnung in ihre Gefühle, in ihre Gedanken zu bringen.

Während der Pubertät formt sich das Gehirn aus eigener Kraft neu. Die Umbauarbeiten hinter der Stirn werden beschleunigt, wenn das Gehirn neue Aufgaben bewältigen muss, zum Beispiel vorausschauend und zielgerichtet zu arbeiten oder Gefühle zu steuern. Die Erwartungen, die Fragen ans Leben und an die Welt sind Teil unseres genetischen Programms. Das heißt: Das Gehirn will Fragen an die Umwelt stellen und ist darauf aus, Antworten zu erhalten.

Dopamin, oft als Glückshormon bezeichnet, treibt die Entwicklung an. Dieser hormonelle Entwicklungsmotor gerät auch während der Pubertät nicht ins Stocken. Das Hormon wird unter anderem immer dann freigesetzt, wenn man ein Stück mehr von der Welt begriffen hat.

Besonders spannungsreich ist die Pubertät in der Regel dann, wenn die Entwicklung einen beachtlichen Schritt vorwärts macht, und diese Regel gilt auch für den seelisch-geistigen Bereich.

Jugendliche können in Diskussionen gnadenlos austeilen, treffen den Punkt genau, der anderen wehtut, natürlich geht es dabei um das eigene Selbstwertgefühl – »Ich bin der Größte!« –, um Freiheitsdrang – »Ich mache, was ich will!« –, aber auch um Überlegenheitsgefühle: »Ich habe den Durchblick!« Fängt ein Pubertierender jedoch an, die Normen infrage zu stellen, die zu Hause gelten, schlägt er bei Diskussionen richtig heftig über die Stränge, wird das natürlich weniger gerne gesehen: Hatten sich die Regeln doch gerade so schön eingespielt in den ruhigeren Vor-Pubertätszeiten, warum muss man sie jetzt aushebeln? Dass ihr Nachwuchs das Regelwerk am liebsten über den Haufen werfen würde, nervt Eltern – und erst recht dieses dauernde Nachhaken: »Warum soll ich dieses, warum muss ich jenes tun?« Viele Jugendliche fragen ständig »warum«:

»Warum soll ich um 22 Uhr zurück sein?«

»Warum darf ich nicht bei meiner Freundin schlafen?«

»Warum soll ich keine laute Musik hören?«

Längst nicht alle Warums, die zu Hause gelten, lassen sich eindeutig begründen, das wissen Mütter und Väter und reagieren entsprechend angefasst, wenn sie von Sohn oder Tochter zu hören bekommen, ihre Argumentation sei nicht stimmig. Leider gelingt es nicht immer, gleichzeitig locker und mit Humor über die Belehrungen groß gewordener Kinder hinwegzugehen, darin Übungseinheiten für das neue Denken zu erkennen und daneben Grenzen aufzuzeigen.

Die bestechende Vitalität der Jungen, ihre Schnelligkeit, ihre neue Wortgewandtheit macht manchen zu schaffen.

Denken strengt an

Es liegt nahe, die Launen, die Konzentrationsprobleme, alles, was daraus resultiert, mit der Umstrukturierung des Gehirns zu erklären. Neurobiologen sagen jedoch, man wisse noch zu wenig über die neue Hirnarchitektur und ihre Auswirkungen, um umfassende Aussagen machen zu können.

Wissenschaft hin oder her – viele Heranwachsende spüren selbst, wie sie sich verändern, bemerken es vor allem beim Lernen. Sie seien vielleicht fixer im Kopf als früher, gleichzeitig aber auch schusseliger, sagen manche. »Ich vergesse zum Beispiel schnell, was ich gerade gelesen habe!«, erzählt Nora, 15 Jahre alt.

Ganz klar, dass das Herumdenken einige Energie kostet und nicht immer erfolgreich sein kann. Nichts ist mehr so klar, so eindeutig wie vor Jahren.

In der Übergangsphase, während der Neuausrichtung ihres Denkapparats, sind manche Pubertierende mächtig überfordert, abzulesen im Alltag: So berichtet der Vater eines 14-Jährigen, dass sein Sohn beim Mathelernen sofort auf hundert ist, wenn das Ergebnis einer Aufgabe nicht gleich ins Bild passt: »Ich sage nichts, und trotzdem faucht er mich an!« Oder eine 15-Jährige, eigentlich nicht besonders empfindlich, reagiert plötzlich hypersensibel auf eine ungeschickte Bemerkung. Sie heult und rauscht aus dem Zimmer.

Jetzt ist auch die Zeit für Wunschträume, die wieder per Handy mit Freunden besprochen oder in sozialen Netzwerken der »Community« kundgetan werden. Tagebuch ade, Tagebücher sind out. Ihnen wird das, was man erlebt und sich ausdenkt, nur noch selten anvertraut.

Mit jedem Tag bekommen Eltern nun vor Augen geführt, dass sie nicht länger die großen Macher, Erklärer, Richtungsweiser für den Teenager sind. Die Gewichte verschieben sich langsam: Die nächste Generation sitzt in den Startlöchern. Sie will mehr Verantwortung übernehmen: in der Familie, in der Gesellschaft. »Wir können das jetzt!«, sagt die 15-jährige Stine. An diesem Punkt beginnt mancher Erwachsene – meist ohne sich dessen bewusst zu sein –, mit den Jugendlichen zu rivalisieren. Diskussionen sind ein beliebter Schauplatz für Machtkämpfe mit geistigen Waffen. Dass es bei Machtkämpfen immer nur Verlierer geben kann und Konkurrenzkämpfe die Beziehung zwischen Jung und Alt unnötig belasten, liegt auf der Hand. Besser: Das Kräftemessen genießen. Spannend, wenn sich neue Perspektiven auftun und aus Kindern langsam Gesprächspartner werden mit ihren eigenen Ideen.

Lassen sich Eltern auf Diskussionen mit dem Nachwuchs ein, können diese Auseinandersetzungen zwar anstrengend sein, aber auch befriedigend: Es geht heiß her, wenn altbewährte Regeln hinterfragt und neue ausgehandelt werden. So intensive Konfrontationen sind Neuland für alle. Wichtig:

- *Fruchtbare Auseinandersetzungen.* Jugendliche können lernen, richtig zu streiten, Kompromisse zu schließen, eben nicht stur auf ihrer Meinung zu beharren, sondern ihr differenziertes Denken an den Mann bringen.
- *Keine Rechthaberei.* Eltern können lernen, auf Besserwisserei zu verzichten, sich im Zuhören zu üben und in ihrem »Kind« einen immer gleichberechtigteren Gesprächspartner zu sehen.

Ich denke, also bin ich

Dass sie inzwischen mehr Dinge des Lebens durchschauen, macht Jugendliche stolz. Endlich haben sie genug Durchblick, besonders in praktischen Lebensbereichen zeigt sich das. Sie kommen mit der Gebrauchsanweisung für Smartphone und Tablet klar. Sie kennen Tricks des Internets. Sie verblüffen ihre Eltern mit immer neuen, erstaunlichen Fertigkeiten. Angetan von ihren neuen Fähigkeiten, beginnen viele Heranwachsende in dieser Phase, die Regeln zu hinterfragen, die zu Hause, in der Schule, in unserer Gesellschaft gelten, und sind beileibe nicht einverstanden mit allen. Im Gegenteil. Darüber wird gerne und häufig gestritten. Diese Auseinandersetzungen haben nicht nur mit Sehnsucht nach Freiheit zu tun, sondern auch mit Freude am Argumentieren. Das Ganze kann auch ein Spiel sein: »Mal sehen, wer am längeren Hebel sitzt.«

Sind Jugendliche heute mitteilungsbedürftig und bereit, sich auf Gespräche einzulassen, haben sie morgen keine Lust aufs Reden; es hängt von ihrer jeweiligen Stimmung ab. Nie ist der Wunsch, verstanden zu werden, so ausgeprägt wie in dieser Entwicklungsphase und gleichzeitig das Gefühl vorhanden, total unverstanden zu sein.

Weiter auf Seite 90

Dass Jugendliche ihr Köpfchen nicht nur im Umgang mit »Klassikern« schulen oder in familiären Auseinandersetzungen, sondern auch und gerade, wenn sie über sich selbst reflektieren, wenn sie über ihre eigenen Probleme und Problemchen nachdenken, ihre Problemlösungen mit anderen durchsprechen, das wird von Erwachsenen mitunter übersehen. Dabei trainieren Halbwüchsige ihr Denken gerne im Umgang und im Gespräch mit Gleichaltrigen. Sie loten dabei ihre Gefühle aus. Sie versuchen, verschiedene Verhaltensmuster zu begreifen, und üben ihr soziales Verhalten – alles in allem ein anspruchsvolles Denkprogramm.

Allerdings sind Gespräche, Diskussionen, Auseinandersetzungen als Denktraining bei einem Teil der Jugendlichen heute out – und zwar total. Viele üben ihr Denken, ihre Reaktions- und ihre Wahrnehmungsfähigkeit lieber in der digitalen als in der realen Welt. Sie hantieren, Blick nach unten gesenkt, mit ihren Smartphones, und das stundenlang – so der Eindruck Erwachsener. Und wenn nicht Smartphone, dann Computer. Als könnte diese neue Generation keine Sekunde ohne Kontakt zu den neuen Medien und ihren tausendfachen Möglichkeiten sein. Ihrer Umwelt signalisieren diese Teenager eindeutig: »Bitte nicht stören!«

Die Nachrichten fliegen hin und her: »Bist du schon auf?«, »Weißt du, wie lange das Training heute dauert?«, »Hast du schon gefrühstückt?« usw. Die Dauerberieselung per WhatsApp ist die Hölle für Eltern, die das Gesumme des Smartphones von Tochter oder Sohn kaum noch ertragen können. Das setzt vor dem Frühstück ein und endet mit dem Gute-

89

Weiter auf Seite 91

Das Gehirn will trainiert werden

Obwohl das Gehirn schon bei einem zehnjährigen Kind 95 Prozent seiner späteren Größe erreicht hat, verändert es sich während der Pubertät noch wesentlich: Es verliert einerseits etwa 40 Prozent seiner Synapsen (die Verbindungen zwischen den einzelnen Nervenzellen), weil sie nicht genutzt werden. Andererseits verstärken sich die Schaltstränge, die häufig beansprucht werden – zum Beispiel beim Lesen und Schreiben, beim Rechnen und Argumentieren. Die synaptischen Verschaltungen entwickeln sich weiter. Die Folge: Die geistigen Fähigkeiten nehmen zu.

nachtsagen. Es summt hundertmal pro Tag, und ebenso häufig wird das Smartphone traktiert. Digitale Attacken auf das Familienleben, stöhnen Mütter und Väter. Ein Wahnsinn. Eine neue Art zu denken, antwortet die Fachwelt. Eine neue Art zu kommunizieren, und durchaus kreativ. Die Jugendlichen erfinden im Umgang mit den neuen Medien neue Regeln (Du bist drin, du bist draußen), eine andere Logik. Auch eine Leistung – nur ganz anders als von den Erwachsenen erwartet.

Neue Welten

Viele Jugendliche vermeiden es, mit ihren Eltern über das zu reden, was ihnen besonders am Herzen liegt: über ihre persönlichen Probleme. »Ich war lange Zeit zu keinem Gespräch mit meinen Eltern bereit, obwohl ich kaum Schwierigkeiten mit ihnen hatte«, berichtet ein 16-Jähriger. »Ich war einfach desinteressiert an Familie und Diskussionen mit Geschwistern und Eltern. Keiner hat mich gedrängt, alle haben es ausgehalten, dass ich still und stumm durch die Wohnung latschte, immer mit der Ausstrahlung: ›Ich habe nichts zu sagen!‹ Irgendwann bin ich wieder eingestiegen und habe mich an den Diskussionen beteiligt.«

Ständig mit den »Alten« im Gespräch zu bleiben, dauernd die eigene Meinung kundzutun und »Kluges« von sich zu geben ist viel zu anstrengend und unattraktiv für viele. Rückzug, keine Lust auf Kommunikation bedeutet für sie aber nicht automatisch: »Ich habe (euch) nichts zu sagen!«, sondern eher: »Ich will nicht!« Wohltuend, wenn das vom Umfeld akzeptiert wird.

Heranwachsende entwickeln bei ihren Denkübungen auch eine Vorstellung davon, wie schön die Welt sein könnte, wenn … Dieses Wenn, das ihnen durch den Kopf geht, wird zum Dreh- und Angelpunkt: … wenn ich mehr Freiheiten hätte … wenn ich bessere Noten hätte. Immer neue Wenn fallen ihnen ein.

Außerdem spielt Moral eine große Rolle. »Meine Eltern sprechen ständig von Freiheit und Mitbestimmung, und zu Hause sind sie die reinsten Diktatoren!« So beschreibt Vicky, 15 Jahre alt, was sie als verlogen und schwierig

Weiter auf Seite 94

In welchen Welten bewegt sich unser Kind eigentlich?«, fragen sich heute viele Eltern.

Wissen ist Macht. Es ist nachvollziehbar, dass diejenigen Mütter und Väter weniger beunruhigt sind, die sich für die neuen Medien begeistern. Die sie nutzen. Die damit einigermaßen Schritt halten und Zugang gewinnen können zu den neuen Denkwelten der Jugendlichen: Wir kennen uns aus, wir können uns vorstellen, womit sich unser Kind beschäftigt, können mitreden, da wir wissen, um was es geht. Wir können eventuell gegensteuern, weil wir mehr Chancen haben, ernst genommen zu werden.

Unwissen macht Angst. Schlechter sind dagegen diejenigen Mütter und Väter dran, die mit den digitalen Welten wenig anfangen können. Diese neuen Medienwelten sind beunruhigend neu. Lange musste man dem Sohn, der Tochter zeigen, wie man einen U-Bahn-Plan entziffert, wie ein Geldautomat funktioniert … Spätestens jetzt fragen manche ihr Kind: »Kannst du uns die Systeme erklären, in denen du unterwegs bist, damit wir nachvollziehen können, womit du dein Gehirn fütterst, und es besser verstehen?« Damit verkehren sich die Rollen. Jetzt erklären die Jugendlichen immer häufiger, was Sache ist, welches Computerspiel welche Fähigkeiten erfordert, welches Tablet was bietet. »Meine Eltern leben hinterm Mond«, so die Sichtweise von Marco, 14 Jahre alt. »Sie peilen die Lage nicht.« Erklär mir die Welt – in diesem Fall nicht länger Papas oder Mamas Sache, sondern Angelegenheit von Sohn oder Tochter: ein Erfolgserlebnis für Jugendliche, das dazu führen kann, innerlich um Zentimeter zu wachsen.

93

Weiter auf Seite 95

empfindet. Wenn Erwachsene die Tugenden selbst nicht verwirklichen, die sie in der Theorie eisern hochhalten, verlieren sie in den Augen ihrer Kinder an Glaubwürdigkeit.

Nebenwirkungen. Heranwachsende, die nur noch auf das Summen ihres Smartphones warten, können sich auf wenig anderes konzentrieren. Fachleute meinen, das mache es später schwer für diese Kandidaten, in Ruhe länger über ein Thema nachzudenken. Das Denken wird zusammengestrichen, weil keine Zeit, keine Ruhe dafür ist. Außerdem: Dank des ständigen Gepiepses und Gesummes sind Jugendliche nicht länger in der Lage, eindeutige Entscheidungen – ein Ja oder Nein – zu fällen oder klare Verabredungen zu treffen.

Beim Denken Pause machen

Nicht wenige Jugendliche von heute scheinen solche Widersprüche allerdings ziemlich ungerührt hinzunehmen; sie verzichten auf Grundsatzdiskussionen, weisen ihre Eltern nicht auf Widersprüche hin, die sie wahrnehmen. Sie arrangieren sich lieber. Andere gehen auf Distanz, suchen Freunde, die ihnen im Denken und Tun eher nahestehen. Wie und ob sich Teenager mit ihren Vätern und Müttern auseinandersetzen, hat nicht nur mit geistigen Fähigkeiten zu tun, sondern auch mit dem Milieu, in dem sie groß geworden sind.

Wird das Fragen und Nach-Antworten-Suchen von anderen nachdrücklich unterbunden oder besteht kein eigenes Interesse am Forschen und Erkunden des Lebens, bekommt die natürliche Neugier einen Dämpfer mit der Folge, dass die angelegten Denkstrukturen und Möglichkeiten verkümmern.

Mehr Veränderungen

Er verlässt das Zimmer. Zornig wird die Tür zugeknallt, weil das eigene Leben gerade anders läuft als gedacht. Warum wird aus einem friedfertigen Kind plötzlich ein Wüterich ohne großen Anlass? Eine Erklärung: Seine Nerven liegen wirklich blank. Die Folge: Infos haben noch eine lange Leitung, bis sie im Gehirn dahin gelangen, wo sie verarbeitet werden. Während der Pubertät werden die Nervenfasern im Gehirn erst nach und nach

Weiter auf Seite 98

Verständlich, dass Eltern gerade jetzt, in diesen unruhigen Umbruchzeiten, gerne teilhaben würden an der »neuen« Gedankenwelt ihres Kindes, dass sie sich vielleicht auch Sorgen um seinen Seelenfrieden machen. Sohn oder Tochter wehren oftmals ab: »Ihr müsst nicht alles wissen!« Oder: »Das ist meine Sache!« Die Tür ist und bleibt zu. Das zu akzeptieren fällt schwer. Fällt vor allem den Eltern schwer, die Angst um ihr Kind haben. Denen zum Beispiel Geschichten im Kopf herumgehen von Jugendlichen, die unter dem Einfluss religiöser Fanatiker mit ihrem Elternhaus brechen oder unter der Einflussnahme falscher Freunde. Das beste Mittel gegen diese Angst: Nicht aufzugeben, das Gespräch zu suchen mit dem Jugendlichen. Hilfe zu suchen und anzunehmen, und das möglichst frühzeitig.

Wie ein Kleinkind, das sich juchzend auf alles Neue stürzt, das Gefahren aber noch nicht wittern und richtig einschätzen kann und ihnen deshalb nicht ausweicht, so stürzt sich mancher Heranwachsende in dieser Umbruchphase in Abenteuer und/oder emotionale Höhenflüge, deren Reichweite und Auswirkungen er nicht abschätzen kann, vielleicht auch gar nicht abschätzen will. Diese »Ausflüge« können neben eher harmlosen Unternehmungen wie den ersten Flaschen Bier auch weit gewagtere Aktionen sein. Als die Pubertät hinter ihm liegt, gesteht ein 20-Jähriger, dass er als 15-Jähriger nachts häufiger ausgebüxt und in die nächste Kleinstadt zur Disko getrampt ist: »Ich habe die Dimension meines Handelns damals nicht abschätzen können. Mein Vorstellungsvermögen war zu begrenzt!«, erzählt er. Alle Eltern atmen auf, wenn sich

Weiter auf Seite 99

mit einer schützenden Fettschicht (Myelinisierung) ummantelt, wodurch die Leitungsgeschwindigkeit verbessert wird. Nach Abschluss dieses Prozesses können die Nervenzellen Impulse wesentlich schneller weiterleiten. Erst danach wird Ungemach wieder besser verkraftet. Übrigens werden nur diejenigen Nervenstränge mit Myelin ummantelt, die regelmäßig zum Einsatz kommen.

das Denken und Handeln wieder einpendeln. Und wie entspannend für alle, wenn es gelingt, das häufige Ausflippen, die Reibereien, die Träumereien, den zeitweiligen Rückzug oder die Dauergespräche gelassen hinzunehmen, wie wohltuend, wenn alle Beteiligten schließlich erkennen, dass auch und gerade die Bewältigung von Alltagsproblemen einiges an Denkakrobatik verlangt mit schwierigen Problemlösungen und dass es meist kein Schwarz oder Weiß, Richtig oder Falsch gibt.

5. Lernen, Schule – vor allem Quälerei?

Wofür lernen?

Jeder Jugendliche ist anders, jeder bringt seine eigene Geschichte mit in die Schule und seine eigene Haltung. Der eine ist hoch motiviert, der andere geht das Lernen eher lau an. Mancher hat eine Menge im Köpfchen und zeigt das auch gerne, ein anderer zieht nicht mit, weil er nicht will oder kann. In jeder Klasse erleben Lehrer ein Spektrum unterschiedlichster Fähigkeiten und Fertigkeiten und suchen nach Antworten auf Fragen wie: »Sorgen schlechte Schüler dafür, dass die guten ebenfalls nach unten abdriften?« Oder gilt das Umgekehrte: »Ziehen die Guten die Schlechten mit?«

Nicht nur Lehrer versuchen, das Lernverhalten zu ergründen, mit zunehmender Reife stellen sich auch Heranwachsende öfter infrage:

»Wie komme ich dahin, wo ich leistungsmäßig gerade stehe?«

»Wieso werde ich für meine Leistung, die nach meiner Vorstellung total in Ordnung ist, kritisiert?«

»Welchen Stellenwert hat die ganze Lernerei eigentlich für mich? Was interessiert mich daran, was nicht?«

Fürs Leben lernen? Oftmals wissen Jugendliche nicht, was sie mit den Infos anfangen sollen, mit denen man sie in der Schule reichlich füttert und die sie jetzt, langsam erwachsen werdend, zunehmend infrage stellen: »Wozu brauche ich das Zeug?«, oder: »Ich lerne nicht fürs Leben, sondern für die nächste Klausur. Und nach der Klausur vergesse ich den Stoff so schnell wie möglich!«, bekommt man von älteren Schülern häufiger zu hören.

Lernmittel, Lernmethoden, Lernhaltung der Schüler – alles zusammen lässt in vielen Schulen zu wünschen übrig. Während der Pubertät reagieren Schüler besonders heftig auf sich abzeichnende Mängel wie etwa desinteressierte Lehrer oder miese Stimmung in der Klasse, schalten dann gerne ab und erst wieder ein, wenn sie auf Menschen treffen, die sie zu begeistern vermögen. Die sie neugierig machen und einladen, gemeinsam mit ihnen Wissen und Können zu erobern. Die sie ermutigen. In einer Entwicklungsphase, in der Jugendliche nach mehr Freiheit streben, sind Eltern allerdings selten diejenigen, die motivieren. Im Gegenteil. Manche wirken eher demotivierend, weil sie die Zukunft ihres Kindes genau nach Konzept wie ein Projekt angehen und das eisern durchhalten – auch jetzt noch, da ihr Sprössling fast erwachsen ist. Versagen, Lernprobleme sind in diesem Konzept eher nicht vorgesehen.

Gelernt wird nach Plan, so die elterliche Erwartung in vielen Fällen. Nicht nur in der Schule gilt das, sondern auch zu Hause: heute Mathenachhilfe, morgen Klavier … In die Hausaufgaben wird viel Zeit, viel Mühe investiert – aufgrund etlicher Extrakurse, Nachhilfestunden neben der Schule auch viel Geld. Und dann mit der Pubertät plötzlich das: Ihr Kind stellt Fragen wie »Wofür lerne ich eigentlich?«.

War der Sohn, war die Tochter bislang ein lernfreudiger Schüler mit vorzeigbaren Ergebnissen, kippt die Sache jetzt, in der Umbruchphase Pubertät, auf einmal. Die Leistungen lassen nach, und der Jugendliche strahlt mit jeder Pore aus: Keine Lust zu lernen. Keine Motivation. Keine Konzentration. Keine Vorstellung davon, wozu die Lernerei überhaupt nützen soll.

Probleme beim Lernen

Die Vorstellung, man könne jedes Fach ernst nehmen, Interesse dafür aufbringen und kontinuierlich dafür lernen, sei eine Illusion, sagen die Heranwachsenden. Ihr Ziel: Klausur um Klausur abhaken, das verlangte Pensum schaffen, auf diese Weise den Schulabschluss schaffen und mehr nicht. Umfassenderes Lernen? Nicht mit uns, sagen sie nachdrücklich. Und wenn die Mitschüler genauso denken, dann fühlen sich alle erst recht bestärkt, denn auf Lernerfolg und Lernhaltung haben Gleichaltrige mehr Einfluss als Eltern und Lehrer, meinen Fachleute. Häufig sind die Kumpel beim Lernen das große Vorbild, an dem man sich orientiert – nicht immer zum Besten. Nicht selten bestärken sich Freunde in ihrer nachlässigen Einstellung zum Lernen und müssen mit Misserfolgen fertigwerden.

- *»Was hat das mit mir zu tun?«* Misserfolge beim Lernen sind für die Betroffenen oftmals kaum nachvollziehbar. Sie widersprechen der eigenen Einschätzung oder werden sogar als »Ungerechtigkeit« empfunden – eine schlechte Erfahrung für 13- bis 17-Jährige, die sich damit wieder klein und abhängig fühlen, den Erwachsenen ausgeliefert.
- *»Ich habe geschlampt!«* Mit zunehmender Reife erkennen Heranwachsende ihren Anteil am schulischen Misserfolg. »Ich bin mit dem Stoff nicht zurechtgekommen!«, heißt es dann. Oftmals weiß ein Schüler selbst: »Ich habe zu wenig gearbeitet und deshalb die Klausur verhauen. Mein Problem.«

Weiter auf Seite 106

Natürlich machen sich Eltern Sorgen um ihr lernscheues Kind. Wieso dieser Einbruch? Woher diese plötzliche Unlust oder diese Unfähigkeit, zu lernen? Was kommt auf uns zu? Gerade bildungsnahe, leistungsstarke Mütter und Väter erleben diese neue Situation mit Beklommenheit: Alles Pubertät, oder was? Nicht wenige fühlen sich überfordert:

»Was tun, wenn dieser Albtraum anhält?«

»Was, wenn unserem Kind die Lust aufs Lernen endgültig abhandengekommen ist?«

»Was, wenn das Thema ›Ich will nicht, ich kann nicht‹ zum Dauerbrenner wird?«

»Was, wenn es seine Zukunft, seinen Platz in einer globalisierten Wirtschaft verspielt, weil es nicht leistungsfähig, stark genug ist, um Schritt halten zu können mit der gesellschaftlichen Entwicklung?«

Der Unwille oder auch die Unfähigkeit ihres Teenagers, kontinuierlich zu lernen, kann Abstiegs- und andere Ängste bei seinen Eltern auslösen und Verunsicherung: »Muten wir unserem Kind in puncto Lernen vielleicht zu viel zu, überfordern wir es, oder unterfordern wir es sogar?« Damit verschärft sich die Situation, denn jeder Jugendliche spürt hautnah die Angst und die Unsicherheit seiner Eltern. Mutter und Vater, die seinetwegen innerlich ins Schleudern geraten? Das gab es noch nie – eine Erfahrung, auf die Söhne oder Töchter unterschiedlich reagieren:

• *Blockade*. Manchen Jugendlichen belastet diese Erfahrung, sie lähmt ihn und verhindert sinnvolles Lernen. Verunsicherte, ängstliche Eltern, das kann man überhaupt nicht

105

Weiter auf Seite 107

Wer Schiffbruch erleidet, neigt mitunter dazu, sich trotzig aus der Bredouille zu befreien, indem er sich Entschuldigungen zurechtlegt: »Ich habe schließlich anderes im Kopf als Lernen, Matheformeln und Übersetzungen!« Oder: »Ich brauche die Zeit für mich und nicht für die Lernerei.«

Die normale Lernerei für die Schule kann in Sisyphusarbeit ausarten: Man lernt und lernt, und trotz allen Lernens ist nur Leere im Kopf – eine bittere Erfahrung. Von »Flow« keine Spur. Bei der nächsten Lernrunde erneut Ebbe im Kopf, das ist ernüchternd.

Noch frustrierender wird es, wenn neunmalkluge Erwachsene anschließend Ratschläge geben wie: »Du musst mehr Einsatz bringen!«

Aus der Situation entsteht schnell eine Spirale, die sich hochschraubt und einen Jugendliche veranlasst, mehr verzweifelt als wütend zu kontern: »Lasst mich endlich in Ruhe. Das Lernen steht mir bis zum Halse. Ich will nicht mehr!«

Beim Lernen nur nach der Pfeife der Lehrer und Eltern tanzen? Als übereifrige Arbeitsbiene durch die Schule summen? Nein, danke. Als Fast-Erwachsener pocht man lieber auf Eigenständigkeit und muckt auf.

Wissenslücken, mangelndes Verständnis – Schulprobleme machen schlechte Laune, nagen am Selbstwertgefühl, beeinträchtigen die Selbstsicherheit, und genau das kann man in der Umbruchphase Pubertät überhaupt nicht gebrauchen, in der Selbstzweifel sowieso schon zum Alltag gehören. Jedenfalls schlagen sich nicht wenige Jugendliche mit kritischen

106

Weiter auf Seite 108

gebrauchen, wenn man als 14-, 15-, 16-Jähriger gerade selbst nicht genau weiß, wo's langgeht.

- *Trotz.* Ein anderer reagiert extra forsch, überspielt die eigene Unsicherheit, indem er seine Lernprobleme überspielt und sich auf ernsthafte Diskussionen nicht einlässt.

Mit fortschreitender Pubertät und dem damit verbundenen Abnabelungsprozess sind die meisten Heranwachsenden darauf aus, sich aus der Abhängigkeit von zu Hause zu befreien, und gehen verstärkt auf Gegenkurs: »Ich bestimme selbst, was ich will oder nicht will. Auch beim Lernen. Und was ihr dazu sagt, ist egal!« Oft bekommen Eltern auch den folgenden Klassiker zu hören: »Ich weiß selber, was gut für mich ist!«

Was tun, wenn sich Lernschwierigkeiten häufen? Hier einige Tipps von Eltern, deren Kinder die Pubertät gerade hinter sich haben und die ihre Erfahrungen gerne weitergeben:

- *Machtkampf.* Erhöhen Eltern den Druck, kommen sie mit Drohungen wie »Wenn du nicht endlich mehr lernst, dann …«, sind sie bald mit ihrem Latein am Ende. Jugendliche sind keine Kinder mehr, sondern groß genug, um zu durchschauen, was sich abspielt. Redewendungen wie »Wenn, dann« sind eine Bankrotterklärung. Was soll auf das »Dann« folgen? Taschengeldentzug? Fernsehverbot? Lächerlich! Mancher Heranwachsende nimmt die elterlichen Drohgebärden zum Anlass, seine Muskeln spielen zu lassen, und kommt seinerseits mit Sprüchen wie »Macht euren Kram alleine!« oder »Ich lasse mir nicht länger diktieren, wie viel und was ich zu lernen habe!«. Solch ein Konflikt kann

Weiter auf Seite 109

Selbstbefragungen und Zweifeln herum – selbst dann, wenn sie sich extra stark geben. Unsicherheit gehört zum Großwerden. Wer in der Pubertät ist, weiß das.

Während der Pubertät wird viel gestritten. Besonders viel über das Thema Lernen. Auseinandersetzungen zwischen Eltern, Lehrern und Jugendlichen sind normal und schaukeln sich schnell hoch. Ein Wort gibt das andere: »Du lernst nicht genug!« – »Tue ich doch!«

Klappt das Lernen nicht, können Mütter und Väter verbissen reagieren. Manche kündigen mehr Kontrolle an, wollen in Hausaufgabenheften blättern, Hausaufgaben anschauen, Vokabeln abfragen, Übersetzungen sehen – das Allerletzte aus Sicht eines Jugendlichen, der dabei das Gefühl entwickelt: »Ich werde hier wie ein Kleinkind behandelt, dabei bin ich (fast) erwachsen!«

Körper, Seele, Geist – alles wächst, alles verändert sich in diesem Zeitabschnitt, und damit verändert sich natürlich auch das Verhältnis zur Umwelt, zu den Eltern, zu den Lehrern, zu den Freunden. Auch das Selbstbild wandelt sich dramatisch und die Vorstellungen von der Welt. Das Leben verläuft nun kurvenreich – das ist normal bei den unterschiedlichen und vielschichtigen Aufgaben, die jetzt gleichzeitig zu bewältigen sind. Kein Wunder, dass Durchhänger vorkommen, und das nicht zu knapp. Beim Lernen machen sie sich besonders gerne bemerkbar. Eins ist gewiss: Auf dem Weg zum Lernerfolg tun sich immer neue Hindernisse auf, die man überwinden muss, mal gelingt es, mal nicht. Oft machen sich große Langeweile

Weiter auf Seite 110

sich zum Machtkampf entwickeln, und bei Machtkämpfen gibt es nur Verlierer.

- *Passiver Widerstand.* Auch das kommt vor: Die Erwachsenen können reden und zum Lernen animieren, so viel sie wollen. Ihr Kind zieht sich ohne viele Worte in sein Zimmer und sich selbst zurück. Eltern können dann nicht mehr tun, als es in Ruhe zu lassen, einerseits geduldig abzuwarten und andererseits seine Nähe zu suchen. Ein Balanceakt, der Einfühlungsvermögen voraussetzt.

- *Schuldgefühle.* Beim Lernen den Anschluss verpassen, schlecht in der Schule werden? Das nehmen Jugendliche, selbst wenn sie cool und überlegen tun, nicht unbedingt auf die leichte Schulter. Viele fürchten, ihre Eltern mit ihrem Leistungseinbruch zu enttäuschen, denn sie lernen selten für sich selbst, für die Schule oder die Anerkennung durch Lehrer und Mitschüler, häufiger für die Anerkennung durch Mutter und Vater. Geht es zu Hause allerdings nur noch um das Thema Lernen und Leistung, sind die Forderungen der Eltern völlig übertrieben, schaltet mancher auf Verweigerung, gleichzeitig bleiben Schuldgefühle wie »Ich mache nur noch Stress«. Die Situation entspannt sich, wenn die Erwachsenen Anerkennung nicht mit Leistung verknüpfen.

- *Individualität.* Ein Ausweg: Das Thema Schule und Lernen tiefer hängen. Das eigene Kind nicht als Funktionsträger verstehen, sondern eher – vielleicht wie zu Kleinkind- und Kindergartenzeiten – als Individuum begreifen, als eigene Persönlichkeit, und sich über die Entwicklung des jungen Menschen sichtbar und hörbar freuen. Nicht Lernerfolge

109

Weiter auf Seite 111

und totale Unlust aufgrund von Unkonzentriert, Undiszipliniertheit, Desinteresse, Antriebsarmut oder mangelnder Begabung breit, und es will einfach nicht gelingen, das vorgegebene Pensum zu bewältigen.

Die Folge: Abschalten beim Lernen, vielleicht sogar Aussteigen aus dem vorgegebenen Lernprogramm, weil man sich überfordert fühlt.

In seinem Frust, seiner Aversion, seiner Verzweiflung spielt mancher Pubertierende den Klassenclown, stört lachend und feixend den Unterricht und hindert andere am Lernen. Genau darüber regt sich dann ein anderer auf: »Der macht das Lernen im Unterricht unmöglich, weil er ohne Ende quasselt, lacht und daraufhin keiner mehr bei der Sache ist!«, erzählt die 15-jährige Rosa. »So viel Kinderkram kann einem selbst in Pubertätszeiten, wo manches aus dem Ruder läuft, mächtig auf den Wecker gehen.« Warum kapieren die Störer nicht, dass es neben ihnen Leute gibt, die im Unterricht etwas lernen wollen? »Mit Streberei hat diese Sehnsucht nach mehr Konzentration nichts zu tun«, sagt ein Betroffener, der viele Mitschüler jetzt als extrem anstrengend empfindet. Und wie kommen alle gemeinsam aus dieser Sackgasse wieder heraus?

entscheiden darüber, wer ein glückliches Leben führt, sondern die Erfahrung: Ich werde wertgeschätzt.

- *Selbstständigkeit.* Jahrelang wird das Familienleben durch Proben, Klassenarbeiten, Referate geprägt und die dauernde Frage: »Was hast du auf? Was musst du lernen?« In vielen Familien wird viel über Pflichtbewusstsein und Lernprozesse gesprochen. Wer erwachsen wird, wehrt sich gegen permanenten Begleitschutz beim Lernen, beim Abfragen, bei der Vorbereitung von Klausuren. Spätestens mit der Pubertät ist Umdenken angesagt: Höchste Zeit für Mütter und Väter, auf Abstand zu ihrem fast erwachsenen Kind und seinem Lernprogramm zu gehen. Kein »Mitlernen« mehr. Die Autonomie des langsam erwachsen werdenden Jugendlichen achten und unterstützen.

Für die Klausur lernen

Aus Sicht vieler Jugendlicher kommt derjenige am besten durch das System Schule, der sich gründlich und konzentriert auf die nächste Prüfung vorbereitet. Nichts hinterfragt. Nichts auf Dauer anlegt. Das Wissen bei der Klausur aufs Papier bringen, um es gleich wieder zu vergessen (Bulimie-Lernen). Danach knöpft man sich das nächste Fach vor – eine Haltung, die Pädagogen zu schaffen macht. Doch ihre Missbilligung bringt nichts, denn die meisten Schüler sehen im punktuellen Lernen den einzig möglichen Weg.

Mehr Selbstbestimmung und Eigenständigkeit

Was können Heranwachsende tun, um mit Lernstress und Lernfrust besser fertigzuwerden? Was bringt sie beim Lernen weiter?

- *Mehr Selbstverantwortung.* Fast erwachsen, wollen sich Jugendliche beim Lernen nicht länger von A bis Z kontrollieren lassen. Kleinere Unebenheiten wie beispielsweise nicht gelernte Vokabeln, schlampig erledigte Hausaufgaben sind ihre eigene Angelegenheit. Eventuelle Konsequenzen wollen sie selbst tragen. Sie möchten wie (fast) Erwachsene wahrgenommen und behandelt werden und selbstverantwortlich ihre Aufgaben angehen. Unerträglich, diese Mütter oder Väter, die ihnen beim Lernen jetzt noch, da sie doch schon fast erwachsen sind, über die Schulter schauen wollen. Überbehütung ist die Pest. Wie angenehm dagegen, wenn Erwachsene Vertrauen in sie setzen und daran glauben, dass ein Heranwachsender sich selbst regulieren kann. Mit zunehmender Reife setzt sich bei den meisten Teenagern langsam die Erkenntnis durch, dass es Sinn macht, für die Schule zu lernen – allein schon aus Selbstverantwortungsgefühl, wenn schon nicht aus Interesse an der Sache. Selbstregulation zu erreichen ist ein wesentliches Ziel beim Erwachsenwerden.

- *Widerspruch.* Wenn Eltern dennoch drohen und mit Sprüchen nerven wie etwa »Du musst nur wollen, dann kommst du weiter!«, »Reiß dich endlich zusammen!« oder »Es geht um deine Zukunft, nicht um meine!«, ist Widerspruch angesagt. Das heißt aber nicht, jetzt ex-

112

Weiter auf Seite 114

Heranwachsende pochen darauf, ihr anstehendes Lernpensum allein bewältigen zu können. Gut so. Die Botschaft der Eltern sollte in dieser Entwicklungsphase heißen: Es ist zuerst deine Aufgabe, das zu lernen, was du lernen willst oder musst. Nicht jedem jungen Menschen gelingt es allerdings, selbstverantwortlich zu handeln. Wenn er um Unterstützung bittet – und nur dann –, sollten Väter und Mütter helfen. Nicht wenige Schüler haben eine »Wochenarbeitszeit« von mehr als 40 Stunden, bestehend aus Schule, Hausaufgaben, zusätzlichem Unterricht wie zum Beispiel Klavierstunden, Sport – ein Programm, das zu Hause für selbstverständlich gehalten wird. Deshalb bleibt den Jugendlichen kaum freie Zeit für Freunde und fürs Chillen. Eigentlich nicht erstaunlich, dass einige auf Verweigerung umschalten und das Lernen weitgehend einstellen. Fachleute kritisieren die überhöhten Erwartungen von Eltern, die sich wünschen, ein kognitiv besonders begabtes Kind zu haben, und die Erfüllung dieses Wunsches über die Jahre eisern im Blick behalten haben. Nicht wenige überfordern ihr normal begabtes und während der Pubertät vor allem mit sich selbst beschäftigtes Kind mit zu hohen Ansprüchen an seine Lern- und Leistungsbereitschaft. Gesetzte Ziele zu erreichen kann Stress und Krach in der Familie mit sich bringen: Das Lernen – wie viel Aufwand muss sein? – ist Streitthema Nummer eins. Gut, wenn es gelingt, die Erwartungen zurückzuschrauben. Vielleicht verhindern Eltern damit, dass ihr erwachsen werdendes Kind seinen endgültigen Ausstieg aus unserem Lernsystem verkündet.

113

Weiter auf Seite 115

tra provokant über die Stränge zu schlagen und auf die Pauke zu hauen. Trotziges Bocken, Konflikte anzuheizen ist vielleicht gut für eigene Allmachtsgefühle, aber keineswegs zielführend. Einigermaßen sachlich geführte Auseinandersetzungen können dagegen zum Umdenken anregen.

- *Abwechslung.* Sie weckt neue Kräfte – auch beim Lernen. Neues Wissen wird im Gehirn gespeichert, wenn es an bereits vorhandenes anknüpft. Wenn das geschieht, bleibt einiges hängen beim Lernen. Gleichzeitig sollte neues Wissen die emotionalen Bereiche des Gehirns »elektrisieren« – neue Erfahrungen, die auf Begeisterung stoßen, werden gespeichert. Lösen neue Erfahrungen dagegen negative Gefühle aus, bleiben vor allem diese unangenehmen Gefühle lebenslang in Erinnerung und nicht sehr viel mehr. Fazit: Ich lerne vor allem das, was mich erfreut und interessiert.

- *Praktisches Lernen.* Jugendliche wollen nicht nur ihre geistigen, sondern auch ihre praktischen Fähigkeiten ausprobieren und steigern. Auch bei praktischen Arbeiten können sie viel Wissen ansammeln: Wer einen Hefeteig hinbekommt, kapiert eine Menge Chemie. Wer eine Kiste aus Brettern zusammennagelt, lernt dabei einiges über Physik und Mathe. Praktisches Arbeiten ist ebenfalls Lernen, Leistung und Erfolg – das zeigt sich beim Werkeln.

114

Weiter auf Seite 116

Wenn Jugendlichen der Boden unter den Füßen weg-
rutscht und die Lücken beim Lernen ausufern, sehnen sie
sich nach Müttern und Vätern, die über innere Balance ver-
fügen. Die Ruhe bewahren, die Mut machen und der Selbsteinschätzung von Sohn oder Tochter trauen und sie stärken.
Deshalb bitte nicht in Panik verfallen, wenn Ihr Kind beim
Lernen durchhängt, sondern Zuversicht ausstrahlen: »Nach
einem Tief kommt ein Hoch.«

Wenn sie in Not sind, können Söhne und Töchter keine
Eltern gebrauchen, die aufbrausen, wild herumrudern und
in ihrer Hilflosigkeit mit Besserwisserei kommen und mit er-
hobenem Zeigefinger drohen: »Wenn du nicht mehr für die
Schule tust, dann …«

Mütter und Väter sind wichtige Helfer bei der Persönlichkeitsentwicklung ihres Kindes, und während der Pubertät
bleibt die Familie ein bedeutender Ort für das Lernen, für
die Bildung, für die Leistungsbereitschaft. Wie gesagt: Das
Lernen klappt am besten, wenn die emotionalen Zentren
im Gehirn aktiviert werden, sagen die Neurobiologen. Eltern, Geschwistern, Großeltern kann diese Aktivierung gelingen, wenn das Familienklima positiv ist und sie inspirierende
Lernangebote machen, die ankommen. Das sind meist die
Angebote, die zielgenau auf die Bedürfnisse der Lernenden
zugeschnitten sind, auf ihre Interessen und ihre Hobbys.

Mit der Pubertät erweitert sich der Horizont. Die Heranwachsenden lassen sich nichts mehr vormachen, sondern bilden sich zunehmend ihre eigene Meinung, auch in puncto Lernen und Lernmethoden: »Weniger stures Auswendiglernen wäre gut. Die dauernden Prüfungen und Benotungen sind nichts für mich!« Oder: »In meiner Schule wird wie am Fließband gelernt.« 13- bis 18-Jährige haben viel zu monieren und sind sich oftmals einig mit ihren Lehrern: Das alte Bild – vorn die Tafel und ein belehrender, bewertender Lehrer und vor dem Lehrer aufgereiht die Schüler, die sich melden, wenn sie etwas zu sagen haben – hat ausgedient. Keiner will mehr klaglos den Stoff in sich hineinschaufeln. Jugendliche streben während der Pubertät und dank ihres neuen Denkvermögens nach mehr Selbst- und Mitbestimmung. Die wenigsten wollen vor allem für gute Pisa-Ergebnisse und gutes Abschneiden lernen. Mit zunehmendem Alter und Durchblick nehmen Schüler die schulischen Lern- und Lehrmethoden kritisch unter die Lupe, und manchmal wird sogar das eigene Lernverhalten auf den Prüfstand gestellt.

Neue Medien und Lernen

Inzwischen wird die Kritik der Schüler öfter gehört, analysiert und in den Schulen beherzigt. Die Schule verändert sich langsam und damit das Lernen. Immer häufiger wird mehr Selbstmanagement von den Jugendlichen verlangt. Sie können (und sollen) Initiative, Verantwortung entwickeln, eigene Ziele ansteuern und selbst kontrollieren, ob sie diese Ziele auch erreichen. Die Lernenden gestalten den Unterricht häufiger mit, bewerten eigene Leistungen und reagieren auf die Veränderungen, sind plötzlich hellwach und konzentriert beim Lernen und offen für Neuerungen. Entsteht ein besseres Lernklima, zeigt sich bald, dass Heranwachsende, allen Pubertätswehen zum Trotz, lernen wollen und meistens auch lernen können.

Außerdem prägen die digitalen Medien heute das Lernen. Auch das bringt frischen Wind. Heimlich unter oder sichtbar auf der Bank werden per Smartphone Informationen abgerufen, die beim Lernen helfen. Oder die Jugendlichen sitzen zu Hause am Rechner und steuern virtuelle Figuren durch Computerspiele, beschäftigen sich per Klick mit Elektronen und Kreisbahnen und befragen dazu ihre Lehrer. Immer mehr Lehrer integrieren die neuen Medien in ihren Unterricht. Sind sie das Lehrmittel der Zukunft? Ziehen die Schüler mit beim »zeitgemäßen« Informatikunterricht? Braucht jeder Jugendliche zukünftig ein Tablet? Lehrer, die Computer im Unterricht regelmäßig einsetzen, wollen kein Entweder-oder. Die meisten plädieren für ein Sowohl-als-auch. Reden, erklären und Computerprogramme einbeziehen – das ist ihre Strategie, und damit

Weiter auf Seite 120

Kommunikation geht Pubertierenden über alles. Sie besteht heute vor allem im Austausch von Kurznachrichten. Das muss nicht heißen, dass längere Gespräche vollkommen aus der Mode gekommen sind. Deshalb sollte man als Mutter, als Vater immer wieder Gesprächsangebote machen, im Gespräch bleiben, reden, erzählen – auch wenn wenig kommt von der anderen Seite. Die eigene Meinung kundtun, bestenfalls Meinungen abfragen, diskutieren, streiten, lachen – dabei werden permanent neue Fähigkeiten trainiert, neue Kompetenzen erprobt.

Und was ist, wenn Sohn oder Tochter gelangweilt die Augen rollen und den Blick gen Himmel richten? Nicht beirren lassen, wenn Gesprächsangebote nicht aufgegriffen werden, sondern weitermachen. Die Unlust, sich auf Gespräche einzulassen, vergeht mit der Zeit (meistens). Oft gelingt es auf Dauer, auch müde, schlappe oder muffige »Pubis« aufzuwecken und auf Trab zu bringen. Reden steckt an – jedenfalls meistens. Aber Geduld, es kann dauern, bis sich Jugendliche einklinken und am Gespräch beteiligen. Noch eins: Jugendliche wollen nicht mit den gesammelten Lebensweisheiten anderer zugeschwallt werden.

- *Recherchieren.* Lehrer zeigen ihren Schülern in der Schule, wie sie das Internet vernünftig nutzen können und dass die Kunst darin besteht, beim Recherchieren die »richtigen« Quellen anzuzapfen und Antworten auf Fragen zu finden wie: »Welche Informationen taugen etwas, welche nicht? Was brauche ich, was nicht?« Infos aufspüren, Texte ausloten, einordnen – zu Hause können viele Eltern ihren Kindern eine Hilfe beim Recherchieren sein. Sie wissen häufig,

119

Weiter auf Seite 121

ködern sie sogar diejenigen, die während der Pubertät mit dem Lernen wenig am Hut haben. Ihr Ziel: Sie wollen Jugendliche für Informatik begeistern, und das gelingt häufig. Über mangelndes Engagement für diesen Bereich beklagen sich jedenfalls die wenigsten. Wenn es um Technik und Informatik im Unterricht geht, sitzen selbst die Zappeligen, die den Unterricht normalerweise gerne stören, länger still. Und hier haben die Jungen sogar einen Vorsprung vor den Mädchen, die sich (noch) weniger für Informatik begeistern. Fachleute fordern: Informatikunterricht für alle. Er verändert das Lernen. »Zum Positiven!«, sagt die 15-jährige Mona, die im Unterricht viel mit Informatik zu tun hat. Das Lernen werde einfacher. Pädagogen wissen längst aus Erfahrung, dass es im »normalen« Unterricht schwierig wird, mit den perfekten Schautafeln und Videos im Internet mitzuhalten, mit den großartigen Bildern und grafisch übersichtlichen, kurzen, klaren Texten egal zu welchem Thema. Schon deshalb greifen viele beim Lernen und Lehren auf die neuen Medien zurück. Längst kommen Tablets zum Einsatz, immer häufiger ergänzen (ersetzen?) Notebooks und Smartphones Schulhefte und Schulbücher. Lehrer werden in Zukunft weniger Arbeitsblätter kopieren, weniger Karten herbeischleppen und aufhängen oder seltener die Tafel vollschreiben, sondern gemeinsam mit ihren Schülern im Internet nach Antworten und Anschauungsmaterial forschen – nach dem, was gerade gebraucht wird. Einmal tippen oder wischen, schon leuchtet auf, was gerade aktuell ist.

worauf es inhaltlich ankommt, wo die Schwerpunkte eines Themas liegen, und können erklären, wie man brauchbare Informationsquellen findet. Ganz entscheidend ist der gemeinsame Spaß an einer Sache, der sich motivierend auf die Lernbereitschaft auswirkt. Wer sich wohlfühlt, einigermaßen entspannt ist, lernt einfach besser.

- *Gruppenveranstaltungen.* Weitere »Lernprogramme«, die die Lernfreude von Jugendlichen steigern können: Gemeinschaftsveranstaltungen wie etwa Mannschaftsportarten, Jugendorchester, Theaterspiel – lauter Veranstaltungen, die Jugendlichen gefallen und auch »soziales Lernen« fördern. Gemeinschaftliches Lernen steht hoch im Kurs bei Pubertierenden, die gerne mit Gleichaltrigen unterwegs sind.

Belohnungen

Bitte vorsichtig dosieren. »Alle wollen heute Geld haben«, sagt Nico, 17 Jahre alt. »Jeder will reich und berühmt werden, anstatt sich vernünftig auf die Zukunft vorzubereiten.« Geprägt durch Konsumdenken machen sich viele Jugendliche wenig Gedanken darüber, was sie außer Shoppen und Konsum interessieren könnte, wo ihre Kompetenzen liegen und womit sie später ihr Geld verdienen möchten. Deshalb sollten Erwachsene mit materiellen »Motivationsschüben« eher sparsam umgehen, denn übermäßiges Verwöhnen mit Belohnungen kann die Tendenz »Leistung gleich Geldwert« verstärken.

Schule: Wo ist mein Platz?

Auf dem Schulhof, in den Pausen zwischen Englisch und Physik ist Gruppenbildung angesagt, eine Art Ranking. In einer Ecke die Oberhäupter der Jungen, beliebt und ganz oben. Bei ihnen die schönen Mädchen, noch gefragter als die Oberhäupter. Lachen, scherzen, reden – wer mitmachen darf, hat es geschafft. In einer anderen Ecke die Mitläufer, weniger gefragt, weniger schön, weniger lustig. Und dann gibt es noch die, die nicht zählen: Die blöde Klamotten tragen, von gestern sind. Das sieht man an ihren Frisuren und Brillen. Die kennen nichts anderes als Computer. Von einer Gruppe in die andere wechseln? Ziemlich unmöglich. Ein buntes Bild ergibt sich: Hier Jungen mit Kindergesichtern, die vor allem Fußballspielen im Kopf haben, da breitschultrige coole Kerle, die zu den Mädels hinüberpeilen – zu Mädchen, die sich erwachsen geben und dennoch nicht wissen, ob sie noch klein oder schon groß sind und sexy tun.

In der Schule wird gelernt. Dazu ist sie da. Doch Schule ist für Pubertierende zuerst ein dynamisches, soziales Gefüge, das über das Lernen hinaus unterschiedliche Erfahrungen ermöglicht: positive, negative – je nachdem. »Wie komme ich mit diesen Erfahrungen klar?« heißt die Frage, die Jugendliche in puncto Schule am intensivsten beschäftigt. Es ist manchmal schwierig, eine passende Antwort zu finden.

Weit wichtiger, elementarer sind die Schulfreunde, die mal engste, mal weniger enge Freunde sind. Die einen stärken, aber auch mal ärgern können. Und was ist mit den

Weiter auf Seite 124

In der Schule sammelt ein Jugendlicher über den Lernstoff hinaus intensive Lebenserfahrungen. Trifft Freunde und Freundinnen. Arbeitet am eigenen guten Aussehen und beurteilt das der anderen. Lärmt mit Mitschülern. Redet über Musik. All das zusammen ist wichtiger als der Schulunterricht. Schule bedeutet weit mehr, als Noten zu bekommen und ordentliches Lernen auf einen guten Abschluss hin. Soziales Lernen, das Zusammenleben meistern – was entspannt klingt, kann anstrengend sein, denn auch hier muss ein Pensum bewältigt werden, ein spezielles Lernprogramm jenseits von Mathe, Deutsch und Englisch, das es in sich hat.

Eltern nehmen dieses bunte Drum und Dran, das Schule neben dem Unterricht ausmacht, zwar wahr – »Ist nicht zu übersehen und zu überhören, wenn unsere Tochter Stunden mit ihrer Freundin per Handy bespricht, was sich morgens in der Schule abgespielt hat oder morgen abspielen wird!« –, aber sie nehmen es nicht unbedingt ernst. Sie tun diesen Austausch mit Mitschülern gerne abwertend als »Dauergequatsche« ab, als Nebensache, und übersehen dabei, dass es für ihr Kind die Hauptsache ist. Es gibt nichts Wichtigeres für die meisten Jugendlichen als das Thema Kommunikation, gerade in Zusammenhang mit Schule.

- *Söhne.* Nicht wenige Mütter und Väter halten ihre Söhne für reine Überflieger, im Grunde intelligenter als ihre Töchter. Eine Sichtweise, die unerwünschte Folgen haben kann: Wird einem Kind permanent vermittelt, wie clever und klug es ist, strengt es sich automatisch in der Schule weniger an, weil es glaubt: Die Schule mache ich mit links dank meiner

123

Weiter auf Seite 125

Nicht-Freunden, die einen von vornherein nicht mögen und die man selbst nicht mag? Die sogar richtig fies und gemein sein können? Was ist mit den Uninteressanten in der Klasse, die nerven? Was mit den Langweilern, die einen zum Gähnen bringen? Was mit den Ruppigen, die man fürchtet? Lauter Fragen, die zeigen, dass der Lehrplan in der Schule während der Pubertät nicht unbedingt an erster Stelle steht. Für viele Schüler ist sie in dieser Zeitspanne vor allem Event, Action, Theaterbühne, Höllenritt und erst lange danach Unterricht, Lehrer und Lernen.

Mal kann Schule ziemlich unterhaltsam sein, mal der reine Graus – das hängt vor allem von der eigenen Lust und Laune und vom Befinden der anderen ab, die dort ebenfalls ihren Platz haben. Von den Mitschülern, den Lehrern. »Heute gehe ich gerne hin, weil ich in der Schule meine Freunde treffe und keine Klausuren anstehen!«, erzählt eine 16-Jährige. »Und morgen würde ich mich lieber drücken, weil wir Physik haben und Mathe und ich beides nicht kann!« Die Stimmung kippt in den Klassen sieben bis zehn dauernd hin und her. Die Pausen seien eindeutig das Beste, sagen viele. In der Pause wollen Jugendliche sich zeigen oder verstecken:

- *Schaut her:* Ich habe schon viel Busen!
- *Schaut weg:* Ich habe ganz wenig!
- *Schaut her:* Seht ihr meinen coolen Wiegeschritt?
- *Schaut weg*: Ich bin nicht sexy!

Weiter auf Seite 126

Begabung. Ich muss mich nicht groß reinhängen. Ein Irrtum mit Folgen: Jungen bringen in der Schule oftmals weniger Leistung als Mädchen, haben häufiger Lernprobleme, und das wird besonders während der Pubertät deutlich.

- *Töchter.* Mädchen ist diese besondere Erwartung an ihre Intelligenz und ihr Können dagegen eher fremd. Die meisten halten es für selbstverständlich, dass Leistung und Anstrengung zusammengehören, setzen auf kontinuierliches Lernen, sind einfach fleißiger, erledigen ihre Hausaufgaben gewissenhafter, bereiten sich gründlicher auf den Unterricht vor, lernen engagierter und interessierter als Jungen, sagt die Wissenschaft. Eltern und Lehrer erleben bei Mädchen generell weniger Schulschwierigkeiten – mal abgesehen von Zickentheater, Kichern und Schwatzen.

Die Erfolgsgeschichte der Mädchen wird von Jungen ratlos bestaunt oder neidisch abgestraft: »Mädchen sind Streber!« Streber zu sein ist uncool.

Die Situation verschärfte sich dadurch, dass Mädchen lange im Mittelpunkt pädagogischer Bemühungen standen, in vielen Schulen mit Sonderprogrammen extra bedacht wurden zur Förderung der Gleichberechtigung. Für Jungen gab es hingegen kaum Sonderprogramme und besondere Fördermaßnahmen. Erst in jüngerer Zeit hat man ihre Defizite und Probleme erkannt mit der Folge, dass jetzt auch pubertierende Jungen an etlichen Schulen mit Extraportionen Pädagogik bedacht werden, damit sich der Entwicklungsabstand zu den Mädchen wieder verringert. Diejenigen, die von der sogenannten Jun-

125

Weiter auf Seite 127

Auf dem Schulhof reden die einen über die anderen. Auch das macht Sinn: Weil man noch nicht weiß, wer man ist, braucht man die anderen als Spiegel. Die anderen brauchen einen ebenfalls als Spiegel. Alle machen mit, und keiner redet darüber. Alle wollen nur eins: cool, cooler, am coolsten sein – und dieses Ziel zu erreichen ist verdammt anstrengend.

genkrise betroffen sind, können diese besondere Aufmerksamkeit gut gebrauchen. Übrigens dauert die Pubertät bei Jungen nicht länger als bei Mädchen, wie mitunter behauptet wird.

In vielen Schulen werden nach wie vor, allen gegenteiligen Erfahrungen und Bemühungen um Änderung zum Trotz, alte Rollenmuster weitergegeben. So gilt zum Beispiel in vielen Bereichen die Meinung, Lehrerinnen seien einfühlsamer, kreativer, sozialer als Lehrer. Lehrer seien dagegen handfester, geschickter, belastbarer als Lehrerinnen. Zähe Vorstellungen, die fest in den Köpfen sitzen und an die Jugendlichen weitergegeben werden.

Aber das Bild ändert sich trotzdem langsam: In zunehmend mehr Schulen wird inzwischen eine »Pädagogik der Vielfalt« angeboten, die unter anderem auch Gender-Fragen berücksichtigt.

Anstrengende Zeiten für Lehrer und Schüler

Über allem schweben die Lehrer, die begeistern können für Schule, die Respekt einflößen, aber auch nerven oder einen sogar das Fürchten lehren.

Natürlich ist es für Lehrer alles andere als einfach, einen Pulk Halbwüchsiger zum Lernen zu animieren. Ganz klar, dass sich Disziplin- und andere Probleme ergeben. Eigentlich müsste es eine besonders interessante Herausforderung für Pädagogen sein, die Schüler gerade jetzt, in dieser spannungsreichen Umbruchphase, bei der Stange zu halten. Ist es in der Praxis aber nicht. Die siebte, achte und neunte Klasse sind unbeliebt bei Pädagogen: zu viel Trouble, zu anstrengend. Lehrer reagieren unterschiedlich auf diese Belastungen:

- *Die Zermürbten.* Vor allem die von ihren pubertierenden Schülern genervten Pädagogen, die eisern den Lehrplan durchziehen und gelangweilt jede Menge Wissen in ihre Schüler hineinstopfen (müssen), bringen Frust, reizen die Jugendlichen unglaublich und bleiben schon deshalb in Erinnerung. Unterrichten sie Schüler dieser Altersgruppe, geben sie sich häufig betont distanziert und leistungsorientiert – sicherlich vor allem aus Angst, die Klasse nicht in den Griff zu bekommen. Etliche sind selten gut gelaunt und haben für Witze nichts übrig. Sie suchen wenig Kontakt zu ihren Schülern, beten allein ihren Stoff herunter, können sich oftmals nicht durchsetzen, da sie keine klaren Regeln aufstellen, keine Grenzen ziehen, inkonsequent sind, dann ins Schleudern geraten und öden Unterricht machen.

128

Weiter auf Seite 130

Schule ist in vielen Familien nicht nur ein Reizthema, sondern auch eines, über das häufig widersprüchlich geredet wird:

- *Verständnis.* Manchmal sind sich Eltern und Kind durchaus einig in ihrer Schulkritik: öder Unterricht, zu wenig motivierend.
- *Unverständnis.* Gleichzeitig erwarten die Väter und Mütter jedoch, dass ihr Sprössling in der Schule gute Leistungen bringt.

Ein weiterer Widerspruch, der den Pubertätsstress verstärken kann:

- *»Sag, was du denkst!«* Eltern ermutigen ihren Sohn, ihre Tochter darin, sich eine eigene Meinung zu bilden und sie kundzutun. Auch in der Schule.
- *»Sag bloß nicht, was du denkst!«* Gleichzeitig werden die Jugendlichen aber davor gewarnt, ihren Unmut in der Schule vorzubringen. Im Unterricht sei Anpassung angesagt, bekommen sie oftmals hören, und Zurückhaltung sei klüger. »Du musst sehen, wie du zu den guten Zeugnissen kommst, die du brauchst!«

Ein Sowohl-als-auch und Abwägen fällt Heranwachsenden schwer, denn während der Pubertät entspricht ein Entweder-oder eher ihrem Seelenzustand. Pubertierende sind keine Meister in Diplomatie und Kompromissbereitschaft und wollen es meist auch nicht sein. Johann, 16 Jahre alt, sagt: »Wenn der Unterricht nichts bringt, sage ich das in der Schule laut und deutlich!« Keine Erfolg versprechende Strategie aus der Sicht

129

Weiter auf Seite 131

- *Die Klaren, Eindeutigen.* Selbstverständlich gibt es auch die Lehrer, die mit ihren Schülern bestens klarkommen – sogar während der Pubertät. Die einfach einen guten Draht zu ihnen haben. Worin besteht ihr Geheimnis? Sie mögen ihre Schüler allen Schwierigkeiten zum Trotz. Sie interessieren sich für sie. Meistens sind sie streng, aber auch humor-, vertrauens- und verständnisvoll und machen einen guten Unterricht. Sie ziehen klare Grenzen und sind konsequent. Ein Alltagsbeispiel: Lehrer A, gut gelaunt und witzig, schaut irgendwann nach acht auf seine Uhr, ruhig, ohne sichtbare Aufregung. Sein Unterricht beginnt – nicht zum ersten Mal in dieser Woche – mit deutlicher Verspätung, da etliche Schüler erst nach und nach eintrudeln, alle mit abstrusen Entschuldigungen. Er hat die Nase voll: Das ist kein Witz. Es hagelt nun die von ihm bereits seit Längerem angekündigten Konsequenzen: »Es reicht mit den ewigen Verspätungen!« Die ganze Klasse soll am nächsten Tag zur Frühstunde (sieben Uhr!) antreten. Aus und Schluss. Die Schüler kapieren, wenn auch murrend, dass einige von ihnen zu weit gegangen sind. Dass sie sich zusammennehmen müssen. In der Klasse entsteht nach der Unterrichtsstunde ein Gespräch über den Sinn bestimmter Regeln, über Grenzen, Solidarität und Fairness. Die Frühstunde gefällt keinem, aber sie wird hingenommen. Einzusehen? Die Zuspätkommer versprechen immerhin, sich zu bessern.

130

Weiter auf Seite 132

Erwachsener. So versucht eine Mutter ihre besonders diskussionsfreudige, selbstbewusste 17-jährige Tochter zu bremsen, die sich gerne mit ihren Lehrern anlegt. Vergebliche Liebesmühe. Letztlich verpuffen die mütterlichen Ratschläge, da ihre Tochter, wie andere Pubertierende auch, gerade auf Selbstverwirklichungstour ist und den entsprechenden Schulärger, den sie mit ihrer Kritik auslöst, lieber hinnimmt, als ihren Mund zu halten.

Für Erwachsene besteht die Schule zuerst aus Noten und Zeugnissen und nicht aus *social life*. Besonders Mittelschichteltern, die viel Einsatz von sich selbst und von ihrem Kind entsprechend viel Engagement für die Schule erwarten, Pubertät hin oder her, haben genaue Vorstellungen von dem, was ihr Teenager in der Schule zeigen soll:

- *Leistungsbewusstsein.* Er soll Leistung, Ehrgeiz, Erfolg so wichtig nehmen wie sie selbst und einen guten Schulabschluss erreichen.
- *Anpassung.* Er soll reibungslos funktionieren und sich genau so verhalten, wie sie es erwarten.
- *Durchhaltevermögen.* Schlappmachen gilt nicht. Mütter und Väter gehen davon aus, dass sich ihr Kind erfolgreich, also tüchtig und durchsetzungsstark, in unser Leistungssystem einfügt und Probleme, die vielleicht mit seiner Pubertät zu tun haben könnten, weitgehend an sich abperlen lässt.

Lehrer wünschen sich guten Kontakt zu den Schülereltern. Sie sind auf Kooperation angewiesen, da die Schule allein eventuelle Schwierigkeiten nicht auffangen kann, die sich während

131

Weiter auf Seite 133

Auch das ist eine Schulerfahrung, die Jugendliche zunehmend kritisch wahrnehmen: Lehrer stecken ihre Schüler gerne in verschiedene Schubladen. Hier die Aufmüpfigen, da die Angepassten. Hier die Fleißigen, da die Faulen. Hier die Cleveren, da die Begriffsstutzigeren. Gegen diese Kategorien in Lehrerköpfen wehren sie sich häufig, denn mit dem Erwachsenwerden und größerer Eigenständigkeit wird ihnen klar, dass sie nicht etikettiert werden, keinen Stempel aufgedrückt bekommen möchten. Gut, wenn Mitschüler mitziehen, die Empörung über Schubladendenken teilen und ermutigen: »Hauptsache, du weißt, dass du in kein Kästchen gehörst, sondern einmalig bist!«

Wie empfindet man Schule noch, wenn man zwischen 13 und 17 ist?

der Pubertät zeigen. Die Mehrheit der Mütter und Väter setzt sich, wie von der Schule gewünscht, für Schulbelange ein. Manche scheinen die Wichtigkeit der Rolle, die sie im Schulleben ihres Sohnes, ihrer Tochter spielen, allerdings zu übertreiben und treten mit üppigen Ansprüchen und Forderungen in der Schule auf, melden sich dauernd mit neuen Anliegen beim Schulleiter und sehen in den Lehrern ihres Kindes vor allem Dienstleister. Jugendliche, während der Pubertät oft besonders empfindsam, wünschen sich zurückhaltende Eltern. Nichts dagegen einzuwenden, wenn sie Kontakt zu den Lehrern halten, aber sparsam dosiert, und Sohn oder Tochter möchten darüber informiert und in Gespräche einbezogen werden, schließlich sind sie keine kleinen Kinder mehr und wollen ein Mitspracherecht haben, wenn es um sie geht.

Schule gleich Konkurrenzkampf

FÜR JUGENDLICHE

Auf der Suche nach der eigenen Persönlichkeit noch auf schwankendem Boden, nehmen Pubertierende sich selbst, ihre eigenen Gefühle und die Empfindungen anderer genau wahr und enorm wichtig. Das Spiegeln und Selbstspiegeln findet vor allem im Klassenzimmer und auf dem Schulhof statt. Jugendliche schauen und hören genau hin, reagieren sofort auf alles und jedes und höchst empfindlich, wie folgende Kommentare zeigen: »Der guckt alle anderen an, nur mich nicht – wieso?« Oder: »Die zieht dauernd über andere her – auch über mich?« Berichtet wird von:

- *Missgunst*, zum Beispiel spürbar, wenn sich einer aus der Klasse leichter beim Lernen tut als andere oder in den Ferien eine begehrenswerte Fernreise antritt;
- *Neid* auf jemanden, der einen guten Stand im Klassengefüge hat oder sich bessere Klamotten leisten kann als andere, die nicht mithalten können;
- *Überheblichkeit,* wenn ein Mitschüler über bessere Möglichkeiten zur Selbstverwirklichung verfügt als andere.

Oder umgekehrt:
- *Triumph*, wenn die eigenen Leistungen besonders vorzeigbar sind;
- *Selbstzufriedenheit,* wenn man mit sich und der Welt total im Reinen ist, weil man bei den Noten gut abgeschnitten hat.

134

Weiter auf Seite 136

Ob ihre vorgegebenen Ziele erreicht werden, lässt sich aus Elternsicht am ehesten an den Noten ihres Kindes ablesen. Deshalb sind die Zensuren der Dreh- und Angelpunkt in Sachen Schule. Die Noten verschlechtern sich während der Umbauphase Pubertät oftmals, und zwar gerade in kognitiven Fächern wie etwa Mathe oder Deutsch. (Dass sich der Notenschnitt nach der Pubertät wieder verbessert, können sie im Voraus nicht wissen.)

Häufen sich schlechte Noten dramatisch, gerät sogar der Schulabschluss in Gefahr, bricht für leistungsorientierte Mütter und Väter die Welt zusammen. Die Schulnöte lösen massive Ängste aus: Ohne Schulabschluss keine Ausbildung. Die Zukunft steht auf dem Spiel. Die Folge: Die Konflikte nehmen zu.

Bei Schulproblemen machen Eltern oft Druck in der Annahme, dass Sohn oder Tochter die in sie gesetzten Erwartungen dann umso eifriger erfüllen werden. Dieser elterliche Druck verschärft sich während der Pubertätsjahre häufig: Kein Wunder, denn schließlich rückt der Schulabschluss, der Ernst des Lebens, langsam näher. Ein guter Schulabschluss – das beste Rüstzeug für die Zukunft – muss sein, so die Erwachsenen. Um dieses Ziel zu erreichen, drohen sie mit Strafen wie Hausarrest usw.

Der Druck in der Schule, verstärkt durch den zu Hause, macht vielen Jugendlichen zu schaffen, selbst wenn sie sich das nicht anmerken lassen. Diese Belastung lässt sich nicht einfach wegschnippen, weglachen, wegreden, sondern nagt am Selbstwertgefühl, kann dazu führen, dass sich der Konkurrenzkampf in der Schule noch verstärkt.

135

Weiter auf Seite 137

Vielen Jugendlichen ist es heute unglaublich wichtig, sich in der Schule »richtig« in Szene zu setzen vor den Mitschülern, den Lehrern. Ein Winner, bloß kein Loser zu sein. »Cool« zu sein, bloß nicht ein blasser Typ:

- *Die Coolen,* Selbstbewussten neigen bisweilen dazu, sich selbst zu überschätzen. Begeistert von ihrem Outfit, ihrem Aussehen, ihrer Cleverness mit der Vorstellung, überall und immer den totalen Durchblick zu haben, fühlen sich einige reichlich stark und legen sich entsprechende Posen zu: ein lässiges, oft herausforderndes Gehabe samt entsprechendem Von-oben-herab-Tonfall, mit dem sie in der Schule auftreten.
- *Die Empfindsamen,* Sensiblen reagieren eher panisch, ziehen sich zurück. Dieses Hühnerhofgegacker im Klassenzimmer und auf dem Schulhof ist nichts für sie: zu anstrengend aus ihrer Sicht. Sollen die anderen doch ihr Ding machen, sie wollen (müssen?) da nicht unbedingt mitspielen.

Heranwachsende erleben in der Schule ein breites Spektrum unterschiedlicher Verhaltensmuster und Maßstäbe. Tagtäglich mischen sich unterschiedliche soziale Erfahrungen und Erlebnisse. Im intensiven Zusammenleben durchleben Pubertierende ein breites Spektrum beglückender, aber auch belastender Gefühle wie Aufregung, Freude, Liebe, Begeisterung, Mitgefühl, Mitleid, Ärger, Angst, Abneigung, Mitleid, Solidarität, Zuwendung, Verständnis, Trost ...

136

Weiter auf Seite 138

Je höher ihre Erwartungen, je stärker der Druck, desto größer die Wahrscheinlichkeit, dass sich ein Pubertierender gegen die elterlichen und schulischen Vorstellungen wehrt. Irgendwann mag oder kann er nicht länger funktionieren, perfekt schon gar nicht, und gibt auf: kein Hinnehmen von Kontrolle, keine Schuldiskussionen mehr, kein Zensurenzirkus. Viele sehen dann wenig Sinn darin, sich täglich in die Schule zu schleppen. Es mangelt ihnen an der nötigen Motivation. Spitzen sich die Konflikte zu, sind sie bewusst oder unbewusst versucht, sich mit Macht zu befreien: Mancher lässt dann alles schleifen oder boykottiert die Schule, schmeißt vielleicht sogar hin, um der Quälerei ein Ende zu machen, oder nimmt Medikamente oder Drogen, um der ewigen Anspannung zu entkommen. Ein anderer leidet unter chronischen Ängsten und verzweifelt an den hohen Anforderungen. Auch Depressionen sind inzwischen keine Seltenheit mehr.

Der steigende Druck in Schule und Elternhaus überfordere viele, sagen Fachleute und plädieren dafür, den Schulstoff zu reduzieren. Andere Experten meinen: Alles halb so schlimm. Inzwischen werde auf hohem Niveau geklagt und Jugendlichen von überbehütenden, verwöhnenden Eltern die verschiedensten Stresssymptome aufgeschwatzt. Diese unterschiedlichen Interpretationsmuster tragen zur weiteren Verunsicherung aller Betroffenen bei.

Die Erfahrungen und die daran gekoppelten Gefühle – manche neu, andere längst vertraut – fahren während der Pubertät Achterbahn, erst recht dann, wenn man in der Schule auf jemanden trifft, der das eigene Herz höher schlagen oder in den Keller abstürzen lässt, und das auf offener Bühne: mitten im Klassenzimmer unter lauter neugierigen Mitschülern – ein immerwährendes Spiel aus himmelhoch jauchzend oder tief betrübt. Ganz speziell: der erste Auftritt mit neuem Freund oder neuer Freundin auf dem Schulhof. Alle gucken, alle tuscheln – solch ein Spektakel cool an sich abgleiten zu lassen ist eine Leistung und ein Lehrstück, bei Weitem spannender und aufregender als jede Matheaufgabe oder Französischklausur. Es dauert seine Zeit, bis es Jugendlichen gelingt, ihr inneres Kraut und Rüben, all die überraschenden Gefühle, die sie in der Schule täglich durchleben, auszuloten, einzuordnen. Geht alles gut, kommen sie klar in der Schule, dann lernen sie mit der Zeit, sich auf der Bühne Klassenzimmer sicherer zu bewegen. Gegen Ende der Pubertät entspannt sich die Lage zunehmend: Die Achterbahnfahrt der Gefühle verliert an Tempo. Die neuen Erfahrungen setzen sich, werden verinnerlicht und gespeichert, sie pendeln sich ein.

Schulmüde

Schule bedeute Konkurrenzdenken, ein ewiger Vergleichskampf finde täglich im Klassenzimmer und auf dem Schulhof statt, klagen viele. Mitschüler auszustechen scheint im Schulbetrieb Normalität zu sein. Viele Jugendliche nutzen ihre mit der Pubertät erworbenen neuen Fähigkeiten, um ihren eigenen Ehrgeiz hochzukochen, mitunter auf Kosten ihrer Mitschüler. Sie sind die Größten und Bedeutendsten auf dem Schulhof, das lassen sie heraushängen.

Mit wachsender Kritikfähigkeit und zunehmender Reife setzen sich andere Gleichaltrige ab. Dieses Ich-bin-besser-als-du-Gehabe vermiest ihnen die Schule. »Nicht nur mir, auch anderen aus meiner Klasse geht dieses ›Ich bin oben, du bist unten‹, das manche an den Tag legen, auf den Keks!«, sagt eine 15-Jährige.

Nachvollziehbar, dass das Auf und Ab der Gefühle, dass sich die unterschiedlichen Verhaltensmuster positiv oder negativ auf das Schulklima und damit letztlich auch auf das Lernen und die Leistungen auswirken. Wer mit der Schule nicht zurande kommt – egal, aus welchem Grund –, schaltet häufig ab, arbeitet unzuverlässig, beteiligt sich nicht am Unterricht, ist unkonzentriert, zerstreut, vergesslich, interesselos, döst und träumt zum Fenster hinaus, schwatzt oder stiftet Händel auf dem Schulhof an. Die Schrift wird krakeliger, ist kaum leserlich. Die Schulbücher? Zu Hause vergessen. Sammelt sich zu viel Schulfrust an – ob durch schlechten Unterricht oder durch belastende soziale Erfahrungen bedingt –, gehen Jugendliche enttäuscht auf Distanz. Ihnen vergeht der Appetit auf Schule (Seite 144).

Weiter auf Seite 142

Jeder Schüler muss in seinem Schulalltag permanent Entscheidungen treffen. Muss sich durchsetzen, Konzentration aufbringen, mitdenken, vorausdenken … die Liste ist lang. Kein Wunder also, dass Schüler den Kopf voll haben, wenn sie danach zu Hause eintrudeln. Dann wollen viele nur noch ihre Ruhe haben. Jetzt gleich aus der Schule erzählen? Bitte nicht, vielleicht später. Allerdings sind manche Jugendliche anders gestrickt und wollen sofort erzählen, was los war. In jedem Fall tun Eltern gut daran, den jeweiligen Wunsch zu respektieren.

Alles ist neu mit der Pubertät. Die Interessen verändern sich, die Beziehungen innerhalb der Familie, das Auftreten, der Umgangston. Eine häufige Folge dieses Umbruchs: Nervosität, Stress, Gereiztheit auf allen Seiten. Es kann für Mütter und Väter schwierig werden, diesen Teufelskreis aus eigenen Ängsten und entsprechendem Druckmachen zu durchbrechen. Wenn die Schule während der Pubertätsphase nur noch Krampf ist, was hilft weiter? Wie kann man gegensteuern?

Wie lässt sich der Knoten lösen, wenn Schulprobleme überhandnehmen, der Jugendliche die Schule vielleicht sogar abbrechen will, weil er damit nicht mehr klarkommt?

- *Nach Ursachen forschen.* Mehren sich die Schulprobleme, geht es immer darum, herauszufinden, wo die Ursachen für den Schlamassel liegen könnten. Seit wann kommt der Sohn oder die Tochter mit den Lehrern oder Mitschülern nicht mehr zurecht? Was hat sich mit der Pubertät verändert? Spielt Überforderung eine Rolle? Ist die Schule vielleicht zu schwer? Nehmen die Eltern zu viel Einfluss? Verstärken vielleicht Freunde die Lustlosigkeit gegenüber der Schule?

141

Weiter auf Seite 143

Verschlechtern sich ihre Noten massiv, reagieren auch lässige »Pubis« ziemlich geschockt. Das haben sie nicht erwartet. Mit den blanken Zahlen können viele allerdings wenig anfangen – vor allem nicht mit der Benotung mündlicher Prüfungen. Ihre Noten kommen ihnen spanisch vor: »Wieso ist das jetzt eine Fünf und keine Vier geworden? Wo verläuft die Grenze zwischen Vier und Fünf?« Ein Rätsel. Keine Ahnung, wie es weitergehen, wie man aus der schlechten eine gute Note machen könnte.

- *Trösten.* Hilfreich bei übermäßigem Noten- und Schuldruck: Vater und Mutter reagieren mit Gelassenheit, machen Mut, trösten.
- *Optimismus ausstrahlen.* Gut für Jugendliche, wenn ihre Eltern, trotz aller pubertären Belastungen, optimistisch in die Zukunft blicken und stetig Zuversicht ausstrahlen: »Gemeinsam finden wir eine Lösung!« Optimismus kann anstecken, darf aber nicht in Beschönigen ausarten oder Probleme unter den Teppich zu kehren. Ehrlichkeit kommt besser an.

»Ich will raus aus der Schule!«

Ausgerechnet in dieser kritischen Phase schraubt die Schule ihre Forderungen hoch. In der Zeit des stärksten Hormonschubs geht es rund im Unterricht. Dazu kommt für viele noch die leidige Diskussion um Schulreformen, zum Beispiel um G8 oder G9. Schulunterricht mit seinem althergebrachten Programm bietet Jugendlichen meist nicht das, was sie in dieser heiklen Umbauphase von Körper, Geist, Seele brauchen. Nicht wenige der 15-, 16-, 17-Jährigen nehmen bewusst wahr, dass sie im Denken einige Entwicklungsstufen weitergekommen sind, möchten ihre neuen Fähigkeiten in der Schule an den Mann bringen und zeigen, was in ihnen steckt. Umso enttäuschter sind sie, wenn dort weiterhin alles nach Schema F läuft, Eigenständigkeit, Originalität, Kreativität, Toleranz, Kooperationsfähigkeit nicht oder nur wenig gefragt sind. Einfach nur den Lehrplan abzuhaken – das ist nicht ihr Ziel.

Zu eng im Denken sei die Schule, zu verschlossen die Lehrer, solch eine Schulatmosphäre sei nicht das Wahre für Individualisten, meinen besonders die Schüler, die Wert auf ihre neu entdeckte Eigenständigkeit legen. »In meiner Schule geht der einzelne Schüler in der Masse unter«, erzählt die 16-jährige Corinna. »Was ich erleben möchte, erlebe ich nicht dort, sondern außerhalb. In der Schule läuft alles auf eingefahrenen Gleisen, und es bleibt kaum Raum für Experimente und neue Erfahrungen.« Sabine, 16 Jahre alt, zehnte Klasse Gymnasium, empfindet die Schule als lästige Pflicht: »Es ist die Frage, ob ich das noch jahrelang aushalte!«

Weiter auf Seite 146

Eltern wissen, dass nicht jeder Heranwachsende in Krisenmomenten – wie »Ich will die Schule hinschmeißen!« – gesprächsbereit ist. Sie können ihre Hilfe anbieten. Die letzte Entscheidung, ob es sich auf ein Gespräch einlassen will oder nicht, liegt jedoch bei ihrem Kind.

- *Miteinander reden.* Wer das Gespräch mit seinem Sohn oder seiner Tochter sucht, sollte auf die Themen kommen, die ihm oder ihr am Herzen liegen, und das ist wahrscheinlich nicht die Schule. Damit erhöhen sich die Chancen, trotz aller pubertären Abgrenzungstendenzen, sich auszutauschen. Üben sich Mütter und Väter beim Thema Schule in vorsichtigem Nachfragen, beschränken sie sich darauf, möglichst klar und deutlich und ohne Zeitdruck ihre Gefühle und Gedanken zu beschreiben, ist viel gewonnen. Nimmt ein Jugendlicher zur Kenntnis, dass seine Eltern nicht mit vorgefertigten Meinungen auftrumpfen, keine festen Erwartungen an seine Schulkarriere haben, sondern sich um Verständnis bemühen, dass sie sich mit seinen Argumenten auseinandersetzen, kann es gelingen, ein vernünftiges Gespräch über Schule auf Augenhöhe zu führen und gemeinsam zu überlegen, welche Folgen der Schulärger haben könnte: Sitzenbleiben? Schule abbrechen? Welche Lösungen bieten sich an? Es kann schwerfallen, darüber sachlich, gelassen und ruhig zu reden.
- *Positives ansprechen.* In seinem Frust lamentiert mancher Jugendliche gern ausgiebig über Schulstress, über Schule als völlig ungenügende, überhaupt nicht seinen eigenen Bedürfnissen entsprechende Zumutung. Bitte nicht darauf eingehen und ins gleiche Horn tuten, sondern im Gespräch

145

Weiter auf Seite 147

Verstärkt wird der Schulfrust durch Eltern, die Tag für Tag jedes Minierlebnis abfragen: »Wie war's?« Manche insistieren, haken nach, wollen genau wissen, was läuft: »War was Besonderes?«, oder animieren mit List und Tücke zum Erzählen. Wer sich langsam von zu Hause abnabeln will, mag sich nicht ausfragen lassen und nicht zum Berichterstatten antreten. Dadurch verstärkt sich bei manchem Jugendlichen der Gedanke: »Ich will raus aus der Schule!« Er sieht in ihr nur noch ein einziges Elend und will aussteigen.

Um das Abschlaffen und Aussteigen zu verhindern, steuern manche Schulen inzwischen gegen und bieten besondere Aktionen und Herausforderungen extra für ältere Schüler an. Neuer Schwung muss her, neue mitreißende Ideen, und die heißen zum Beispiel: statt Unterricht Aktionen wie »Arbeiten bei einer Winzergenossenschaft«, »Praktikum Bauernhaus renovieren« oder Alpenüberquerung. Während einer Auszeit probieren die Heranwachsenden ihre neu erworbenen Kräfte aus, zeigen, was jenseits von Mathe und Fremdsprachen in ihnen steckt. Solche Auszeiten wirken sich in der Regel positiv auf ihre gesamte Entwicklung aus, und das kommt später den Leistungen in den Schulfächern wieder zugute.

Pubertät bedeutet permanente Veränderung. Die Beziehungen untereinander verändern sich von Schulstunde zu Schulstunde, im Klassenzimmer, auf dem Schulhof. Eine Herausforderung für jeden Jugendlichen.

lieber auf Gegenkurs gehen, die eher positiven Seiten betonen: »Da ist immer was los. Kein Tag ist wie der andere. Selbst wenn der Unterricht langweilig ist, gibt es in den Pausen viel zu lachen, viel zu sehen!«

- *Hilfe annehmen.* Schüler schwören nicht selten auf Anti-Stress-Trainingsprogramme. So haben zum Beispiel Yoga-Kurse Hochkonjunktur. Mancher Jugendliche sucht in einer Coaching-Praxis Unterstützung. Jugendliche reagieren dagegen eher verschnupft, wenn es nur darum geht, sie wieder voll funktionsfähig zu machen. Dann verhalten sie sich eher bockig bis aggressiv. Oft nützen bereits zwei, drei Gespräche mit einem Experten, um klarer zu sehen.

Was verschlimmert den Schulstress?

- *Unverständnis.* Heranwachsenden ist anderes wichtiger als Leistung, Erfolg, Ehrgeiz. Für viele ist Kommunikation Dreh- und Angelpunkt ihres Daseins. Wer das ewige Telefonieren per Handy als Dauergequassel, das In-Kontakt-Bleiben über soziale Netzwerke als unwichtige Nebensache abtut und nur über Schule, Leistung und Erfolg sprechen mag, hat verloren.
- *Enttäuschung.* Von ihrer Enttäuschung darüber, dass sich die Schulprobleme häufen, sollten Eltern nicht sprechen. Auch nicht vom mangelnden Einsatz des Heranwachsenden. Schuldzuweisungen verstärken die Anspannung.
- *Drohungen.* Niedermachen wirkt zerstörerisch.
- *Befragungen, Bewertungen.* Bitte nicht den Richter spielen und das Kind befragen. Es reicht, dass in der Schule Noten vergeben werden. Das Wohnzimmer ist kein Gerichtssaal.

Mobbing in der Schule

Die Geschichte fing eher harmlos an. Im Physikunterricht Gymnasium, zehnte Klasse. Muriel, 15 Jahre alt, stand an der Tafel und sollte eine Aufgabe lösen. »Das bekam sie nicht hin«, berichtet die 16-jährige Janina. »Vorne vor allen stehen, das war überhaupt nicht ihr Ding! Sie stand einfach nur hilflos herum.« Einer hat dann einen blöden Spruch gemacht, und die ganze Klasse antwortete mit wieherndem Gelächter. »Und ich habe mitgelacht! Und das als ihre beste Freundin!« Das war der Anfang. Von da an hörte das Sprücheklopfen, Tuscheln, Kichern, Gackern in den Unterrichtsstunden nicht mehr auf, und immer schön auf Kosten von Muriel. Sie konnte tun und lassen, was sie wollte – dauernd war sie Zielscheibe von irgendwelchen blöden, nervigen Scherzen. Später dehnten sich die Schikanen auf die Pausen aus und wurden immer fieser. Das war kein Spaß mehr, sondern richtiges Mobbing, und das ist keine Seltenheit mehr unter Jugendlichen, die sich immer häufiger gegenseitig das Leben schwermachen. Oft artet das dumme Sprüchemachen schnell in Grausamkeit und Gemeinheit aus.

Mobbing in der Schule? Laut Weltgesundheitsorganisation wird etwa ein Drittel aller Schüler Opfer von Gemeinheit und Grausamkeit durch Gleichaltrige. Durch Internet und Smartphones erreichen die Attacken den Adressaten überall, und das rund um die Uhr. Mobbing in der Schule und Cybermobbing (siehe Seite 376) gehören eng zusammen.

Muriel hat die Beleidigungen geschluckt, mit niemandem über ihre verletzten Gefühle gesprochen, auch nicht mit Janina. Sie hat ihren Ärger, ihre Wut, ihre Verzweiflung für

Weiter auf Seite 150

Ich werde in der Schule ausgegrenzt!« oder »Ich werde in der Schule gemobbt!« – längst nicht jeder betroffene Jugendliche spricht mit seinen Eltern über seine bedrückenden Erfahrungen, sondern macht sie lieber mit sich selbst aus. Wenn Eltern einen Verdacht haben, sollten sie ihr Kind ermutigen – »Gemeinsam finden wir eine Lösung!« –, sich zu öffnen und mit ihnen zu reden. Mögliche Folgen massiven Mobbings sind Depression, Angststörungen und andere psychische Störungen, manchmal spürbar bis ins Erwachsenenalter.

Wird Mobbing zum Thema, stellen sich zwei Fragen:

- *Was können wir tun?* Da die Beleidigungen in der Schule stattfinden, ist zu überlegen, ob ein Vertrauenslehrer oder der Schulleiter kontaktiert werden sollte, um gemeinsam mit dem betroffenen Jugendlichen eine Strategie zu entwickeln, wie vorzugehen ist. Es ist auch hilfreich, Infos von einer entsprechenden Beratungsstelle einzuholen. Eventuell sollte Anzeige erstattet werden (siehe Seite 379). Manchmal hilft nur ein Schulwechsel.

- *Welchen Anteil haben wir daran?* Der elterliche Erziehungsstil wirkt wesentlich daran mit, ob ein Kind oder Jugendlicher gut oder weniger gut mit Gleichaltrigen klarkommt und sich gegen rabiate Gleichaltrige wehren kann. Welcher Erziehungsstil beeinträchtigt die Fähigkeit, sich zurechtzufinden?

Zum einen haben diejenigen ein erhöhtes Risiko, Opfer von Mobbing zu werden, die in einem sehr behütenden Elternhaus weitgehend stressfrei aufwachsen. Ihnen kann es an Durchset-

149

Weiter auf Seite 151

sich behalten und sich zurückgezogen. Das machen Betroffene häufig. Andere reagieren aggressiv, sind häufig krank, fehlen in der Schule – jede Reaktion ein Alarmzeichen, ein Hilferuf. Jetzt sind neben der Familie die Freunde gefragt.

- *Einmischen.* Mobbing ist nicht nur eine Sache zwischen Täter und Opfer. Beteiligt sind auch alle, die zuhören, zusehen, die nichts machen und damit das Mobbing unterstützen. Eine Möglichkeit, zu helfen, ist, diejenigen, die schweigend zuschauen, gezielt anzusprechen und zu erklären, warum es dem Mobbingopfer schlecht geht.
- *Solidarität fordern.* Die Mitschüler ermutigen, Flagge zu zeigen auf dem Schulhof und im Klassenzimmer. Den Sprücheklopfern die kalte Schulter zeigen, weggehen, weghören, wenn sie die nächsten Witze reißen. Die Schikanen ins Leere laufen lassen.
- *Grenzen setzen.* Die Täter zusammen mit anderen auffordern, ihr übles Spiel einzustellen.
- *Fragen, Zuhören. Gesprächsbereitschaft signalisieren.* Auf das Mobbingopfer zugehen. Geduld haben, denn nicht jeder will/kann gleich drauflosreden und über seine Erfahrungen sprechen. Oft dauert es eine Weile, bis neues Vertrauen entsteht und Erfahrungen wie Verzweiflung, Einsamkeit, verletzte Gefühle zur Sprache kommen.
- *Erwachsene, denen man vertraut, ansprechen*, wenn man allein nicht weiterkommt.

Es erfordert Courage, den Mobbern entgegenzutreten und sich für das Opfer starkzumachen. Und noch etwas: Es kann dauern, bis das Thema vom Tisch ist.

zungsvermögen mangeln. Sie werden dank besonderer Verletzlichkeit leicht zum Opfer gemacht.

Zum anderen werden Jugendliche, die aus einem besonders strengen Elternhaus stammen und zu Hause viele negative Rückmeldung erleben, eher in der Schule gemobbt. Sie können sich nicht gut wehren. Auch Heranwachsende, die in der Familie von ihren Geschwistern getriezt werden, müssen oft unter den Attacken ihrer Altersgenossen leiden.

Und wer hat seltener mit Mobbing zu tun? Teenager, deren Eltern klipp und klar sagen, welche Regeln gelten. Deren Väter und Mütter gleichzeitig Nähe, Wärme und Geborgenheit bieten und es zulassen, dass ihr Kind eigene Strategien und damit genug Selbstbewusstsein entwickelt, um mit den ganz normalen Konflikten unter Gleichaltrigen klarzukommen.

Mehr zum Thema Mobbing siehe Seite 376.

6. Im Mittelpunkt des Interesses: Die Sexualität

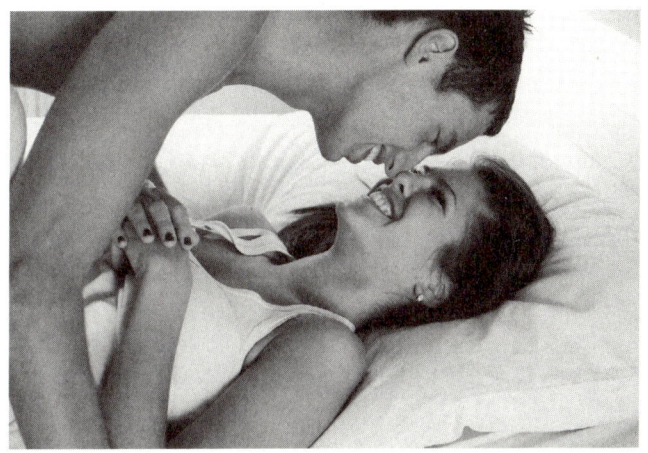

Sexualität: Das neue Thema Nummer eins

Schon ganz kleine Kinder, die ihren Körper erkunden, entdecken dabei lustvolle Gefühle, eine Erfahrung, die die meisten bei den beliebten Doktorspielen vertiefen. In der Pubertät bekommen diese Erlebnisse plötzlich eine ganz neue Dimension: Von der Ebene des Spielerischen rücken sie in den Bereich des Durchführbaren. Während die Sexualorgane reifen, übt das andere Geschlecht auf einmal einen geradezu magischen Sog aus. Gedanken und Träume füllen sich mit heißen sexuellen Fantasien, eine bislang unbekannte Sehnsucht macht die Jugendlichen unruhig und unausgeglichen, aber auch scheu und verschlossen vor allem gegenüber Erwachsenen. Noch vor Kurzem schienen sie sich gegenseitig zu verachten und mit entsprechenden Ausdrücken wie »blöde Zicke«, »Loser« oder »Wichser« zu belegen, doch auf einmal sind Jungen und Mädchen hingerissen voneinander, nur häufig noch zu unsicher, um diese Faszination locker und selbstbewusst zu zeigen: Kichernd, kokett, albern und launisch verhalten sich die Mädchen; großmäulig, protzig, cool und superstark die Jungen.

Die allermeisten Jugendlichen masturbieren in dieser Zeit. Es hilft ihnen, das Übermaß an sexueller Spannung abzubauen, und auch, ihren veränderten Körper und seine Reaktionen kennenzulernen.

Alles, was mit Sex zu tun hat, wird plötzlich hoch interessant: Filme zum Thema Liebe und Sex, Pornos und Witze und natürlich die Berichte »erfahrener« Jungen und Mädchen. Wenn die Biologie die ersten Startsignale setzt,

Weiter auf Seite 156

Vom Aufbruch ihrer Kinder zur sexuellen Entdeckungsreise bekommen Eltern gewöhnlich nur indirekt etwas mit. Es sind die immer gleichen verräterischen Details, die ihnen eines Tages die Augen öffnen: das verschwörerische Gekicher, das scheinbar sinnlose Erröten der gerade mal elf- oder zwölfjährigen Tochter, die ersten Bilder von Jungs auf dem Handy. Oder die Versuche des 13-jährigen Sohnes, seine »feuchten Träume« zu vertuschen, sein plötzlich erwachtes Interesse für Filme auf YouPorn, wo »alles« gezeigt wird. Mit seinen Kumpels lacht er sich meist kaputt über die abgefahrenen Paare und ihre sexuellen Praktiken.

Vor allem in der ersten Zeit dieses verwirrenden Umschwungs sind die wenigsten Teenies bereit, mit ihren Eltern darüber zu sprechen. Wie sollen sie auch in Worte fassen, was sie zutiefst berauscht und irritiert? Selbst Väter und Mütter, die mit ihren Kindern sonst über alles reden konnten, werden jetzt mit Gesprächsangeboten oft vor die Wand laufen. »Musst du dich denn in alles einmischen? Was willst du eigentlich nicht wissen?« Das trifft und kann ganz schön verunsichern. Aber zum Glück ist es gar nicht immer nötig, große Gesprächsrunden anzusetzen. Viel mehr, als Väter und Mütter gemeinhin ahnen, erreicht ihre Kinder auf der wortlosen Schiene. Gerade in Sachen Sex. Wichtiger als alle Worte sind die emotionellen Signale, die sie begleiten, wie Entsetzen oder Ekel, Verständnis oder Belustigung, Verlegenheit oder Lockerheit. Was auf dieser Ebene bei den Jugendlichen ankommt, ist meistens mit entscheidend für ihre dauerhafte Einstellung zur Sexualität. Tobi, 20: »Als ich 13 war, fand mein Vater auf meinem Handy ein Bild,

155

Weiter auf Seite 157

dauert es aber noch eine Weile, bis erste Zärtlichkeiten ausgetauscht werden und die Teenager sexuell aktiv werden. Deshalb müssen die Eltern jetzt oft als »Trainingsobjekte« herhalten: Am gegengeschlechtlichen Elternteil lässt sich die eigene sexuelle Ausstrahlung hervorragend ausprobieren: Wie reagieren Vater oder Mutter auf mich und meine neuen Bedürfnisse?

auf dem ein Mann und eine Frau Oralverkehr hatten. Peinlich! Ich dachte, jetzt knallt's. Aber er hat nur kurz hingeschaut und gemeint: ›Na ja, das braucht man wohl.‹ Dann haben wir über Fußball oder irgendwas geredet. Seitdem war Schluss mit meiner dauernden Heimlichtuerei, und ich wusste, er versteht, was mit mir los ist.«

Ein Drahtseilakt zwischen sexy und zurückhaltend: Wie Mädchen Sexualität erleben

Mädchen – das belegen große Jugendstudien – gehen heute mit der Sexualität entschieden selbstbewusster und überlegter um als frühere Generationen. Es ist ihnen wichtig, ihre Beziehung zu einem Jungen aktiv mitzugestalten und selbst bestimmen zu können, wann sie bereit sind, mit ihm zu schlafen. Ein Trend, zu dem sich auf männlicher Seite die zunehmende Bedeutung von Gefühl und Verständnis gesellt. Mädchen reagieren außerdem kritischer auf sexuelle Übergriffe und wehren sie energischer ab als früher.

Aber trotz der von Fachleuten betonten wachsenden Angleichung der Geschlechter in Sachen Zärtlichkeit ist es für Mädchen eindeutig komplizierter, ihren eigenen sexuellen Weg zu finden. Die altüberlieferte Doppelmoral wirft nämlich immer noch ihre Schatten: Jungen, die eine Eroberung nach der anderen machen, sammeln Punkte, gehören zu den Erfahrenen – das steigert ihre Attraktivität. Mädchen, die das Gleiche tun, bekommen schon mal den Stempel »Schlampe« aufgedrückt. Während sie ihre Anziehungskraft auf das andere Geschlecht testen, müssen weibliche Teenager also nach wie vor auf ihren Ruf achten. Sie sollen sexy sein, Eroberungen machen und trotzdem nicht als eine dastehen, die nichts anbrennen lässt und zu viele Jungs abschleppt. Bezaubernd sollen Mädchen sein, aber im entscheidenden Moment auch ablehnend; selbstbewusst ihre Weiblichkeit behaupten, aber nicht zu aktiv die Initiative ergreifen – all das gehört noch immer zum Spiel. Keine leichte Aufgabe. Vor allem, wenn sie sich schon so

Weiter auf Seite 160

Bei Müttern von Töchtern, deren Sexualität gerade erwacht, kommen eigene Erinnerungen hoch: »Wie war es damals, als Mädchen aufzuwachsen?« Bei manchen ist vor allem der Widerspruch hängen geblieben, einerseits die leidenschaftliche, fantasievolle Liebhaberin sein zu wollen, sich aber im Übrigen von den eigenen erotischen Gefühlen möglichst wenig anmerken zu lassen. Manchmal hatte das schmerzhafte Konsequenzen: »Nie hätte ich gewagt, einem jungen Mann zu zeigen, wie anziehend ich ihn fand, ich hatte Angst, das würde ihn abstoßen«, erzählt Melanie. »Und so landete ich schließlich bei einem, der mich wollte. Von eigener Wahl konnte dabei aber nicht die Rede sein. Mit einer Menge Unglück habe ich für diese falsch verstandene Anständigkeit bezahlt.« Trotz persönlicher negativer Erfahrungen geben viele Mütter die alten Normen indirekt an ihre Töchter weiter. Oft ist es ihnen unmöglich, die Realität des eigenen Lebens einzugestehen und darüber mit der Tochter zu reden. Aber auch bei denen, die früher zu den Mutigen gehörten und sich größere Freiräume eroberten, spukt der konventionelle Verhaltenskodex häufig noch im Hinterkopf und meldet sich mit Mahnungen wie: »Mach dich rar!« Oder: »Zeig dem Jungen bloß nicht gleich, wie sehr du ihn magst!« Es ist eben zweierlei, für sich selbst einzutreten oder einem anderen sorgend zuzusehen. Väter haben die traditionellen moralischen Muster meistens genauso verinnerlicht und tuten ins gleiche Horn – häufig noch angespornt durch erste Anflüge von Eifersucht. Natürlich kann die Alternative nicht sein, dass junge Mädchen ermuntert werden, sich mit jedem einzulassen. Den gangbaren Weg in eine we-

159

Weiter auf Seite 161

früh wie heute üblich stellt. Jungen Männern entgeht die Schwierigkeit der weiblichen Rolle durchaus nicht. Jan, 18: »Für den einen, der sie mag, soll sie leicht zu haben sein, aber ja nicht für die anderen. Ein Glück, dass ich kein Mädchen bin!« Das Verständnis wächst und damit auch der Wille, die unfairen Maßstäbe immer mehr abzubauen.

niger konfliktbeladene Zukunft haben viele schon eingeschlagen, indem sie ihre Beziehungen immer mehr nach ihren eigenen Vorstellungen ausbauen. Eltern können ihre Töchter dabei unterstützen, wenn sie auf Vertrauen und Selbstvertrauen setzen, damit die innere Stärke nicht von überbesorgten Warnungen oder säuerlichen Ermahnungen beschnitten wird, sondern durch Erfahrungen und eigene Erkenntnisse stetig wachsen kann.

Jonglieren zwischen Zärtlichkeit und Coolsein: Wie Jungen Sexualität erleben

Ganz so selbstsicher, wie sie scheinen, sind die wenigsten. Sie mögen noch so cool und überlegen auftreten und sich niemals eine Blöße geben vor den Mädchen – die meisten Jungen meinen, dem weiblichen Geschlecht fortlaufend imponieren zu müssen –, doch hinter der Fassade rumoren die ungeklärten Fragen:

Wieso sind Mädchen oft so seltsam? Warum die Annäherungsversuche so schwierig? »Heute zeigt sie, dass sie dich mag, morgen lässt sie dich abblitzen, und nichts läuft«, beanstandet der knapp 15-jährige Linus. »Was geht in Mädchen überhaupt vor? Einmal unterstellen sie dir, du bist nicht sensibel genug, und wenn du zu viel Gefühl aufbringst, zeigen sie dir die kalte Schulter«, konstatiert sein Freund. Für zahlreiche Jungen sind das Verliebtsein und die Sexualität wie ein Glücksspiel voller Tücken, das sie erst »checken«, wenn sie erfahrener sind und auch den Mut haben, über sich und ihre Empfindungen zu reden. Dabei machen sich körperlich schneller entwickelnde Jungen viel häufiger positive Erfahrungen als Spätentwickler, denn diejenigen, die früh in die Pubertät kommen, sehen ihre Attraktivität ständig attestiert, sind daher auch zufriedener mit ihrem Körper und haben es erheblich leichter, mit Mädchen in Kontakt zu kommen.

Dennoch: Sämtliche Jungen kennen die ungemein peinlichen Seiten der erwachenden Sexualität, dieses Ausgeliefertsein, wenn sie scheinbar grundlos eine Erektion bekommen und meinen, jeder könnte es sehen. Oder diese Zweifel, ob der Penis nicht zu kurz oder zu krumm

Weiter auf Seite 164

Wenn es um das Thema Sex geht, sind Eltern oft selber unsicher und verkrampft, insbesondere natürlich, wenn es ihr Kind betrifft, dessen Sexualleben gerade erwacht. Sie spüren, dass das überlegene Gehabe ihres Sohnes oft nur eine Pose ist, und sie fragen sich, ob sie mit ihm über seine körperlichen Veränderungen oder über das Auf und Ab in den Beziehungen zu Mädchen reden sollen. Ihnen ist klar, dass ihr Junge durch und durch aufgeklärt ist, doch offensichtlich irritieren ihn viele Fragen.

Nur: Der Sohn will nicht, dass seine Eltern sich in seine Intimsphäre einmischen. Gerade sexuelle Gefühle und Unsicherheiten sind zu privat und kaum mitteilbar. Außerdem kann kein Teenager die Eltern an seinem Sexualleben teilhaben lassen, schließlich ist er dabei, sich von ihnen zu lösen. Es bleibt Vätern und Müttern aber doch eine Möglichkeit, mit ihren Kindern ins Gespräch zu kommen: nämlich von sich zu reden. Vor allem Väter, die als Jungen vielleicht ähnliche Schwierigkeiten erlebt haben, können erzählen, wie es ihnen und ihren Freunden damals ergangen ist, und dabei durchaus wichtige Informationen mitliefern: »Als ich meinem Sohn beschrieben habe, wie ich mich mit 15 im Schwimmbad ständig auf den Bauch rollen musste, weil sich mein Schwanz unter der Badehose rührte und ich mich schrecklich schämte, oder wie wichtig für mich die Entdeckung war, dass es überhaupt nicht von der Penisgröße abhängt, ob man ein guter Liebhaber ist, sind wir auf einmal ins Gespräch gekommen, von Mann zu Mann. Er hat mir Fragen gestellt, und ich habe ihn beruhigen können, schließlich ist mein Wissen doch größer als seines.«

163

Weiter auf Seite 165

ist und ob man nicht versagt, wenn man endlich mit der Freundin im Bett liegt. Für viele Teenager ist Sex ein aufregendes und zugleich beunruhigendes und verwirrendes Spiel, dessen Regeln gar nicht so leicht zu durchschauen sind.

Ein Vater, der offen und gelassen über die männliche Sexualität redet, und eine Familie, für die das Thema Sex kein Tabu ist, können einem Sohn viel Sicherheit und den Mut geben, sich zu informieren – gegebenenfalls auch bei einem Arzt –, anstatt Fragen und Zweifel in sich hineinzufressen.

Onanieren: Den eigenen Körper erforschen

Wenn Jungen mit Freunden über das Onanieren reden, dann meist im Blödelton. Das klingt cool und überlegen. Und beim Um-die-Wette-Wichsen mit einem Kumpel oder in der Clique siegt der, der am schnellsten und am weitesten spritzt – das Ganze ist ein geiles Spiel, das besagt: Wer zügig »kommt«, ist männlich. Der 15-jährige Paul dazu: »Mit 13 habe ich heimlich Filme auf YouPorn als Wichsvorlage geguckt, alles schnell, schnell. Erst als ich zum ersten Mal verliebt war, konnte ich mir beim Onanieren Zeit lassen und von dem Mädchen träumen.« Im Verlauf der Pubertät erleben die meisten Jugendlichen, dass Onanieren mehr sein kann, als möglichst rasch zu ejakulieren: Sie entspannen sich, bereiten sich lustvolle Gefühle. Sie lernen dabei auch ihren Körper und seine Reaktionen besser kennen.

Anders als Jungen finden Mädchen die unterschiedlichsten Möglichkeiten, sich selbst zu befriedigen – sie entdecken, was sie erregt, welche körperlichen Bereiche am sensibelsten sind und welche Form der Selbstbefriedigung sie am meisten genießen. Schon in der frühen Pubertät, bevor die Menstruation eintritt, können Mädchen einen Orgasmus oder orgasmusähnliche Lustgefühle empfinden.

Allerdings sind sie häufig befangener als Jungen, vertrauen höchstens ihrer Freundin an, dass sie masturbieren, als ob sie sich deswegen schämen müssten. Dabei sind Selbstbefriedigung und das Auskosten sexueller Fantasien für beide Geschlechter eine Erkundung des eigenen sexuellen Verhaltens.

Ein wenig unwohl ist manchen Eltern, wenn sie mitbekommen, dass ihr Kind sich in sein Zimmer verkriecht und regelmäßig onaniert. Könnte es nicht sein, dass die intensive Konzentration auf den eigenen Körper eine Art Flucht vor dem anderen Geschlecht ist? Dass sich ihr Sprössling isoliert und beim »Verkehr mit sich selbst« von Liebesbeziehungen träumt, die völlig irreal sind? Und ist es nicht doch unnatürlich, allzu oft zu onanieren?

Es ist längst erwiesen, dass es genauso normal ist, ein- oder zweimal täglich, wöchentlich, noch seltener oder auch gar nicht zu onanieren. Und wenn Eltern befürchten, dass sich ihr Kind zu sehr abkapselt, dann ist die Selbstbefriedigung bestimmt nicht das Motiv dafür: Ein kontaktfreudiger Teenager kann sich selbst befriedigen und trotzdem auf das andere Geschlecht zugehen. Ein sehr schüchterner Jugendlicher braucht länger, um sich auf eine sexuelle Beziehung einzulassen – das liegt aber an seiner Scheu oder einfach daran, dass er zu den Spätentwicklern gehört, nicht daran, dass er häufig onaniert.

Jugendliche möchten selbst entscheiden, wie sie mit ihrer Sexualität umgehen. Sie wollen auch ihre Intimsphäre gewahrt wissen und empfinden selbst behutsame Fragen oder frotzelnde Kommentare der Eltern immer als aufdringlich. Väter und Mütter können höchstens versuchen, das Selbstwertgefühl ihres Teenagers immer wieder aufzubauen und zu überlegen, ob ihr Kind wirklich einsam ist, ob es glaubt, bei den Mädchen oder Jungen nicht anzukommen, und sich zu sehr in seiner eigenen Welt verliert, oder ob es nicht einfach noch Zeit braucht, bis es sich dem anderen Geschlecht zuwendet.

167

Pornos, dreckige Witze, rüde Sprüche

Je ordinärer die Schimpfworte und schweinischer die Witze, umso größer für jeden Teenager der Reiz – das war schon immer so. Dennoch verschlägt es Erwachsenen oft schier die Sprache. Aber darum geht es ja: zu provozieren und Tabus zu verletzen. Zudem ist alles, was das Thema Sex berührt, von Haus aus megaspannend: Da ist Neugier mit im Spiel, ein wenig Unsicherheit, starkes Interesse, verbunden mit diffusen, meist unausgesprochenen Lustgefühlen. Nie wird unter Jugendlichen so laut gelacht wie nach deftigen Witzen oder zotigen Sprüchen.

Auch der Reiz von Pornos liegt in der Aura des Abgefahrenen und irgendwie Ekligen, die das »Obszöne« seit jeher und auch heute noch umgibt. Meist sind es die männlichen Jugendlichen, die sich die legalen Gratis-Pornos bei YouPorn »reinziehen«, sobald die Eltern nicht da sind. Auf dem Schulhof oder wenn sich Freunde irgendwo treffen, werden Pornoclips und -streamer auf dem Smartphone gemeinsam geguckt. Zwölfjährige finden das Ganze zwar meist noch langweilig, doch ein 14-Jähriger sieht das bereits anders: »Dass es da nur um Sex geht, ist doch echt geil! Manchmal lache ich mich mit meinen Kumpel auch einfach nur kaputt.« Allerdings sind die scharfen Szenen nicht nur stimulierend, die vor Männlichkeit strotzenden Typen haben für manche auch etwas Unheimliches: Welcher Jugendliche ist schon so maßlos potent wie die aufgeblasenen Pornodarsteller?

Der 20-jährige Leon meint dazu: »Rückblickend kann ich sagen, dass Pornos zu gucken für mich völlig normal

Weiter auf Seite 170

Woher rührt der Hang aller Teenager zu Obszönitäten? Erstens geht es ihnen natürlich darum, Erwachsene zu schockieren – meist nicht, um sie persönlich zu beleidigen, sondern um von ihnen und ihren Vorstellungen Abstand zu gewinnen. Ruppig und ordinär zu sein beweist die eigene Selbstständigkeit und ist wie ein Befreiungsakt. (Dass sich Eltern Zoten dennoch verbitten, ist normal!) Zweitens gilt es bei Jungen oft als überaus männlich, sich schroff zu verhalten und säuische Sprüche zu klopfen – das hilft, die Unsicherheit und Scheu zu überspielen. Und drittens ist die Sexualität noch Neuland, das erkundet werden muss. Haben Väter und Mütter nicht selbst früher gierig nach Pornoheften gegriffen?

Soll man seine heranwachsenden Kinder also einfach gewähren lassen? Fest steht, dass elterliche Predigten Obszönitäten oder Pornos nur noch spannender machen und die Heranwachsenden dann erst recht auf Heimlichkeit bedacht sind. Sinnvoller ist es, das Thema Sex und Pornografie offen und ohne Heuchelei anzusprechen. Eines ist für Eltern jedenfalls beruhigend: Die Angst, Pornofilme würden das Gefühlsleben und Sexualverhalten von Jugendlichen verrohen, ist größtenteils unbegründet, so die Forschungsergebnisse. Denn Teenager trennen ganz klar ihr eigenes Erleben und die Pornodarstellungen, fühlen sich keineswegs gedrängt, die krassen Praktiken in den Filmen selbst nachzuahmen, und wissen selbst, dass die Aufnahmen auf filmtechnischen Tricks beruhen und ein vollkommen verzerrtes Bild der Sexualität wiedergeben. Jugendliche nutzen Pornografie auch als Vehikel, um das aufregende Thema Sexualität auszuloten und die eigenen

169

Weiter auf Seite 171

war. Klar, Unsicherheit und auch Komplexe kamen schon mal hoch, als ich mich als 13-jähriger mit den Typen in den Pornoclips verglich, aber dadurch, dass ich meist mit Kumpels geguckt habe, haben wir uns über das ganze Getue lustig gemacht, das gab uns Sicherheit. Mit der Zeit haben wir die perversen, ekligen Filme, Sadomaso zum Beispiel, nicht mehr sehen wollen. Wir wussten irgendwann genug über all die abartigen Sexualpraktiken, offensichtlich war unser Wissendurst gestillt, es reichte uns. Vor allem wenn ich allein war, habe ich nur noch den Sex sehen wollen, der mich antörnte. Er hatte viel mit meinen eigenen Wünschen zu tun. An meiner Einstellung zu Mädchen oder an der Beziehung zu meiner Freundin haben die Pornos nichts geändert. Wir Jungs können klar unterscheiden zwischen dem richtigen Leben und dem gefakten.«

Mädchen sind von Pornografie meist wenig begeistert, Netzpornos sind eher Jungensache: Der rüde Sex, bar jeder romantisch-sinnlichen Erotik, widert sie an. Dass Frauen in Pornos oft reine Sexualobjekte rauer männlicher Lust sind und es scheinbar genießen, kann vor allem unerfahrene Mädchen verstören. Ältere können aber klar trennen zwischen Online-Sex und echtem Sexleben, so verschiedene Forschungsergebnisse. Sie wissen, dass die wilden Orgasmen in den Clips eine einzige Show sind. Und wenn Mädchen überhaupt Pornos anschauen, dann meist zusammen mit Freundinnen. Sie kichern eine Runde, dann schalten sie aus. Auch sie können klar unterscheiden zwischen dem realen und dem digitalen Sexleben.

Wünsche kennenzulernen: Was macht mich an? Was gefällt mir überhaupt nicht?

Meistens hocken Jungen einfach zusammen, lachen und feixen über besonders drastische Szenen. Nur wenn sie allein und ungestört sind, suchen sie sich im Netz vielleicht diejenigen Pornos aus, die sie antörnen, um zu masturbieren und sich ihren sexuellen Träumen zu überlassen.

Jugendliche sind beim Thema Pornografie und Sexualität weniger naiv und viel kritischer und auch wählerischer, als einige besorgte Eltern meinen. Vielleicht leben ja in ihnen noch immer latent die Vorstellungen früherer Generationen fort, die Pornografie als Teufelswerk verdammten. Dabei können Erwachsene durchaus darauf vertrauen, dass ihre netzkompetenten Kinder verantwortlich und realistisch mit Online-Sex und den dargestellten Praktiken umgehen.

Aufhorchen müssen Väter und Mütter immer dann, wenn Schimpfworte frauenfeindlich, diskriminierend und erniedrigend sind oder wenn der Sohn sich ausdrücklich für Gewaltpornografie begeistert. Das heißt bestimmt nicht, dass er Gewaltfantasien ausleben wird, dass er es darauf anlegt, ein Mädchen gewaltsam zum Sex zu zwingen. Womöglich signalisiert er unterschwellig, dass er ein hohes Maß an Zuneigung und Aufmerksamkeit braucht. Eines ist gewiss: Eine gute emotionale Atmosphäre in der Familie hat mehr Gewicht als jeder Pornofilm. Auf jeden Fall sollten Heranwachsende wissen, dass sie immer zu den Eltern kommen können, wenn sie Dinge gesehen haben, die sie verwirren oder gar verstören. Erwachsene können helfen, diese unangenehmen Bilder zu bewerten und einzuordnen.

Das erste Mal

Das berühmte »erste Mal« – mit Neugier, Spannung, Bangigkeit oder Ungeduld wird es von den Teenagern erwartet. Wie immer schon. Aber es spielt sich heute viel früher ab als in den Generationen ihrer Eltern und Großeltern: Annähernd die Hälfte der 15-Jährigen hatte bereits Geschlechtsverkehr – ein entsetzliches Wort für den intimen Kontakt –, und von den 17-Jährigen können fast alle mitreden.

Die Gründe, warum sie »es« tun, sind sehr unterschiedlich. Manche glauben, erst dadurch richtig erwachsen zu werden, andere machen einfach mit, um in ihrer Clique das Gesicht zu wahren. Wieder andere – vor allem Mädchen –, weil sie fürchten, sonst ihren Freund zu verlieren, einige auch schlicht, um auszuprobieren, ob es wirklich so einmalig, so aufregend ist, wie sie glauben, sehen und hören. Eine wichtige Rolle spielt die körperliche Entwicklung. Diejenigen, die spüren, dass sie noch nicht so weit sind, zögern das erste Mal möglichst hinaus. Das ist klug. Sich unter Druck zu setzen bringt gar nichts. Der erste richtige Sex wird von älteren Teenagern häufiger als schön erlebt als von jenen, die sich eigentlich noch zu jung dafür fühlen. Und je positiver ein Jugendlicher zu sich, seinem Körper und seiner äußeren Erscheinung steht, desto entspannter und positiver erlebt er auch das erste Mal.

Die weitaus meisten Teenager – das ergaben einschlägige Studien – wollen es nur in einer festen Beziehung. Ganz offensichtlich sind die Jugendlichen also keineswegs in sexuelle Hemmungslosigkeit verfallen, wie so manch

172

Weiter auf Seite 174

Wie freizügig und locker im Umgang mit Sex Eltern sonst sein mögen: Sobald ihre Töchter oder Söhne ernsthaft zur Sache gehen, wird den meisten doch erst einmal kühl ums Herz und flau im Magen. Sind sie nicht noch viel zu jung? Was ist das überhaupt für ein Typ, der jetzt dauernd hier herumhängt? Wildfremd und plötzlich so nah! Muss man denn unbedingt alles mitkriegen durch die dünnen Wände? Und bloß keine Schwangerschaft! Die Versuchung, hin und wieder mal kurz die Nase ins Zimmer zu stecken, lässt sich kaum unterdrücken.

Weil sie sehen, dass die Jugendlichen nicht nur so herummachen, sondern es meistens wirklich ernst meinen mit ihrer Beziehung, haben immer mehr Eltern nichts dagegen, dass das junge Glück mit unter ihr Dach rückt. Dass man sozusagen Wand an Wand schläft: »Wo sollen sie denn hin?«, fragt ein Vater. »Etwa zurück auf die Parkbänke? Das ist doch unwürdig! So tief ernst, wie sie ihre Verbindung nehmen, hat sie auch unseren Respekt verdient.« Nicht der Wunsch nach Kontrolle veranlasst die meisten Eltern zu dieser Einstellung, sondern freundschaftliches Verständnis für die Bedürfnisse der Teenager und Achtung vor ihren Gefühlen. Bei aller Vertrautheit: Sie sollten aber nicht den Anspruch erheben, die besten Freunde ihrer Kinder zu sein.

Väter und Mütter sind sich jedoch oft keineswegs einig in ihrer Reaktion auf die neue Lage. Während der eine für Toleranz plädiert, will der andere eingreifen, bestimmen, steuern. Nicht selten entspinnt sich daraus ein handfester Ehekrach. Was immer auch dabei herauskommt, eins steht fest: Mit Verboten, kritischen Kommentaren und gezielten Störmanövern

173

Weiter auf Seite 175

ein beunruhigter Erwachsener glaubt. Sie wünschen sich Sex verbunden mit Liebe, Nähe, Zärtlichkeit, Verständnis und dem Gefühl der Zusammengehörigkeit. Und deshalb lassen sie sich Zeit, oft viele Wochen oder Monate, um sich näherzukommen und kennenzulernen. Schmusen, Kuscheln, Küssen – klar, aber zum ersten Mal miteinander zu schlafen ist für die Mehrzahl ein entschiedener Schritt weiter.

Das Gros heutiger Erwachsener akzeptiert die Sexualität der Kinder, auch in den eigenen vier Wänden. Die Voraussetzungen sind also insgesamt günstig. Und trotzdem klappt's beim ersten Mal längst nicht immer so fabelhaft wie erträumt. Es kann sein, dass der Junge vor lauter Aufregung keine Erektion bekommt oder einen Orgasmus hat, bevor er ans Ziel gelangt. Manchmal ist das Mädchen zu angespannt – manchmal aus Angst, schwanger zu werden –, die Scheide bleibt trocken, und das Eindringen des Penis schmerzt. Auch das Einreißen des Jungfernhäutchens tut fast immer weh, die Vagina verkrampft sich, das ist ganz normal. Häufig liegt es auch einfach an den zu hoch gesteckten Erwartungen, dass das erste Mal eher enttäuschend ausfällt. Sollte es nicht nach den angenehmen Empfindungen beim Küssen und Streicheln den Gipfel der Lust bringen? Stattdessen macht sich oft Hilflosigkeit breit. Nicht nur beim Umgang mit Kondomen, der in der Realität plötzlich viel schwieriger erscheint als erwartet, sondern auch beim Umgang miteinander. Das Eindringen, die Penetration und Ejakulation bedeuten für

174

Weiter auf Seite 176

erreicht man meistens nur das Gegenteil des gewünschten Effekts. Erst recht versteifen sich die Kinder auf Partner, die ihren Eltern nicht passen, oder schlafen irgendwo anders miteinander, wenn es zu Hause nicht erlaubt ist.

Natürlich möchten Eltern die Jugendlichen vor negativen Einflüssen, Schmerz und folgenschweren Fehlern bewahren, aber in diesem Fall sind ihre Mittel sehr begrenzt. Tatsache ist, dass sie den Teenagern eigene Erfahrungen nicht ersparen können – und auch nicht sollen, denn damit würden sie ihnen einen wesentlichen Teil ihres Lebens »ersparen«. »Für uns war es das Wichtigste, das Vertrauensverhältnis nicht abbrechen zu lassen«, erzählt ein Vater von drei erwachsenen Kindern, »obwohl ihr Treiben uns manchmal entschieden gegen den Strich ging. Und wir haben zu erkennen gegeben, dass wir bereit waren, über Verhütung oder Schwierigkeiten zu reden oder mit Rat zu helfen, wenn sie das wollten.« Elterliche Botschaften und hilfreiche Tipps lassen sich oft gut in Erfahrungsberichte von eigenen Unsicherheiten, Ängsten und Fehlschlägen verpacken. Oder der Alltag bietet plötzlich einen passenden Einstieg. Ute berichtet: »Ich schaute mit meiner 14-jährigen Tochter einen niederschmetternden Film an, in dem ein Mädchen ungewollt schwanger wurde. Ihr entsetztes Gesicht verriet mir, dass sie sich selbst in dieser Rolle sah. Plötzlich vertraute sie mir an, dass sie vor zwei Tagen zum ersten Mal mit ihrem Freund geschlafen hatte. Spontan, also ungeplant, es sei einfach passiert. Gleich am nächsten Tag war ich mit meiner Tochter beim Frauenarzt. Sie hat Glück gehabt. Ich wünschte, ich hätte schon viel früher offen mit ihr über Sexualität und Verhü-

175

Weiter auf Seite 177

Jungen natürlicherweise den Höhepunkt, von dem aber ihre Partnerin ohne zärtliche Stimulierung relativ wenig hat. Die meisten Jugendlichen kennen sich heute mit der wechselseitigen Anatomie gut aus – ein Klick im Internet, und alle Infos zum Thema Sex sind da. Dennoch braucht es Zeit und gegenseitiges Vertrauen, um wirklich herauszufinden, was dem anderen guttut. Guter Sex, der beide Seiten zufriedenstellt, ist eben eines der Dinge, die gelernt werden müssen und die immer besser werden, je länger man übt.

tung gesprochen, aber ich wollte nicht zu neugierig erscheinen. Ich wusste ja, dass meine Tochter in jeder Hinsicht aufgeklärt ist.«

Trotz aller notwendigen, unvermeidlichen Auseinandersetzungen und Abgrenzungen haben Eltern von heute wesentlich bessere Chancen als frühere Generationen, wenn sie ihren Kindern in Sexfragen beistehen wollen. Sie müssen keine alten Tabus mehr kultivieren und bringen mehr Verständnis für die Wünsche der Teenager auf. Im Gegenzug betrachten erstaunlich viele Jugendliche – auch das ein Forschungsergebnis – ihre Väter und Mütter als ihre besten Freunde, mit denen sie über alles sprechen können und deren Vertrauen sie nicht missbrauchen wollen. Eltern müssen allerdings Gesprächsbereitschaft signalisieren, ohne sich aufzudrängen oder als Besserwisser dazustehen – ein Balanceakt, der immer wieder ausgelotet werden muss. Leicht ist das nicht.

Damit kein Baby kommt: Verhütung

Jugendliche sind gründlich aufgeklärt und gut informiert über die verschiedenen Verhütungsmöglichkeiten. Und dennoch: Egal, was sie dazu bewegt, ob Leichtsinn oder Schüchternheit, Romantik oder Selbstüberschätzung – sie verhalten sich trotzdem nicht immer vernünftig und verantwortungsbewusst, obwohl ihnen klar ist, dass jedes sexuelle Zusammensein ohne zuverlässigen Schutz zur Schwangerschaft führen kann. Tausende Schwangerschaftsunterbrechungen jährlich bei unter 16-Jährigen in Deutschland sprechen für sich. Viele Jungen vertrauen darauf, mit Aufpassen, dem altbekannten »Rückzieher«, genug zur Vorbeugung zu tun. Häufig ein fataler Irrtum, denn so genau wie nötig lässt sich gar nicht feststellen, wann Samenflüssigkeit austritt. Natürliche Verhütungsmethoden wie etwa die Temperaturmessung sind bei jungen Mädchen mit oft noch unregelmäßigen Zyklen besonders unsicher. Aber auch die sogenannten Barrieremethoden wie Diaphragma, Verhütungsschaum oder Hormonstäbchen gelten als wenig zuverlässig. Vor allem für Jugendliche, denen die komplizierte Technik und die Überwindung des Schamgefühls oft noch zusätzlich zu schaffen machen. Das trifft auch auf Kondome zu. Manche lassen das Kondom am liebsten weg, es kommt ihnen so unnatürlich vor, mit so einem Teil Sex zu haben. Außerdem reißen die Dinger eh oft – es wird schon nichts passieren: ein riskanter Trugschluss! Ratsam ist es, die Anwendung des Kondoms, das natürlich die richtige Passform haben muss, zu üben. Durch die geschickte Handhabung lässt sich auch jede

Weiter auf Seite 180

Teenager sind meistens sehr gut aufgeklärt und durchaus eigenverantwortlich, was allerdings nicht immer heißt, dass sie – vor allem die jüngeren – dieses Wissen auf sich selbst beziehen und im entscheidenden Moment parat haben und auch bedenken.

Eltern tun gut daran, nicht blindlings der Wirksamkeit des oft sehr realitätsfernen Aufklärungsunterrichts zu vertrauen. Empfängnisverhütung ist ein Thema, bei dem sie sich tatsächlich einmischen müssen, und zwar rechtzeitig, bevor es ernst wird. Und möglichst nicht mit Panikmache und rigiden Maßnahmen, sondern unverkrampft – kaum ein Mädchen verzichtet auf Sex, weil ihm die Eltern die Pille verweigern etwa mit dem Argument, sie sei noch zu jung dafür. Früh eingestanzte Ängste aber können die Freude am Sex ziemlich vergällen. Um die Weichen positiv zu stellen, sowohl für den Schutz als auch für ein entspanntes Liebesleben, ist ein offenes Gespräch der beste Weg. Eines, in dem die Vor- und Nachteile der verschiedenen Verhütungsmethoden im Klartext erwogen werden. Übrigens eine vorzügliche Gelegenheit, deutlich zu machen, dass Empfängnisverhütung nicht allein Frauensache ist.

Liberale Eltern haben damit selten Schwierigkeiten, manche verbrämen ihre Informationen mit Berichten von eigenen Erfahrungen oder fragen einfach, was der Sohn oder die Tochter schon im Sexualkundeunterricht gelernt hat. Die Mutter einer 13-Jährigen berichtet: »Meine Tochter hat mir erzählt, dass die Klasse getrennt wurde und die Mädchen dann Informationen bekamen, die für viele doch neu waren. Einige wussten

179

Weiter auf Seite 181

Peinlichkeit vermeiden. Und sollte das Ding doch reißen oder abrutschen, müsste das Mädchen auf jeden Fall ihren Arzt aufsuchen.

Als das sicherste und unkomplizierteste Verhütungsmittel empfehlen Fachleute heute eindeutig die Pille. Nur muss sie regelmäßig eingenommen werden. Es gibt sie bekanntlich in spezieller Dosierung für junge Mädchen und ab 16 auch ohne Zustimmung der Eltern auf ärztliches Rezept.

beispielsweise nicht, dass schon dann, wenn der Penis mit der Scheide in Berührung kommt, ein Kondom benutzt werden muss, da die ersten Tropfen Samen enthalten können; oder dass es schon beim ersten Mal zu einer Schwangerschaft kommen kann und dass ein Mädchen mit sehr kurzen Zyklen sogar schwanger werden kann, wenn sie ihre Tage hat. Das gründliche Wissen meiner Tochter hat mich sehr beruhigt. Daraufhin habe ich selbst in Büchern und im Internet recherchiert, um mich eingehender zu informieren, auch mehr über die Wirkung der Pille und ihre möglichen Nebenwirkungen zu erfahren.«

Natürlich sind längst nicht alle Teenager, vor allem Jungs, begeistert von den elterlichen Ratschlägen für ihr Intimleben. Aber auch wenn sie sich zunächst cool oder abweisend geben: Das Signal »Wir wollen nicht bremsen, sondern helfen« bleibt sicher nicht unverstanden.

Über Sex reden

Sie verstanden sich auch ohne Worte« – ein klassischer Satz aus Liebesromanen. Und wirklich können Menschen, die sich mögen, unendlich viel durch Blicke, Zuwendung und zärtliche Berührungen ausdrücken. Nur gibt es im richtigen Leben manchmal Situationen, in denen diese Art der Verständigung hakt, in denen einer trotz großer Sensibilität nicht erspüren kann, was der andere im Innersten ersehnt oder ablehnt, und dann reicht die Körpersprache allein nicht aus. Die einzige Lösung ist, darüber zu reden, möglichst in entspannter Atmosphäre.

Sehr viele Menschen haben Schwierigkeiten, über Sexuelles zu reden, weil es zum Intimsten gehört, was sie denken und fühlen können. Zum Glück ist Sex inzwischen kein Tabu mehr, und das macht es den Jugendlichen leichter, ihre berechtigte Neugier zu stillen, zu fragen und um Rat zu bitten. Ängste, Unsicherheiten oder Startprobleme besprechen die meisten Heranwachsenden noch immer am liebsten mit Gleichaltrigen. Daneben aber – das zeigen Umfragen – sind die Eltern, vor allem die Mütter, als Gesprächspartner fast ebenso wichtig. Viele Eltern freuen sich, wenn die Initiative von den Kindern ausgeht und sie helfen können, ohne sich aufzudrängen. Viele Frauenärzte sind daran gewöhnt, auch ganz junge Mädchen vertraulich zu beraten, und bieten dafür eine spezielle Informations-Sprechstunde an, sogar ohne gynäkologische Untersuchung. Besonders wichtig aber ist es in einer Partnerschaft, den Mut zum Reden aufzubringen. Es muss sein, um sich über eine zuverlässige Verhütung zu verstän-

Weiter auf Seite 184

Egal, ob es ihnen grundsätzlich leicht- oder schwerfällt, über Sex zu reden, dieses Thema mit ihren Kindern anzuschneiden – wenn es nicht gerade um »technische« Fragen wie Verhütung geht – ist für die meisten Eltern eine heikle Sache. Schließlich gehört zu einem sinnvollen Gespräch immer die Bereitschaft von beiden Seiten. Die Pubis aber scheinen sich in Wellen zu entwickeln, schwappen mal ganz nah heran, dann wieder ganz weit weg und wechseln dabei Standpunkte, Empfindungen und Bedürfnisse. Den falschen Moment zu erwischen kann eine eiskalte, entmutigende Zurückweisung provozieren. Genauso wie das Austeilen ungebetener Ratschläge, womöglich noch von der Sorte: »Sieh dich vor, die Männer wollen sowieso alle nur das eine!«

Wie aber findet man einen günstigen Zeitpunkt? Wie erkennt man, worüber sie reden möchten? Am besten durch aufmerksames Zuhören, meinen erfahrene Familientherapeuten, durch genaues Hinsehen, also durch engen und doch zurückhaltenden Kontakt. Eine schwierige Gratwanderung, die Eltern da auf sich nehmen müssen, zwischen Nähe und Distanz, Vertrauen und Skepsis, manchmal notwendiger Direktheit und Respekt vor der Intimsphäre der Kinder, die nicht weniger Achtung verdient als die der Erwachsenen. Gesprächsbereit sein, ohne sich einzumischen; Fragen aufgreifen, ohne mit Druck und wohlgemeinten Vorsichtsapellen zu reagieren und so die eigenen Ängste und Vorurteile auf die Kinder zu projizieren? Natürlich kann dieser Balanceakt nicht immer gelingen. »Neugier oder Sorge bringen einen schon hin und wieder zu einer Grenzüberschreitung«, gesteht Sabine, seit 20 Jahren Mutter,

183

Weiter auf Seite 185

digen, aber auch, um zu erreichen, dass der Sex für beide lustvoll und befriedigend ist. Mädchen möchten oft ganz woanders und viel hingebungsvoller gestreichelt werden, als Jungen meinen. Und die geben sich häufig extra stürmisch und gehen gleich aufs Ganze, weil sie glauben, das würde von ihnen erwartet. Sprachlosigkeit kann gerade hier zu großer Enttäuschung führen.

»aber entscheidender ist, sie merken zu lassen, dass man ihre Angelegenheiten ernst nimmt. Wichtig war mir immer, Sex sowohl als Verantwortung wie auch als Ausdruck von Liebe und Zärtlichkeit zu thematisieren.«

Die Liebe entdecken

FÜR JUGENDLICHE

Auf einmal fühlt sich das Leben an wie ein Rausch, denn die Liebe verleiht Flügel. Verliebte Paare könnten die ganze Welt umarmen. Zu begehren und begehrt zu werden wirkt wie eine Wundermedizin, die Grenzen überwindet, das Selbstwertgefühl stärkt und alle Unsicherheiten wegbläst. Bekanntlich setzt romantische Liebe Hormone frei, die Glücksgefühle verursachen. Und beim Küssen, wenn die Nervenenden auf Lippen und Zunge aufeinandertreffen, wird der Körper geradezu überschwemmt von den sogenannten Glückshormonen. Überall – in jedem Song, jedem Film, jeder Zeitschrift – geht es um die Liebe. Und dann wird man eines Tages selbst davon erwischt. Plötzlich ist da jemand, bei dessen Anblick einem das Herz bis zum Hals schlägt, der Magen kribbelt und die Knie zittern. Seine Blicke, sein Lächeln und erst recht seine Berührungen lösen eiskalte und glühend heiße Schauer aus. Es gibt kein anderes Thema mehr als diesen einen Menschen. Gedanken und Gefühle sind restlos von ihm erfüllt. Kein Augenblick zählt, in dem man nicht mit ihm zusammen sein kann – wenn schon nicht leibhaftig, dann doch wenigstens per Handy oder online. So heiß, so bedingungslos, so umwerfend erleben die meisten ihre erste Liebe, dass sie ihnen bis ins Alter unvergesslich bleibt.

Liebe – allen gegenteiligen Vorhersagen zum Trotz ist es richtige Liebe, die sich die meisten Jugendlichen von heute wünschen. Mehr als unverbindliches Sammeln von sexuellen Erfahrungen. Nicht wenige möchten lieber gar keinen Sex, als sich auf eine zufällige Begegnung einzulassen. Be-

Weiter auf Seite 188

Wenn ihnen auch die ersten sexuellen Experimente ihrer Kinder vielleicht verborgen bleiben – die erste Liebe entgeht den Eltern sicher nicht. Dieser verträumte Gesichtsausdruck, dieses überschwappende Hochgefühl, diese geradezu besessene Kommunikation auf dem Handy. Wer Augen hat, entdeckt jede Menge eindeutige Anzeichen. Und viele Jugendliche erzählen auch offen von ihren neuen Empfindungen und bringen Freund oder Freundin mit nach Hause.

Wie Väter und Mütter mit der Liebe ihrer Teenager umgehen, hängt nicht zuletzt von ihren persönlichen Erfahrungen ab. Brachte die Liebe ihnen selbst Glück und Erfüllung, schauen die meisten dem Verliebtsein der Kids mit einer Art zärtlicher Rührung zu: »Sieh sie dir an, jetzt sind sie auch schon so weit!« Es fällt ihnen leicht, den Anfängern in Liebesdingen mit kleinen Tipps und Hinweisen auf die Sprünge zu helfen und ihnen überzeugend klarzumachen, wie viel schöner Sex im Verbund mit Liebe ist. Oft mischt sich eine Prise Wehmut dazu bei der Erinnerung an die eigenen, lang zurückliegenden amourösen Gehversuche. Schwieriger ist es für die anderen, die durch die Liebe eher Schmerz und Enttäuschung erfuhren. Selbst wenn sie sich eigentlich wohlwollend und gelassen zeigen möchten, rutscht ihnen nur allzu leicht eine bittere Bemerkung heraus: »Am Anfang schwebt man immer auf rosa Wolken! Glaub ja nicht, dass das so bleibt!« Oder sie spotten und machen sich lustig über die heißen Köpfe und flatternden Herzen der frisch Verliebten. Verletzungen, die nicht leicht zu vergessen sind.

Plötzlich taucht da ein wildfremder Mensch auf und belegt Herz und Verstand des Kindes vollkommen mit Beschlag, ist

FÜR ELTERN

187

Weiter auf Seite 189

sonders bei Mädchen hinterlässt ein One-Night-Stand einen unguten Nachgeschmack.

Wie aber merkt man, ob es wirklich Liebe ist? Bestimmt nicht am Besitzen- und Beherrschenwollen – Stichwort Eifersucht! – und auch nicht allein an der sexuellen Anziehung. Mark, 17: »Natürlich muss sie sexy sein, aber Liebe heißt für mich viel mehr. Dass man sich geborgen fühlt, miteinander reden kann und sich gegenseitig hilft.« Vertrauen also gehört dazu, Verständnis für die Bedürfnisse des anderen und – das betonen sehr viele – Treue. Treuebrüche bedeuten für fast alle eine schwerwiegende Gefährdung ihrer Beziehung. Entsprechend »fest« sind die Beziehungen, in denen die Jugendlichen Liebe und Sex erleben wollen. Unter »fest« verstehen sie Verlässlichkeit, solange sie miteinander gehen – ob das nun ein paar Wochen, Monate oder Jahre dauert. Diese Ansichten und Verhaltensweisen sind Mädchen wie Jungen gleichermaßen wichtig. Ein erstaunlicher Abbau der traditionellen Geschlechtsunterschiede im Umgang miteinander macht sich darin bemerkbar: Jungen treten selten betont männlich und fordernd oder nur sexorientiert auf, sie legen stattdessen zunehmend Wert auf Zärtlichkeit und Sensibilität, auf Sex mit Liebe eben, und überlassen das emotionale Feld nicht mehr vorrangig den Mädchen.

Wie kommt es, dass die Jugendlichen ihre Partnerschaften so ernst nehmen? Entscheidend scheint die Sehnsucht nach Geborgenheit zu sein, der Wunsch, in der Sicherheit einer stabilen Liebesbeziehung ein Bollwerk zu fin-

188

Weiter auf Seite 190

der oder die Schönste, Beste, Klügste, weiß alles, kann alles, hat auch gesagt und findet sowieso … Gerade Alleinerziehenden, an die enge Gemeinsamkeit mit ihren Kindern gewöhnt, fällt es häufig schwer, die Nähe eines anderen Menschen zuzulassen. Und Väter, meistens noch bis in die Pubertät die Nummer eins im Leben ihrer Töchter, leiden oft besonders unter ihrer abrupten Entthronung. Tausend Argumente fallen ihnen ein, warum »dieser Typ« nicht gut genug ist für ihren Schatz. Besorgnis, Befürchtungen, Vorbehalte – meistens sind sie nichts als schiere Eifersucht auf den jungen Mann, der ihnen die Tochter wegzunehmen droht. Die Aussichten, dass sich die Tochter durch väterliche Tiraden von ihrer Liebe abbringen lässt, sind gleich null. Wahrscheinlicher wird sie eher die egoistischen Motive des Vaters durchschauen und auf kritische Distanz gehen, nicht mehr den verständnisvollen Freund in ihm sehen, sondern einen ernsthaften Gegner. Manchmal steckt auch unbewusster Neid hinter den missbilligenden Äußerungen der Eltern: so viel Frische und Intensität des Gefühls bei den jungen Leuten, während ihre eigene Liebe schon reichlich angestaubt oder längst begraben ist.

Und was, wenn Freund oder Freundin des Kindes den Eltern überhaupt nicht passt? Wenn sie Grund haben anzunehmen, dass er/sie schlechten Einfluss ausübt, zu wirren Ideen, Schuleschwänzen oder Partys mit viel Alk und womöglich Drogen anstiftet? Wie wenig mit Strenge und Strafmaßnahmen zu erreichen ist, merken die Mütter und Väter meistens sehr schnell. Gewöhnlich verschärft sich dadurch der Konflikt erst recht, die Kluft zwischen den Generationen wird nur noch größer.

189

Weiter auf Seite 191

den gegen Stress, die unberechenbaren Anforderungen des Alltags und die oft schmerzhaft miterlebte Auflösung der Familie. Umso mehr fürchten viele Heranwachsende allerdings, diesen Halt und sicheren Hafen zu verlieren, wenn ihre Beziehung zerbricht. Manchmal ist von einer »Entzauberung« der Sexualität die Rede, weil scheinbar alles erlaubt und möglich ist, nicht gefahrumwittert wie bei vorigen Generationen, weil es keine Tabus mehr zu brechen gibt. Dafür ist heute mehr Mut im Spiel, über die Liebe zu sprechen, und bestimmt eine gehörige Portion mehr an Reife und Verantwortungsbewusstsein. Die Liebe ist selbstverständlicher, unverkrampfter geworden, aber genauso romantisch und emotionsgeladen wie eh und je – und wenn etwas nicht stimmt, die Freundin sich plötzlich nicht meldet oder er in seiner Leidenschaft nachlässt, dann, egal, wie alt, spürt jeder, wie dünnhäutig und verletzlich die Liebe macht.

Und auch scheinbar unschuldige Vorschläge, wie den »netten Sohn« von Freunden zum Essen einzuladen oder in ein besonders tolles Feriencamp zu fahren, werden – meistens mit verletzenden Kommentaren – als das entlarvt, was sie sind: Versuche, die nicht genehme Beziehung zu sprengen. So schwer es auch sein mag, nicht direkt eingreifen zu können, um die Kinder von ihren Irrwegen abzubringen: Wenn sie den Kontakt nicht ganz verlieren wollen, bleibt den Eltern nur die Politik der kleinen Schritte. Zugeständnisse machen, wo es vertretbar ist; Anteilnahme zeigen; zum Reden bereit sein, ohne direkte Angriffe zu starten, Forderungen zu stellen und Vorwürfe zu erheben. Zugegeben, kein leichter Weg, aber wer kennt einen besseren?

Die Liebe – ein verwirrendes Spiel

Am Anfang verschmelzen Verliebte geradezu, passen sich dem anderen an, stellen die eigenen Wünsche und Bedürfnisse zurück. Gerade Mädchen neigen dazu, »alles« zu tun, um dem Freund zu gefallen und ihm zu zeigen, wie viel er ihnen bedeutet.

Eigentlich langweilt sie Fußball, doch ihm zuliebe sitzt Sara, 15 Jahre alt, stundenlang eng an Alex geschmiegt vor der Glotze, wenn »wichtige« Spiele laufen. Sie steht auch nicht auf brutale Science-Fiction-Filme, trotzdem schaut sie sich die Horrorstreifen mit ihm an. Und er wiederum geht mit ihr schon mal auf Shopping-Tour – bis er es irgendwann satthat. Es kommt auch bei Sara der Punkt, an dem sie ihren Freundinnen postet, wie genervt sie von Alex ist. Da sind die beiden gerade mal drei Monate zusammen.

Sie rücken immer mehr voneinander ab, giften sich an – so schnell kann Verliebtheit in sich zusammenfallen. Was ist passiert? Am Anfang haben Verliebte gar nicht das Gefühl, sich zu verbiegen, wenn sie sich ganz und gar aufeinander einlassen. Jung verliebte Paare tun alles, um dem anderen nah zu sein, und vermitteln ihm so: Mit dir macht alles Spaß, was für dich wichtig ist, zählt am allermeisten.

Doch was ist, wenn der erste Unwille aufkommt, die Phase der Idealisierung vorbei ist und sich die eigenen Bedürfnisse laut und deutlich melden? Wenn das Gefühl sich verstärkt: Wir sind zu verschieden, wir passen nicht zusammen?

Man kann sich weiter schlecht gelaunt an den anderen

Weiter auf Seite 194

Was ist bloß los mit der selbstbewussten, intelligenten Tochter, die gern den Ton angibt und sich ungern etwas sagen lässt? Seitdem das Mädchen mit diesem Jungen, den die Eltern kaum kennen, zusammen ist, spinnt sie: Sie scheint keinen eigenen Willen mehr zu haben. Nur was der Freund will, zählt, sonst nichts.

»Es ist, als hätten die beiden ihr eigenständiges Ich verloren«, sagt der besorgte Vater. »Ich erkenne meine Tochter nicht wieder. Ich habe Angst um ihre schulischen Leistungen, zu Hause wartet sie nur noch auf seine SMS, und wenn er sich gemeldet hat, dreht sie durch vor Freude. Das ist mir unheimlich.«

Wenn Eltern ehrlich sind, müssen sie zugeben, dass es immer so war und immer noch so ist: Das Verliebtsein ähnelt einer psychischen Krankheit. Mediziner können es bestätigen: Frisch Verliebte schwimmen in Glückshormonen, sie sind nicht ganz zurechnungsfähig, sie sind »liebesverrückt«.

Was tun? Ganz vorsichtig darauf hinweisen, dass es der Liebe nicht guttut, wenn man sich an den anderen klammert wie an einen Rettungsring. Und wenn der Liebeswahn abflaut und sich die erste Ernüchterung einschleicht, können die lebenserfahrenen Eltern ganz offen darüber reden, dass jeder Mensch Spielräume für seine eigenen Interessen braucht.

Jetzt, da ihr Kind erlebt, dass die Liebe kompliziert ist und die bisher so geliebte Person auf einmal Seiten zeigt, die man nicht besonders mag, ist die Meinung von Vater oder Mutter viel wert. Wenn die gegenseitige Bewunderung bei dem Liebespaar nachlässt, braucht es die Bewunderung der Eltern, bei Mädchen vor allem die Anerkennung durch den Vater: »Als

193

Weiter auf Seite 195

anpassen oder aber macht zunehmend sein eigenes Ding – und fühlt sich auch mies. Die Zweifel mehren sich: Liebt er mich überhaupt noch? Warum hängt sie lieber mit ihren Freundinnen ab als mit mir? Erfahrene Paartherapeuten sagen dazu: Der Wunsch nach Freiräumen ist völlig normal, und die Liebe hat vor allem dann eine Chance, wenn sie sich auch abgrenzt – so vermeidet man Frust und Enttäuschung. Also heißt es, dem anderen ehrlich und doch so liebevoll wie möglich mitzuteilen, dass man auch Zeit für sich braucht. Nur wer die Dinge tut, die ihn selbst glücklich machen, kann dieses Glück mit in die Beziehung bringen. Übrigens: Ein Kuss und ein Lächeln am Schluss des schwierigen Gesprächs entkrampfen die Situation sofort. Gut wäre es, möglichst gleich zu planen, was man gemeinsam unternehmen will, um dann total entspannt zu genießen, was beiden Spaß macht. So unromantisch es klingen mag – Liebe, und das Halten der Liebe, ist auch Übungssache. Übrigens: Miteinander zu lachen wirkt immer Wunder!

meine Tochter sich beklagte, ihr Freund würde ihr kaum noch Komplimente machen und es kämen nur noch zwei, drei SMS am Tag, da habe ich sie einfach aufgebaut.« Er versicherte ihr: »Du bist stark! Du bist schlagfertig, charmant und begabt, vergiss das nicht! Und du kannst beides – deinem Freund zeigen, wie lieb du ihn hast, und trotzdem deine Unabhängigkeit genießen. Das wird euch beiden guttun!« Anerkennung der Eltern stärkt, selbst wenn es der Teenager nicht gleich zugibt.

Liebeskummer

So sehr sich Jugendliche die Liebe und eine Beziehung herbeiwünschen, so oft ist gerade diese Sehnsucht mit Schmerzen verbunden: Ein Mädchen ist total verliebt, doch der Angehimmelte zeigt nicht das geringste Interesse, lässt sie abblitzen, verspottet sie vielleicht sogar vor seinen Kumpels oder bei Facebook. Ein Junge baggert das Mädchen seiner Sehnsüchte an, doch sie spielt bloß mit ihm – mal lässt sie ihn an sich heran, sprüht vor Charme, dann zeigt sie ihm auf einmal die kalte Schulter. Aber selbst diejenigen, die mehr Glück haben und genauso heiß wiedergeliebt werden, verschont der Kummer nur selten: Einer von beiden verliebt sich irgendwann neu oder findet die Beziehung einfach nur noch total öde. Und wenn man auch plant, freundschaftlich auseinanderzugehen, bleibt fast immer einer zurück, der sich verlassen, gekränkt und abgehängt vorkommt.

Liebesschmerz kann genauso intensiv und Besitz ergreifend sein wie die Liebe selbst. Während sie die ganze Welt zum Leuchten bringt und dem Verliebten und Wiedergeliebten das Gefühl gibt, schön und interessant und begehrenswert zu sein, taucht der Liebeskummer alles in trübes Grau. Es ist aus – nichts macht mehr Spaß, nichts hat mehr Sinn, und das Selbstbewusstsein wird zernagt von dem scheinbaren Beweis, dass man zu hässlich, zu langweilig, zu wenig attraktiv ist. Liebeskummer tut gewaltig weh. Ständig kreisen die Gedanken nur darum, wo der andere jetzt wohl ist, was er tut, ob er nicht längst einer bzw. einem Neuen auf Facebook postet – Stoff für immer neue

196

Weiter auf Seite 198

Väter und Mütter neigen oft dazu, den Liebeskummer ihrer Kinder – vor allem beim ersten Mal – auf die leichte Schulter zu nehmen. Amüsiert bis gerührt betrachten sie die hoffnungslosen Mienen, die hängenden Schultern. Zwar wissen sie meistens aus Erfahrung, wie weh ein gebrochenes Herz tun kann, aber echter Schmerz wird es ja wohl nicht sein in so jungen Jahren. Da glaubt man vielleicht ein paar Tage lang, vor lauter Unglück sterben zu müssen, aber dann ist alles vorbei und vergessen. Manchmal zeigen sich die Eltern auch erleichtert über das Ende einer Freundschaft. »Sei froh, dass es aus ist«, heißt es dann, »das war sowieso nicht das Richtige für dich.« Abwertende Äußerungen dieser Art bewirken gewöhnlich nur, dass die Kids ihre verlorene Liebe wild verteidigen – und dabei umso mehr leiden.

Anders als so manch ein Erwachsener meint, empfinden Jugendliche Trennung und Zurückweisung besonders schmerzlich. Oft gibt die Zweisamkeit ihnen die Geborgenheit, die sie vielleicht in einer zerbrochenen Familie nicht finden. Und wenn sie endet, macht die alterstypische Unsicherheit und Verletzlichkeit die Verlassenen extrem anfällig für das Gefühl, unwichtig und nicht liebenswert zu sein.

Liebeskummer lässt sich nicht wegargumentieren oder fröhlich-forsch überspielen. Verständnisvolle Eltern respektieren die Gefühle ihrer Kinder, lassen ihnen die Freiheit, sich zurückzuziehen oder auch immer wieder in Tränen auszubrechen. Sie nehmen den Kummer ihres Teenagers ernst. »Das Wichtigste ist, ihnen zu zeigen, dass man zu ihnen steht und sie mag«, meint eine erfahrene Mutter. »Ich habe versucht, ein-

197

Weiter auf Seite 199

Leiden. Da tut es gut, den Liebeskummer herauszulassen, zu weinen, sich den Schmerz bei geduldigen Zuhörern von der Seele zu reden.

Vielleicht hilft es zu wissen, dass Liebeskummer in Phasen verläuft: Am Anfang die heftige Schmerzphase, danach die Warum-Phase, auf die es meist keine eindeutige Antwort gibt; dann die Aus-dem-Weg-geh-Phase, also bloß dem oder der Ex nicht bei einer Party begegnen, denn das versetzt jedes Mal einen Stich. Am Ende endlich die Es-geht-aufwärts-Phase: Man fühlt sich zunehmend frei, das geknickte Selbstbewusstsein richtet sich auf, das Herzweh verfliegt. Und eines ist sicher: Mal dauert es kürzer, mal länger, aber jeder Liebeskummer hat irgendwann ein Ende.

fach da zu sein, wenn meine Tochter mich brauchte, ohne groß zu fragen und zu raten. Diese Verbundenheit, die Gewissheit, wenigstens hier noch geliebt zu werden, hat ihr bestimmt geholfen, wieder aus dem Tief herauszufinden.«

Auch Jungen haben natürlich zarte Seelen, sie zeigen es nur ungern. Ein Vater berichtet: »Unser 15-jähriger Sohn hat sich nach der Trennung von seiner Freundin abends mehrmals wortlos auf dem Sofa zwischen uns gekuschelt, um mit uns fernzusehen. Wir spürten, jetzt ist sein Zuhause der sichere Hafen, in dem er sich ganz und gar angenommen fühlt und auftanken kann.«

Feste Beziehungen oder immer wieder Eroberungen?

Die meisten Jugendlichen sehnen sich nach festen Beziehungen, Treue, Nähe und Vertrauen sind ihnen wichtiger als ständig neue Abenteuer. Jugendstudien bestätigen dies übereinstimmend. Insbesondere tendieren Mädchen zu festen Bindungen, denn für viele ist die Geborgenheit einer Beziehung und das innige, stundenlange Schmusen mit dem Freund, das Begehrt- und Bewundertwerden wie ein Ersatznest zum Einkuscheln, nun, da sie bald von zu Hause ausfliegen. Gleichwohl sind längere Freundschaften eine Ausnahme, besonders in der Frühpubertät. Denn Teenager fühlen sich schnell eingeengt und fürchten um ihre Autonomie. Vor allem Jungen – so das Fazit zahlreicher Untersuchungen – bekommen schnell das ungute Gefühl, sich zu weit vorgewagt und zu viel zugemutet zu haben. Sie sind dann doch begierig nach neuen Erlebnissen.

Häufig wird jäh Schluss gemacht, sobald die erste Idealisierungsphase vorbei ist. Wenn sich erweist, dass die Freundin keineswegs nur wundervoll ist, sondern launisch und kompliziert, oder der Freund nicht supertoll, sondern einsilbig und unbeholfen, wird die Zweisamkeit abrupt und meist ohne jegliche Aussprache beendet. Kaum ein Gedanke daran, sich mit der Person des anderen auseinanderzusetzen, um die Phase der ersten Enttäuschungen vielleicht doch zu überwinden. »Jahrelang war ich höchstens einige Monate mit einem Mädchen zusammen. Es war ein ständiges Suchen und Ausprobieren, ich habe mich auf die Mädchen nie wirklich eingelassen. Es war nur wichtig, sagen zu können, dass ich eine Freundin

200

Weiter auf Seite 202

Eltern sind nur mäßig begeistert, wenn ihr Teenager sich allzu früh oder beliebig in die unterschiedlichsten Liebesabenteuer stürzt. Zumal sie mitbekommen, wie aufgewühlt ihr Kind oft ist und wie naiv es in diese und jene Beziehung schlittert. Irritiert fragen sie sich: Ist es wirklich reif für sexuelle Erfahrungen? Doch das ist nicht alles: Je glühender die Zuneigung zum anderen Geschlecht, desto geringer das aktuelle Interesse des Jugendlichen an den Eltern. Es ist hart, zu erleben, wie sich ihr Kind absetzt und eigene Wege geht, vor allem für Alleinerziehende. Außerdem hat so manch ein Vater Angst um seine Tochter, so manch eine Mutter ärgert sich über die Aufgeblasenheit des Sohnes, seitdem er wenig mehr als Mädchen und Ausgehen im Kopf hat.

Eines sollten Eltern vor Augen haben: Die Kurzlebigkeit von Beziehungen im frühen Teenageralter rührt auch daher, dass die Mädchen den Jungen in ihrer emotionalen Entwicklung noch voraus sind – sie sehnen sich vielleicht schon mit 13 oder 14 Jahren nach einer festen Beziehung, die gleichaltrigen Jungen schrecken jedoch vor einer längeren Bindung zurück, die Erwartungen der Freundin sind ihnen viel zu kompliziert. Darüber können Mütter mit ihren Töchtern durchaus offen reden.

Häufig werden Eltern durch die heftig erwachende Sexualität ihrer Kinder mit ihren eigenen früheren Sehnsüchten konfrontiert. Das kann ein Impuls sein, das eigene, zur Routine erstarrte Sexualleben neu zu überdenken und die Beziehung zum Partner ereignisreicher zu gestalten. Jedenfalls können Eltern ihrem Teenager am leichtesten Halt geben, wenn sie sich selbst in ihrer Haut wohlfühlen. Sie können ihn zwar

201

Weiter auf Seite 203

habe. Manche Mädchen probieren auch herum, gehen Beziehungen ein, die nur drei oder vier Wochen halten, dann wird es ihnen langweilig, und der Nächste ist dran. Allerdings wollen die meistens Mädchen doch eher etwas Festes als gleichaltrige Jungen. Ich selbst habe erst jetzt die Richtige gefunden, ich bin eben reifer geworden«, sagt Tobias, 17 Jahre.

nicht vor Fehlern schützen – ständige Warnungen treiben ihn bloß noch mehr in die Flucht –, aber sie können ihn beruhigen, dass all die widersprüchlichen Wünsche sowohl nach Nähe als auch nach Wechsel und Unabhängigkeit Entwicklungsstufen auf dem Weg zu größerer Selbstsicherheit sind. Erst wenn Jugendliche über die Pubertät hinaus vor jeder festeren Bindung weglaufen, müssten sie sich fragen, warum ihnen Nähe und Verbindlichkeit immer noch Angst machen.

Homoerotische Phasen und die Angst davor

Kaum ein Junge, der nicht irgendwann sexuelle Gefühle für einen Freund empfindet, oder ein Mädchen, das sich von einer Freundin erotisch angezogen fühlt. Homosexuelle Fantasien und auch gleichgeschlechtliche Erfahrungen sind nichts Ungewöhnliches. Gerade in der frühen Pubertät, wenn Jugendliche wahre Gefühlsstürme erleben, sich aber meist noch sicherer und entspannter unter ihresgleichen fühlen, sind vorübergehende homoerotische Phasen häufig.

Und doch: Die meisten Jugendlichen weisen homosexuelle Gefühle weit von sich, einfach aus Angst. Denn als »schwule Sau« beschimpft zu werden gehört für sie zu den schlimmsten aller Beleidigungen. Auch als lesbisch zu gelten ist peinlich. Das zeigt, dass die vermeintliche Toleranz in unserer Gesellschaft nur scheinbar ist. Erwachsene mögen sich über Schwulenfeindlichkeit entrüsten, doch dass Heranwachsende allergisch darauf reagieren, wenn sie als schwul verspottet werden, beweist, wie sehr Homosexualität für sie ein Problem ist – das Übliche ist für sie das Natürliche. Tief sitzt die Furcht, man könnte sie zu Außenseitern machen, weil sie »anders« sind.

Ihr starkes Unbehagen rührt aber auch daher, dass sie als Jugendliche ihre Identität noch nicht gefunden haben und die Sexualität eine derart verwirrende Mischung aus Sehnsüchten, Bedürfnissen und Unwägbarkeiten ist, dass sie wenigstens hinsichtlich ihrer Geschlechtsidentität sicher sein wollen.

Wenn Eltern ehrlich sind, gestehen viele, dass auch sie die Vorstellung irritiert, ihr Sohn könnte schwul, ihre Tochter lesbisch sein: »Unser Kind hätte es dann so viel schwerer im Leben«, argumentieren die meisten. Dazu folgende Informationen:

Homoerotische Gefühle während der Pubertät sind keinerlei Beweis für tatsächliche Homosexualität. Die Ergebnisse aktueller vergleichender Untersuchungen über Homo- und Heterosexuelle zeigen, dass männliche Homosexualität nicht, wie früher oft behauptet, auf eine dominante Mutter und einen schwachen Vater zurückzuführen ist und ein Mädchen nicht deswegen lesbisch wird, weil es sich gezielt die männliche Rolle zum Vorbild nimmt. Eltern haben nur sehr wenig Einfluss auf die schon frühzeitig entstehende sexuelle Orientierung ihrer Kinder – sie sind für die Veranlagung ihres Sprösslings nicht verantwortlich. Falsch ist auch die Annahme, Homosexualität sei »übertragbar«: Kein Teenager wird dadurch homosexuell, dass er mit einem Freund sexuelle Erfahrungen macht, selbst wenn einer von beiden schwul ist. Man geht heute davon aus, dass die manifeste Homosexualität angeboren ist, sowohl die weibliche als auch die männliche.

Und was ist, wenn für einen Jugendlichen feststeht, dass er oder sie homosexuell ist? Dann ist nichts wichtiger als die Unterstützung und das Verständnis der Eltern. Häufig haben Väter größere Schwierigkeiten mit dem »unmännlichen« Verhalten ihres Sohnes bzw. dem »unweiblichen« Gebaren der Tochter. Da hilft nur die Erkenntnis, dass Homosexualität weder gut noch schlecht und genauso selbstverständlich ist wie Heterosexualität.

7. Alles dreht sich um das eigene Ich

Die eigene Identität: Wie findet man sie?

Mit dem Einsetzen der Pubertät beginnt die Suche nach der eigenen Identität, also nach einer eigenständigen, unverwechselbaren Persönlichkeit. Und zuvor? Da empfindet sich ein Kind selbstverständlich als Teil der Familie und identifiziert sich mit ihr. Aus dieser Zugehörigkeit bezieht es seine Sicherheit und sein Selbstvertrauen, und bloß das Bild, das die Eltern von ihm haben, ist prägend: Wird es als »brav«, »wild«, »begabt«, »sportlich« oder »unsportlich« charakterisiert, dann schätzt es sich weitgehend selbst so ein. Auch das Urteil der Lehrer über seine Leistungen und sein Sozialverhalten bestimmt sein Gefühl für sich selbst. Doch je älter ein Kind wird, desto wichtiger werden für sein Selbstbewusstsein die Beziehungen zu gleichaltrigen Freunden – sie sind es, die einen Großteil der Schützenhilfe bei der Suche nach einer eigenen Identität leisten.

Aber was bedeutet Identität überhaupt? Eine eindeutige Definition ist kaum möglich, da der Begriff zu vielschichtig ist. Doch fraglos besitzt man dann eine gefestigte persönliche Identität, wenn man sich im Einklang erlebt, sowohl mit sich selbst als auch mit der Umwelt: Voraussetzung dafür ist einerseits das Erlangen von Individualität, also von Eigenständigkeit und persönlicher Willensfreiheit – deswegen ist die Verselbstständigung während der Pubertät so wichtig –, andererseits die Fähigkeit, als soziales Wesen zu handeln und sich in eine Gemeinschaft zu integrieren. Dieser Lernprozess setzt natürlich schon in der Kindheit ein, doch in der Pubertät wird er, durch die Ablö-

208

Weiter auf Seite 210

Viele Eltern verfolgen verblüfft – mal fasziniert, mal besorgt –, wie viele Verwandlungen ihr Teenager im Lauf der Pubertät durchmacht: Da wird die freche, selbstbewusste Tochter zu einem unsicher säuselnden Geschöpf, das sich ständig neu herausputzt, um dem angebeteten Freund zu gefallen; der selbstbewusste Sohn, der sich zu Hause von niemandem mehr etwas sagen lässt, tut alles, was die starken Burschen seiner Clique fordern. Oder aus dem äußerlich wurstigen Jungen wird plötzlich ein eitler, gekünstelter Typ, die Haare an den Seiten abrasiert, oben lang und sorgfältig gegelt. Und aus dem übermütigen und unbeschwerten Töchterchen wird in der Pubertät ein ernstes, verschlossenes Mädchen, denn nun, da sie sich von einem Wildfang in eine junge Frau verwandeln soll, weiß sie überhaupt nicht mehr weiter. Verunsichert fragen sich die Eltern: »Was ist mit unserem Kind bloß los? Wann kommt es endlich wieder zur Vernunft?« Was anders ausgedrückt bedeutet: Wann findet es zu einer gefestigten Identität? Schwierigkeiten bei der Identitätsfindung sind nicht außergewöhnlich und können die unterschiedlichsten Ursachen haben. Zu den häufigsten Auslösern gehören:

- *Die radikale Veränderung der vertrauten Umgebung.* Ein Umzug oder ein Schulwechsel in einer Phase, in der sich der Jugendliche ohnehin unsicher und verloren fühlt, kann seine innere »Heimatlosigkeit« noch verstärken. Er braucht Zeit und den Halt der Erwachsenen, um die Ereignisse in seine Persönlichkeit und sein Leben zu integrieren, um also wieder »zu sich zu kommen«.
- *Spannungen in der Familie.* Scheinbar unlösbare Konflikte, also eine »Identitätskrise« im Elternhaus, bringen Teenager

209

Weiter auf Seite 211

sung von der Familie, zur Herausforderung. Da mit Beginn dieser Lebensphase Eltern und andere Erwachsene ernsthaft infrage gestellt werden, gerät das kindliche Selbstverständnis ins Wanken – worauf soll der Teenager seine Identität jetzt gründen? Nun, da er beginnt, sich mit anderen Augen zu sehen als bisher, sein Körper und seine Ansichten sich schnell verändern, tauchen auf einmal existenzielle Fragen auf: Wer bin ich überhaupt? Wie sehe ich mich selbst, wie stehe ich zu anderen, und was denken sie von mir? Wo gehöre ich hin? Um Antworten auf diese Fragen zu bekommen und eine stabile Identität zu finden, müssen Jugendliche Erfahrungen sammeln. Wesentlich ist, dass sie:

- *vielfältige Beziehungen* eingehen, denn andere übernehmen die Funktion eines Spiegels. In der Auseinandersetzung mit Erwachsenen, vor allem aber mit Gleichaltrigen erleben Heranwachsende erst an den Reaktionen der anderen, wie sie eingeschätzt werden, von wem sie akzeptiert und warum sie kritisiert werden. Um herauszufinden, wer zu ihnen passt und wo sie letztendlich hingehören, sind möglichst unterschiedliche Beziehungen die wichtigste Voraussetzung.

- *wechselnde Rollen* ausprobieren. Durch Mutproben, auffällige Frisuren oder über das Anhimmeln von Popstars, vor allem aber im Umgang mit verschiedenen Arten von Freunden testen Heranwachsende unterschiedliche Rollen bzw. Identifikationsmodelle. Junge Leute, die ständig ihre Freunde, ihre Interessen und Hobbys wechseln, sind nicht grundsätzlich »unbeständig«, sie

Weiter auf Seite 212

leicht aus dem Lot. Vor allem, wenn Vater und Mutter sich absolut nicht mehr verstehen oder sogar dabei sind, sich zu trennen, und jeweils versuchen, das Kind auf ihre Seite zu ziehen, weiß es gar nicht mehr, wo es selbst steht. In einen Konflikt hineingezogen, der nicht seiner ist, verliert es auf einmal seine eigenen Bedürfnisse und Ziele aus den Augen.

- *Eine extrem enge Bindung an die Eltern.* Manche Erwachsene tun sich besonders schwer, ihren Teenager »loszulassen«: Sie haben das tiefe Bedürfnis, ihr Kind zu beschützen und zu kontrollieren, oder aber sie überhäufen es mit Erwartungen und hegen als besonders ehrgeizige Eltern genaue Vorstellungen, wie es zu sein hat. Dabei geht es diesen Vätern und Müttern meist unbewusst darum, eigene Ängste und Schwächen durch ihren Sprössling auszugleichen, wobei ihnen meist gar nicht klar ist, dass sie ihn bei der Entwicklung seiner Individualität bremsen. Indem sie ihm zu wenig zutrauen oder durch eine starre Erwartungshaltung als Person infrage stellen, kann er nur schwer eine eigene Identität entwickeln.

- *Ängste, erwachsen zu werden.* Den stürmischen Entwicklungen der Pubertät ist nicht jeder Teenager gewachsen. Konfrontiert mit drastischen biologischen Veränderungen, mit dem Druck, eigene Verantwortung zu übernehmen, mit der Erwartung, vom Mädchen zur Frau bzw. vom Jungen zum Mann zu werden, geraten manche in eine Identitätskrise: Alle bisherigen Sicherheiten, etwa das in der Kindheit aufgebaute Selbstbild und die Geborgenheit der Familie, geraten ins Wanken, ohne dass neue Gewissheiten die alten

211

Weiter auf Seite 213

experimentieren, bis sich für sie herauskristallisiert, was sie wirklich wollen und wo ihr Platz in der Gesellschaft liegen könnte.

- *geistige und kritische Fähigkeiten* entwickeln. Der Ausdruck Identitätsbewusstsein signalisiert, worum es geht: Indem der Jugendliche über sich selbst nachdenkt und das Bild registriert, das andere von ihm haben, unterschiedliche Ansichten kritisch überdenkt, sich Konflikten stellt und gegebenenfalls sein Verhalten entsprechend verändert, wird er sich seiner selbst, also seiner wahren Identität, immer bewusster. Da er mit zunehmendem Alter auch lernt, die Realität immer besser einzuschätzen, und sich in Beziehung zu anderen sieht, erkennt er, dass er selbst nicht der Mittelpunkt der Welt ist, sondern einer von vielen. Er beginnt also, seine Allmachtsfantasien zu relativieren und Ziele anzustreben, die ihm entsprechen, also solche, mit denen er sich identisch fühlen kann.

- *ein Gefühl von Kontinuität* erlangen. Die meisten Teenager beginnen im Laufe der Pubertät, sich mit ihrer Vergangenheit bewusst zu beschäftigen. Es verändert sich so viel in dieser Lebensphase, dass sie sich fragen: Bin ich der, der ich zu sein scheine? Deswegen verlangen sie oft nach Babyfotos und wollen mehr über ihre Familiengeschichte wissen. Es mag widersprüchlich klingen, aber gerade um sich von ihren Eltern abgrenzen zu können, benötigen sie Informationen über ihre Kinderzeit. Denn wenn sie sich mit ihren Wurzeln beschäftigen und eine Verbindung herstellen zwischen ih-

212

Weiter auf Seite 214

ersetzt hätten. Sie sind wie ein Blatt im Winde und haben noch keine Ahnung, wohin es sie treibt.

Manche Jugendliche versuchen sich zu behelfen, indem sie die Konflikte dieser Lebensphase einfach ausblenden und in einem sogenannten Vermeidungsverhalten verharren: Sie werden zu Einzelgängern und weichen der Auseinandersetzung mit Gleichaltrigen aus, oder sie sind besonders angepasst, weil sie um den Schutz der Erwachsenen bangen. Vielleicht ziehen sie sich auch in eine Pose scheinbarer Überlegenheit zurück, um ihre Gefühlsstürme einzudämmen und sie durch ihre vermeintliche Urteilskraft quasi wegzudiskutieren. Ein anderer Fluchtweg ist das völlige Aufgehen im Freundeskreis: Die Identifikation mit der Clique ersetzt die Geborgenheit in der Familie und bewahrt sie davor, sich einsam und verloren zu fühlen. Dass die distanzlose Gruppenzugehörigkeit sie daran hindert, auf sich selbst zu hören und eigene Wege einzuschlagen – also zu einem selbstständigen Individuum zu werden –, weisen sie weit von sich. Manche halten auch an einer negativen Identität fest – trinken unmäßig oder suchen sich fragwürdige Freunde: Auch das ist ein hilfloser Versuch, Identitätsprobleme zu umschiffen.

Was können Eltern tun? Zum einen sich bewusst machen, dass die Suche nach der eigenen Identität ein Zickzackkurs voller Stolpersteine und Hürden ist, dass Rückfälle, Krisen und Nöte auf dem Weg der »Ichfindung« unvermeidlich sind – sie sind gleichsam eine Vorbedingung für Entwicklung und Wachstum. Um ihre Kinder zu unterstützen, können Mütter und Väter vor

213

Weiter auf Seite 215

rer Vergangenheit und der Person, die sie jetzt sind und möglicherweise werden könnten, bekommen sie einerseits ein Gefühl für Kontinuität – wissen also, woher sie kommen, und spüren, wohin sie gehören. Sie können aber auch prüfen, welche Teile ihrer Geschichte sie annehmen und welche sie ablegen möchten. Beides hilft ihnen, zu sich selbst zu finden.

Die Suche nach der Identität verläuft natürlich nicht immer bewusst und ist so komplex, dass sie nie völlig abgeschlossen ist: In jeder ungewohnten Lebenssituation heißt es, sich neu zu orientieren und einen Platz für sich zu finden im Spannungsfeld zwischen Abgrenzung und Anpassung, zwischen Selbstbehauptung und Zusammengehörigkeit. Immer wieder gibt es schwierige Phasen im Leben, in denen man das Gefühl hat, sich auf einmal fremd zu sein und sich selbst, also die eigene Identität, zu verlieren. Gerade junge Leute werden mit den enormen und oft widersprüchlichen Erwartungen, die an sie gestellt werden, nur schwer fertig und wissen streckenweise gar nicht mehr, wo sie stehen und was sie wollen. Erst wenn die Hürden überwunden sind und sie an den Schwierigkeiten gewachsen sind, stellen sie im Nachhinein erleichtert fest: »Endlich weiß ich wieder, wo's langgeht – endlich bin ich wieder ich selbst.«

allem versuchen, sich in ihre Teenager hineinzuversetzen, und gegebenenfalls mithilfe eines Therapeuten herausfinden, in welcher Krise er oder sie steckt und ob es sich überhaupt um eine Krise handelt.

Eltern müssten sich auch anschauen, inwieweit die Familiensituation die Ichfindung des Sohnes oder der Tochter beeinflusst. Wichtig ist es außerdem, Konflikte und Meinungsverschiedenheiten offen auszutragen, damit das Kind auf diesem Weg erfährt, was es will und wer es ist. Dabei sollte jede negative Festschreibung möglichst vermieden werden, da es sonst kaum eine Chance hat, sich zu verändern. Denn dass es sich noch verändert, ist klar – die Eltern müssen nur an ihre eigene Pubertät zurückdenken, um festzustellen, welche Metamorphosen sie selbst hinter sich haben.

Weil ihr Selbstbewusstsein noch labil ist, sind Heranwachsende schnell peinlich berührt, wenn sich andere nicht so verhalten, wie sie es gerne hätten. Vor allem die Eltern werden besonders kritisch bewertet. Geht ihnen die Kritik zu weit, sollten sie ruhig, aber unmissverständlich eine klare Grenze ziehen: »Was du sagst, das verletzt mich!«

Auf dem Weg zur Weiblichkeit

Egal, ob Mädchen oder Junge, in den ersten Jahren ihres Lebens dürfen Kinder heute toben oder kuscheln, weinen oder auftrumpfen, ganz wie es ihren Bedürfnissen und ihrem Temperament entspricht. Das ändert sich erst mit dem Einsetzen der Pubertät. Die nicht zu übersehenden Geschlechtsmerkmale ihres Körpers zwingen die Jugendlichen, sich mit ihrer zukünftigen Rolle als Mann oder Frau auseinanderzusetzen. Vom Intellekt her sind sie jetzt imstande, kritisch zu beobachten, wie die Erwachsenen um sie herum diese Rollen leben. Gerade für Mädchen ergeben sich offensichtlich nicht unproblematische Perspektiven.

Mädchen, das ergaben verschiedene soziologische Studien, haben bis zum Alter von rund zehn Jahren ein genauso hohes Leistungsniveau und stabiles Selbstwertgefühl wie gleichaltrige Jungen. Nach Pubertätsbeginn aber sieht das Bild oft anders aus: Mit dem erwachenden sexuellen Interesse wächst der Wunsch, den Jungen zu gefallen, und veranlasst Mädchen nicht selten, sich kleinzumachen. Um beliebt zu sein bei den Jungen, fangen besonders die unsicheren plötzlich an, ihre Stärken und persönlichen Interessen auszublenden. Sie betonen die klassischen weiblichen Züge, werden weicher, einfühlsamer, nachgiebiger. Außerdem sind sie ununterbrochen mit ihrem Aussehen beschäftigt. Hübsch und attraktiv zu sein steht auf der Prioritätenskala ganz weit oben, denn: Je auffallender die äußeren Vorzüge, desto besser ihr weiblicher Status.

Werbung in den Medien oder Models in Casting-Shows

Weiter auf Seite 218

Viele Eltern halten es inzwischen für selbstverständlich, ihre Töchter und Söhne ohne Geschlechtsunterschiede zu erziehen. Aber in der Praxis zeigt sich fast immer, dass dieses Vorhaben unmöglich ist. Nicht allein, weil Verwandte und Freunde, Kindergarten und Schule und ganz besonders Fernsehen und Zeitschriften mit der Vermittlung überlieferter Rollenklischees dazwischenfunken. Auch bei den meisten Vätern und Müttern selbst schlagen unbewusst und ungewollt immer wieder traditionelle Verhaltensnormen durch. »Zieh den Bauch ein!« »Schrei nicht so herum!« Wie oft rutschen ihnen derartige Kommandos in Richtung Tochter heraus, mit denen im Klartext nichts anderes gemeint ist als: »Mach dich hübsch, sei nicht so laut, Jungs mögen keine kreischenden Zicken.« Mädchen wird dadurch beigebracht, dass ihre Beurteilung von außen wichtiger ist als ihr Bedürfnis, sich nach eigenen Vorstellungen zu bewegen und zu äußern.

Aus verständlicher Angst vor Gefahren und Übergriffen schränken Eltern häufig den Bewegungsraum ihrer Töchter extrem ein. Sie impfen sie mit Ängstlichkeit, bremsen sie, anstatt sie zu Mut, Selbstvertrauen und wacher Vorsicht zu ermuntern – Eigenschaften, die sie als erwachsene, selbstständige Frauen dringend brauchen. Aber auch damit, dass sie genauso behandelt werden wie Jungen, wird den weiblichen Teenagern bei der Suche nach ihrer weiblichen Identität nicht geholfen. Viele ihrer speziellen Qualitäten würden dabei verschüttet. Außerdem: Der berühmte Unterschied hat – selbst wenn man ihn noch so klein macht – in ihrem Leben viel schwerwiegendere Folgen als beim anderen Geschlecht.

217

Weiter auf Seite 219

bestärken den Eindruck, dass strahlendes Aussehen und gestyltes Auftreten Anerkennung verschaffen – es ist die äußere Anziehungskraft, die zu einem erfüllten Frauenleben und erfolgreicher Partnersuche führt. Nur müssen Mädchen, die sich überkritisch durch die männliche Brille begutachten, oft feststellen, dass sie den Ansprüchen keinesfalls genügen. Der Vergleich mit den gängigen Schönheitsidealen fällt häufig deprimierend aus. Weder Augen noch Haare, Po oder Waden sind perfekt genug – und schon rutscht das Selbstbewusstsein weiter ab. Also arbeiten verunsicherte weibliche Teenager heftig an ihrem Erscheinungsbild und versuchen, den Idealfiguren näher zu kommen. Nicht wenige versinken in Selbstzweifeln und Mutlosigkeit, andere treibt der dazugehörige Schlankheitskult in die Magersucht, und wieder andere, die sich sträuben, diese Anforderungen an Weiblichkeit zu akzeptieren, haben es oft nicht leicht, sich zu behaupten.

Intelligenz, Stärke, Unabhängigkeit oder Ehrgeiz bringen, trotz aller Emanzipationsbemühungen und wachsender Chancengleichheit, häufig weniger Bestätigung als gutes Aussehen. Obwohl Mädchen mutiger und selbstsicherer werden und Jungen sich weniger wichtigtuerisch geben, hält sich das überlieferte Muster trotzdem noch.

Vor allem ältere Mädchen, die sich nach Rollenmustern jenseits dieser klassischen Definition von Weiblichkeit umsehen, geraten manchmal in einen ernsthaften Konflikt zwischen dem Traum von Liebe und fester Partnerschaft und der Lust nach Eigenständigkeit und beruflichem Er-

218

Weiter auf Seite 220

Die Fähigkeit oder der Wunsch, Kinder zu bekommen, zwingt sie zur Wahl zwischen verschiedenen Lebensmodellen: Nur Familie, Kind und Job oder allein Karriere – kein Weg ist einfach.

Wie Weiblichkeit gelebt werden kann, beobachten die meisten Mädchen zuerst und hautnah in der Familie. Und da ist es natürlich in erster Linie die Mutter, an der sie sich orientieren. Mit neu erwachter Scharfsichtigkeit registrieren die Teenager, wie sie ihr Leben organisiert und sich dem Mann gegenüber verhält. Ob sie einen selbstbewussten, gleichberechtigten Part neben ihm spielt oder eher angepasst und nachgiebig ist. Vielen Mädchen geht in diesem Alter zum ersten Mal auf, wie aufreibend es ist, ein gleichberechtigtes Leben in der Familie, in der Ehe und im Beruf zu meistern. Die Mutter ist oft gestresst, vielleicht auch frustriert, weil sie zu viel hinbekommen muss, die Belastungen zu heftig sind. Die bis dahin vergötterte Mutter, mit der sich die kleinen Mädchen so stark identifizieren, ist oft überfordert. Verständlich, dass es Töchtern oft wenig verlockend erscheint, eine solche Rolle zu übernehmen. Mit Wut und scharfer Kritik reagieren sie auf diese Enttäuschung. Die Auseinandersetzungen werden oft noch dadurch angeheizt, dass die Töchter die Widersprüchlichkeit der mütterlichen Botschaften durchschauen: Einerseits werden sie angehalten, sich nach traditionellem Muster hübsch und feminin zu zeigen, andererseits aber zu zielstrebigem Ehrgeiz und Selbstständigkeit aufgefordert.

Den meisten Müttern ist gar nicht bewusst, dass sie an ihre Töchter widersprüchliche Regieanweisungen weitergeben.

219

Weiter auf Seite 221

folg. Wie lässt sich beides verwirklichen? Starke Selbstzweifel können bei ihnen seelische und auch körperliche Beschwerden auslösen. Auffallend häufiger als Jungen leiden sie unter Symptomen wie Kopfschmerzen, Nervosität, Schwindel, Traurigkeit. Sie schlucken ihre Frustrationen herunter und machen ihre Probleme mit sich selbst aus, anstatt sie – wie die Jungen – aggressiv herauszulassen. Auch das entspricht der klassischen weiblichen Rolle, zu der lautes Aufbegehren nicht passt.

Die einzige Chance, die Zwänge der überlieferten Muster abzustreifen, liegt darin, ein eigenständiges weibliches Selbstwertgefühl zu gewinnen, das nicht auf männliche Bewunderung angewiesen ist und eigenes Können und Wissen selbstbewusst zum Ausdruck bringt. Kein leichter Weg, gerade für junge Mädchen, die in der Pubertät noch wenig festen Boden unter den Füßen haben. Wenn sie sich umschauen in der Welt der Erwachsenen, stellen sie fest, dass nahezu sämtliche entscheidenden Schaltstellen des gesellschaftlichen Lebens von Männern besetzt sind, dass Frauen auch bei gleichwertiger Ausbildung längst nicht immer gleichrangige Positionen erreichen, dass alle Symbole der Macht männliche Ausrichtung haben. Für starke, autonome Weiblichkeit gibt es weniger Vorbilder. Obwohl so viel von der Gleichheit der Geschlechter geredet wird, verlangt der Weg bis dahin den weiblichen Teenagern eine Menge Mut, Kraft und Energie ab.

So positiv es ist, dass in unserer Gesellschaft keine strikte Rollenverteilung mehr existiert, so kompliziert ist

220

Weiter auf Seite 222

Viele spornen sie sogar dann noch dazu an, sich auf männliches Begehren auszurichten, wenn sie selbst das Scheitern einer Ehe erlebt haben. Mütter, die sich ehrlich prüfen, stellen fast ausnahmslos fest, dass ihr Selbstwertgefühl zum Großteil tatsächlich von ihrer Wirkung auf Männer abhängt – egal, wie erfolgreich sie in anderen Bereichen sein mögen. Eine Selbsteinschätzung, die noch aus den Zeiten stammt, als die Ehe die einzige Existenzsicherung für Frauen war. Wenn ihnen das Dilemma der weiblichen Rolle klar ist, können sie ihren Töchtern auf dem Weg in ein weniger fremdbestimmtes Leben entscheidend helfen. »Mit 14 fing Lilly an, mich sehr hart zu kritisieren«, berichtet eine Mutter. »Sie schlug mir um die Ohren, dass sie manchmal überhaupt nicht wisse, woran sie sei. Ich kann sie verstehen, denn ich bin mal durchaus souverän und gelassen, dann wieder stinksauer, weil die Familie alles auf meinen Schultern ablädt. Lilly will eine starke Mutter, die sich durchsetzen kann. Mir ging plötzlich auf, in welche Zwickmühle ich im Lauf der Jahre gerutscht war und dass ich in ihrem Alter einen ganz anderen Entwurf von mir und meinen Plänen hatte. Jetzt stärke ich ihr den Rücken und ermuntere sie, zu sich selbst zu stehen und sich nicht unterkriegen zu lassen.«

Über die Erinnerung an ihre eigenen Pläne und Träume von früher können Mütter ein tiefes Verständnis für ihre Töchter entwickeln. Sie können ihnen zuhören und sie ernst nehmen und dadurch zu eigenen Standpunkten ermutigen. Sie können mit ihnen gemeinsam nach Formen von Schönheit suchen, die persönliche Eigenarten zulassen und mehr Spiel und Experiment sind als Anpassung an von außen diktierte Ideale. Sie

221

Weiter auf Seite 223

es für Mädchen – und auch Jungen –, die eigene Identität zu finden, gerade weil es keine verbindlichen Normen gibt.

Und warum soll man nicht experimentieren und unterschiedliche Rollen ausprobieren? Am Ende haben die meisten Mädchen klar vor Augen, dass keineswegs nur das äußere Erscheinungsbild zählt. Sie entdecken ihren Ehrgeiz, werden wählerisch, haben ihren eigenen Kopf und erkennen, wie lebenswichtig Leistung, Wissen und sachliche Fähigkeiten sind.

Wichtig ist, dass weibliche Teenager sich nicht überfordern und unter Druck setzen, denn die Identitätsentwicklung braucht einfach Zeit, Selbstvertrauen und Geduld mit sich selbst. Irgendwann werden sie für sich herausfinden, was sich für sie richtig anfühlt und wer sie wirklich sind.

können über ihre eigenen Schwierigkeiten mit ihrer Frauenrolle reden und ihnen dabei die Augen öffnen für die vielen gesellschaftlichen Fallstricke.

Auch Väter haben durchaus die Möglichkeit, ihre Töchter beim Aufbau einer ungebrochenen weiblichen Identität zu unterstützen. Indem sie etwa die Meinungen und Wünsche der weiblichen Familienmitglieder – ob groß oder klein – genauso gelten lassen wie die der männlichen. Indem sie Wissen, Können, Unabhängigkeit und Selbstbewusstsein der Mädchen anerkennen und fördern. Und indem sie ihre Aufmerksamkeit nicht allein auf die wachsende Attraktivität ihres »süßen Töchterchens« konzentrieren.

Alleinerziehenden Müttern mag es leichterfallen, ihre Töchter zu einer von Männern unabhängigen Haltung anzuleiten, aber oft fließen eigene negative Erfahrungen in den Erziehungsstil mit ein, werden Verbitterung und generelle Skepsis gegenüber Männern an die Töchter weitergegeben. Mädchen wird dadurch der Umgang mit dem anderen Geschlecht erheblich erschwert. Für sie ist es fast ebenso wichtig wie für Jungen, vertrauensvollen Kontakt zu Männern in ihrem Umfeld zu haben, um sich ein Bild von männlichen Verhaltensweisen zu machen und die eigene weibliche Identität daneben entfalten zu können.

Auf dem Weg zur Männlichkeit

Ist es für Jungen heutzutage leichter als früher, zum Mann heranzuwachsen? Oder ist es schwieriger geworden, sich in die männliche Rolle hineinzufinden? Einerseits können junge Männer heute heilfroh sein: Die traditionellen Rollenerwartungen aus früheren Zeiten erlaubten wenig Spielraum für Abweichungen vom fest gefügten Männerbild: Weiche, sensible und unsichere Jungen hatten wenig zu lachen, nur die kräftigen, selbstbewussten schlüpften problemlos in die klar umrissene Männerrolle. Andererseits aber wussten junge Männer damals noch, was von ihnen verlangt wurde; es gab keine Zweifel darüber, wie sie sich als Mann innerhalb der Familie, gegenüber Frauen und ganz allgemein in der Gesellschaft zu verhalten hatten. Es war allen klar, was es heißt, ein Mann zu sein.

Das ist heute anders: Die für alle Männer verbindlich vorgeschriebene Rolle existiert nicht mehr, und die Palette männlicher Lebenskonzepte ist groß – ein Mann darf früh, spät oder gar nicht heiraten, er kann zu einem besessenen Karrieristen werden oder zu einem empfindsamen »Frauenversteher«, zu einem unabhängigen Individualisten auf dem Egotrip, dem es allein darum geht, seine Potenziale zu erproben, oder aber zum Familienvater mit einem Vollzeitjob, während die Mutter seiner Kinder vermutlich Teilzeit arbeitet. Die Auswahl ist groß, vielleicht nicht immer konkret im Leben eines jeden, aber durchaus als vorstellbarer Entwurf.

Das macht es für viele so anstrengend, sich in ihre Männerrolle hineinzufinden – die Verschwommenheit und Viel-

224

Weiter auf Seite 226

Immer dann, wenn ihr Kind sich in eine völlig andere Richtung entwickelt, als es ihren Vorstellungen entspricht, stellen sich Eltern die bange Frage: Was haben wir falsch gemacht? Ist ihr Sohn etwa weicher und sensibler, also »unmännlicher«, als sie es für ihn gut finden, fürchten sie, ihn doch zu sehr verzärtelt zu haben. Entwickelt sich der Junge zu einem arroganten Wichtigtuer oder einem blasierten Pascha, fragen sie sich, wie denn ein solcher Männertyp ausgerechnet bei ihnen heranwachsen konnte. Der Vater eines 15-Jährigen: »Wir wollten nie, dass unser Sohn so ein betont maskuliner Typ wird, bei uns interessiert sich auch keiner für das neueste Smartphone, teure Markenklamotten oder andere gängige Statussymbole. Unser Sohn hingegen scheint nichts anderes im Kopf zu haben. In unserer Familie fällt er absolut aus dem Rahmen.«

Der wissenschaftliche Streit darüber, wie unsere Geschlechterrollen zustande kommen, ist noch heute nicht ausgestanden: Wird die Rolle von Männern und Frauen vor allem von Gesellschaft und Familie geprägt, oder sind die geschlechtstypischen Eigenschaften genetisch festgelegt und durch Hormone gesteuert?

Eltern selber machen die Erfahrung, dass eigentlich beide Theorien zutreffen und sich keineswegs ausschließen. Denn sie erleben, dass sie ihr Kind formen und beeinflussen können, es aber gleichzeitig spezifische Persönlichkeitsmerkmale besitzt, die gegen Erziehungsbemühungen absolut resistent sind. Seine Entwicklung zu steuern ist also nur in einem bestimmten Maße möglich. Aber nicht allein wegen seiner genetisch festgelegten Eigenschaften: Schließlich sind schon kleine

225

Weiter auf Seite 227

falt der Rollendefinitionen können schlicht überfordern. Hin- und hergerissen zwischen dem dominanten Typen, der den Ton angibt, die Lage checkt, tatkräftig handelt und sich notfalls auch scharf ins Zeug legt, und den differenzierteren männlichen Verhaltensmustern versuchen die meisten Teenager, ihre Identität herauszukristallisieren.

Schwer tun sich vor allem diejenigen, die mit sich, ihrem Äußeren und ihrem gesamten Auftreten hadern: Selbst wenn sie sich noch so gerne auf die männliche Rolle einlassen würden – was ist, wenn sie klein und schmächtig sind oder dick und ungelenk? Wenn die Freunde sie aufziehen und die Mädchen sich über sie lustig machen? Egal, wie rasant sich die Männerrolle gewandelt haben mag, bestimmte Norm- und Idealvorstellungen bleiben: Die groß gewachsenen, sportlichen und selbstsicheren Jungen haben es auch heute noch am leichtesten. Bei den Mädchen finden sie den ersehnten Anklang, bei den Erwachsenen oft auch.

Selbst wenn Väter sich vom alten Männerbild gelöst haben, Mütter sich einfühlsame und nachdenkliche Söhne wünschen und keineswegs kleine Angeber, die den Mädchen mit typisch maskulinem Gehabe kommen, so haben sich die Eltern deswegen noch lange nicht eindeutig von den klassischen geschlechtstypischen Erwartungen verabschiedet. Die unterschwellige Botschaft an Jungen lautet auch heute noch: Setz dich durch, streng dich an, »steh deinen Mann«, sonst unterliegst du im späteren Lebenskampf.

226

Weiter auf Seite 228

Kinder selbst aktiv und wählen Vorbilder, kultivieren Interessen, Vorlieben und Eigenschaften, auf die Väter und Mütter wenig Einfluss haben. Aus den Medien und dem wechselnden Umgang mit Freunden und Helden in Fernsehserien und Computerspielen suchen die Youngster sich gezielt die Merkmale für sich heraus, die je nach Entwicklungsstufe und Neigung zu ihnen passen, die sie reizen und ihnen auch Halt geben.

Das ist die eine Seite: Jugendliche experimentieren aus eigenem Antrieb mit verschiedenen Rollen, setzen sich persönlich mit Klischees, Trends und verschiedenen Männerbildern auseinander. Heute sind sie noch cool und überlegen, reißen vielleicht Frauen verachtende Witze, und Monate später üben sie zum ersten Mal Selbstkritik, lösen sich von ihrem bisherigen Gehabe und definieren sich neu. Erzwingen können Eltern da gar nichts.

Die andere Seite ist: Selbstverständlich können Erwachsene ihr Kind unterstützen – wenn ihr Sohn sich schwertut mit den Anforderungen, die an ihn als Junge gestellt werden, braucht er besonders viel Verständnis. Wesentlich dabei ist, dass Eltern seine altersgemäßen Bedürfnisse und Möglichkeiten im Blick haben, den Sohn also nicht bedrängen, endlich mehr so wie dieser oder jener seiner gleichaltrigen Freunde zu werden.

Den meisten Müttern und Vätern ist durchaus bewusst, dass es bei der heutigen Vielfalt an Identitätsmodellen für Jungen nicht leicht ist, ihre wahre Identität zu finden – wie hart, wie weich darf ein männlicher Teenager heute sein? Darf er seine femininen Seiten ausleben oder lieber doch nicht? Die Antwort bleibt diffus, tatsächlich spricht die Psychologie von In-

Weiter auf Seite 229

Nach wie vor stellen viele Eltern höhere Leistungsanforderungen an ihre Söhne als an ihre Töchter und werden von Versagensangst geplagt, wenn die Jungen den erwarteten Leistungsansprüchen nicht gewachsen sind. Bereits in der Frühpubertät haben Mütter und Väter das Leben ihres Sohnes als Erwachsener vor Augen und üben dementsprechend Druck auf ihn aus.

Folglich wird bei Jungen auch soziale Aggressivität eher toleriert als bei Mädchen. Schon als Kind waren Schlägereien und aufgeschlagene Knie beim Buben mehr oder minder an der Tagesordnung. Wenn der Sohn heranwächst, soll er zwar nicht mehr raufen, aber er soll sich gleichwohl behaupten und durchkämpfen können – für die Identität eines Mannes sind Erfolg, Geld und Durchsetzungsfähigkeit nach wie vor ausschlaggebend. Schon in der Pubertät bekommen männliche Teenager doppelte Botschaften: Mädchen erwarten, dass der Junge ihrer Träume möglichst überlegen und selbstsicher auftritt. Nur an Einfühlungsvermögen darf es auch nicht fehlen. Der Freund soll der Freundin die Seele streicheln und trotzdem cool und maskulin sein. Jungen stehen also vor geradezu paradoxen Anforderungen. Viele sind überfordert – kräftig, mutig und zugleich hochsensibel zu sein ist keine leichte Rolle.

Gewiss, manche schaffen es ohne Weiteres. Sie machen sich wenig Gedanken und erfüllen unbewusst die an sie gerichteten Erwartungen, oder sie kosten alle möglichen Freiheiten aus, erproben die unterschiedlichsten Verhaltensmuster und finden am Ende zu einer für alle akzeptab-

Weiter auf Seite 230

dentitätsdiffusion. Mädchen haben es, in den Augen vieler Jungen, um einiges leichter. Sie werden gefördert und verstanden, gegen die Benachteiligung von Frauen wird energisch angekämpft. Doch wenn ein Junge sich unverstanden fühlt, vielleicht unter seiner Rolle leidet, findet er nur selten Anteilnahme. Als gestandener Jugendlicher soll er selbst zusehen, wie er im Leben zurechtkommt. Wie Untersuchungen belegen, werden die Probleme von männlichen Jugendlichen selten wirklich ernst genommen, dabei sind psychische Störungen, die sich häufig in aggressivem Verhalten äußern, bei Jungen sehr viel häufiger als bei Mädchen. Nur sprechen Erstere ungern über ihre Nöte, Gefühle zu äußern fällt ihnen schwer, denn noch heute gilt das Prinzip: keine Schwächen zeigen.

Wenn Eltern im eigenen Kind den Menschen sehen, der er wirklich ist, ihn akzeptieren und Verständnis für seine inneren Konflikte entwickeln, bieten sie ihm die größte Chance, der Mensch zu werden, der er werden will.

Und natürlich können Erwachsene Einfluss ausüben: Prägend und für das spätere Rollenverständnis des Sohnes entscheidend ist, wie Vater und Mutter miteinander umgehen und wie die Aufgaben in der Familie verteilt sind. So ist es schwierig, von einem Jungen Verhaltensweisen zu erwarten, die zu Hause nicht vorkommen. Er wird auch schwerlich dazu bewegt werden können, sich so zu entwickeln, wie es sich der Vater dringend wünscht, ohne dass dieser es dem Jungen selbst vorlebt.

Da aber kein Vater in der Lage ist, für seinen Sohn ein ideales, ungebrochenes Vorbild zu sein – denn auch die besten Väter

229

Weiter auf Seite 231

len männlichen Identität. Andere aber geraten ins Schleudern und versuchen, die Schwierigkeiten, die sie mit ihrer Geschlechterrolle haben, zu kompensieren: Vielleicht sind sie so unsicher, dass sie besonders rau und prahlerisch auftreten oder durch waghalsige Mutproben ihre angreifbare Männlichkeit unter Beweis zu stellen versuchen. Möglicherweise haben sie auch Angst, erwachsen zu werden, und trauen sich nicht zu, in der Welt der Männer zu bestehen – sie bleiben lieber noch kindlich und eng an ihre Mutter gebunden. In aller Regel finden sie erst dann zu sich selbst, wenn sie den Schutz des Elternhauses verlassen und es wagen, ohne familiäres Geleit ein eigenes Leben aufzubauen.

sind schließlich fehlbar und zuweilen unsicher, welche männlichen Attribute gelten –, ist die ehrliche Auseinandersetzung zwischen Vater und Sohn unabdingbar: In einer diskussionsfreudigen Beziehung zum Vater erfährt der Sohn, wie Ersterer sein Mannsein erlebt, welche Rollenvorstellungen er besitzt und für welche Werte er sich einsetzt. Letztendlich haben nur Väter, die sich stellen, etwas zu bieten und fördern so auch die Ablösung des Sohnes von der Mutter – ein wesentlicher Entwicklungsschritt zum Erwachsenwerden.

Allein erziehende Mütter stehen deswegen vor einer oft schwierigen Aufgabe. Gerade Jungen brauchen die Vaterfigur als Spiegel ihrer männlichen Identität. Um daher die Nachteile einer zu engen Mutter-Sohn-Bindung auszugleichen, ist wichtig, dass die Mutter Kontakte ihres Sohnes zu Freunden und männlichen Erwachsenen fördert und auch Klarheit findet über sich selbst, ihr Verhältnis zum Vater und zu Männern im Allgemeinen. Denn die Einstellung, die sie ihrem Sohn vermittelt, nimmt er unwillkürlich auf. Selbst wenn der Vater abwesend ist, macht sich jedes Kind ein Bild von ihm, das Teil seiner männlichen Identität wird. Je offener und sachlicher die Mutter mit ihrem Sohn also über den Vater redet, desto leichter fällt es ihm, die Situation und sein Mannsein zu akzeptieren.

Der Hang zum Chillen und Träumen

Wie Wanderer, die in schwierigem Gelände auf dem Weg zum Ziel immer wieder Pausen brauchen, um sich zu orientieren und Kraft zu tanken, legen auch Jugendliche auf der langen, mühsamen Strecke zwischen Kindheit und Erwachsensein Verschnaufpausen ein, in denen sie sich besinnen und Schwung holen für die nächste Etappe. Die ganz normale Entwicklung läuft keineswegs in gleichbleibend zügigem Tempo ab. Phasen von »null Bock« und Passivität gehören dazu, genauso wie Umwege oder zeitweilige Rückfälle in scheinbar schon überwundene Verhaltensweisen aus der Kindheit. Das alles durchaus nicht nur wegen der anstrengenden körperlichen Reifung, sondern auch, weil die Teenager erst Schritt für Schritt mit den wachsenden Ansprüchen an ihren Geist und ihre sozialen Fähigkeiten zurechtkommen müssen.

Viele entdecken jetzt den Reiz des Nichtstuns und klinken sich aus allen bisherigen Interessengebieten aus – nein, sie wollen nicht weiter in die Musik- oder Malschule gehen. Keine Lust mehr! Was sich nach außen als total abgeschlafftes Herumhängen dokumentiert, erfüllt nach innen einen sehr wichtigen Zweck: Für sich allein retten sich die Jugendlichen in die Passivität wie in eine Sicherheitszone, in der sie Schutz finden vor einem Zuviel an Anforderungen. Während sie stundenlang dösen, meistens bei dröhnender Musik, blocken sie alle Einflüsse von außen ab und gewinnen den notwendigen Spielraum, damit sich setzen und festigen kann, was ihr Dasein bisher schon umkrempelte.

Weiter auf Seite 234

Eigentlich ist es eine Binsenweisheit, dass sich ein so komplexes inneres und äußeres Entwicklungsprogramm wie das der Pubertät nicht pausenlos und störungsfrei in rasantem Tempo abspulen kann. Nur wird das längst nicht allen Eltern bewusst, während sie den Werdegang ihrer Teenager miterleben. Sie selber sind den ganzen Tag auf Trab, damit der Familienalltag funktioniert, und ihr Nachwuchs lümmelt derweil jedes Wochenende bis mittags im Bett herum, hängt bei strahlendem Wetter vor dem Computer, empfindet jeden Handgriff als ungeheure Zumutung und will überhaupt nichts, als in Ruhe gelassen zu werden.

Gerade in einer so stark leistungsorientierten Gesellschaft wie der unsrigen fällt es schwer, diese geballte Passivität auszuhalten und sie nicht nur als bodenlose Faulheit oder madenartiges Schmarotzertum zu betrachten. Angenehmer wird die Herumhängerei zwar nicht, aber zumindest doch erträglicher, wenn die Eltern sich immer wieder vor Augen führen, dass dieser »Totstellreflex«, dieses totale Dichtmachen tatsächlich sinnvoll ist, weil sich die Kinder in den Phasen der Windstille innerlich stabilisieren und Energien speichern für den nächsten Entwicklungsschub.

Viele Mütter und Väter meinen, als Erzieher völlig gescheitert zu sein, wenn sie zusehen müssen, wie ihre Kinder alle früheren Interessen über Bord werfen, keine Lust mehr haben, Klavier oder Handball zu spielen, kein vernünftiges Buch mehr anrühren, jede Familienunternehmung angeödet ablehnen und die schwachsinnigsten Fernsehserien zu Kultsendungen erklären. Dann waren wohl alle Anstrengungen für die Katz!?

233

Weiter auf Seite 235

Das Herumhängen mit den Kumpels hat eine ganz ähnliche Funktion, nur macht es den Schutzwall durch die Gemeinsamkeit noch dichter und bietet den Jüngeren außerdem die Möglichkeit, erste Annäherungsversuche an Mädchen zu wagen, für die sie im Alleingang noch nicht genug Mut und Initiative aufbringen könnten.

Ob in der Schule, im Bus oder am Mittagstisch – Pubertierende hocken oft da und träumen mit offenen Augen, ohne zu registrieren, was um sie herum geschieht. Die Tagträume helfen vielen, die neuen, irritierenden Erfahrungen und Empfindungen zu verarbeiten, das Zurückliegende zu verabschieden und das Kommende ins Auge zu fassen. In diesen Träumen ist Platz für plötzlich auftauchende Erinnerungen an die Kindheit und für Fantasien von noch nicht erfüllbaren Möglichkeiten. Während sich manche in der Wirklichkeit klein und hilflos fühlen, sind sie in ihren Träumen stark, attraktiv und unanfechtbar. »Probehandeln« nennen das die Psychologen. Andere blenden sich einfach aus dem Alltag aus, weil die Wirklichkeit ihnen zu große Probleme bereitet, weil sie mit den Veränderungen ihres Lebens nicht klarkommen oder keine verständnisvollen Gesprächspartner finden. Tagträume werden dann zu Fluchtwegen in eine weniger komplizierte, weniger schmerzhafte Realität. Häufig wirken diese Träumer dauernd zerstreut und geraten leicht in Schulschwierigkeiten.

Jeder Schritt in Richtung Erwachsenwerden ist ein Schritt weg vom vertrauten Gelände der Kindheit. Die

234

Weiter auf Seite 236

Das Gefühl, pädagogische Nieten zu sein, lässt Erwachsene oft besonders gereizt reagieren oder zu Druckmitteln greifen, um ihre Ziele durchzusetzen – und schon tobt der schönste Machtkampf. Natürlich gibt es dafür keine Garantie, aber die Mehrzahl der Jugendlichen taucht doch nach einer Weile aus der Abschottung wieder auf – mit Interessen, mit Engagement, mit Kritikfähigkeit, wenn auch vielleicht in veränderter Form. Eltern haben deshalb durchaus Grund, Vertrauen in ihre erzieherische Vorarbeit zu setzen.

Auch Tagträumer strapazieren die Geduld ihrer Umgebung meistens gewaltig. Termine, Pflichten, Absprachen, alles rauscht an ihnen vorbei, weil sie sich gerade in ihren Fantasiewelten tummeln. Die Folgen: Missverständnisse, Ärger, schlechte Noten, Kräche … Vielen Eltern hilft es, für die geistige Abwesenheit ihrer Kinder mehr Verständnis aufzubringen, wenn sie wissen, dass keine Böswilligkeit oder bewusste Abkehr dahintersteckt, dass die Jugendlichen vielmehr Träume brauchen, um sich mit dem permanenten Wandel ihres Lebens auseinanderzusetzen, dass sie so Gefühle von Glück und Lust erzeugen, entspannen, Aggressionen und Enttäuschungen abbauen können.

Väter und Mütter sind oft beunruhigt, wenn ein Teenie plötzlich wieder das Kleinkind spielt. So ein langer Lulatsch und so kindisch! Ob das normal ist? Aus psychologischer Sicht hat der zeitweilige Rückschritt in den sicheren Hafen der Kindheit gewöhnlich nichts Besorgniserregendes, sondern die gleiche Funktion wie Herumhängen und Träumen, nämlich Mut und Energie zu sammeln, bevor es weitergeht. Eltern können

235

Weiter auf Seite 237

Instabilität und Ungewissheit ihrer Situation lösen bei manchen Jungen und Mädchen die Sehnsucht aus, noch einmal einzutauchen in die vergangene Sicherheit und Geborgenheit. Einige nehmen vorübergehend längst abgelegte Kleinkindgewohnheiten wieder auf, verschlingen die früher so geliebten Gummibärchen, rubbeln am Ohrläppchen, wollen kuscheln, drücken sich in die »Kinderritze« im Bett der Eltern. Vor allem früh entwickelte oder besonders groß geratene Jugendliche, die von ihrer Umgebung schnell überfordert werden, verkriechen sich oft für eine Weile in solche Kindchenposen. Wie Balsam wirkt die Illusion, wieder klein und behütet zu sein. Andere suchen – unbewusst – Zuflucht in einer Krankheit, um sich noch einmal bemuttern und umhegen zu lassen, einfach auszuruhen, bevor sie sich erneut auf den Weg machen.

also ruhig mitmachen beim Kleinkind-Zwischenspiel und noch einmal kräftig Wärme und Zärtlichkeit zuschießen.

Obwohl all diese Verhaltensweisen für die Pubertät charakteristisch und im Prinzip nicht Besorgnis erregend sind, ist es wichtig, dass die Erwachsenen sich nicht abwenden – genervt oder resigniert – und die Kinder einfach gewähren lassen. Denn manchmal schlägt die scheinbar alterstypische Pose in ein Signal seelischer Not um. Statt »nur« herumzuhängen, versinken die Kids in tagelangen Grübeleien, haben überhaupt keine Außenkontakte, entwickeln keinerlei Eigeninitiative oder klammern sich an die Kindchenrolle. Aufmerksamen, liebevollen Begleitern gelingt es leichter, eventuell dahintersteckende psychische Probleme (siehe Seite 397) aufzudecken.

Bin ich schön?

Mindestens 20 Minuten verbringt Lena, 15 Jahre alt, morgens vor dem Spiegel, bevor sie zur Schule aufbricht. Ungeschminkt und womöglich in einem falschen Outfit in der Klasse aufzutauchen kommt überhaupt nicht infrage. Man würde sie komisch angucken und garantiert über sie herziehen, denn wer nicht in angesagter Form auf sein Äußeres achtet, gehört nicht dazu.

Und am Wochenende, wenn Lena abends ausgehen will, braucht sie schon mal ein, zwei Stunden, bis das gesamte Beautyprogramm stimmt: die Garderobe, die Frisur, das Make-up, die Maniküre. Für Lena ist das ganz normal, ihre Freundinnen sind ebenso eitel, auch sie folgen den gleichen rigiden Schönheitsidealen. Das artet meistens in Stress aus: Jede Anprobe ein neuer Verzweiflungsanfall, immer größer die Klamottenberge, die sich auf dem Boden türmen. »Bin das wirklich ich? Dieses Mädchen da im Spiegel?« Nervös flitzt Lena hin und her zwischen Bad und Schlafzimmer, probiert dies an, dann das und wieder etwas anderes. »Wieso, das sieht doch toll aus!«, wagt sich die Mutter vorsichtig vor. Doch vergeblich: »Du checkst überhaupt nichts – so mache ich keinen Schritt vor die Tür.« Noch einmal posiert Lena vor dem Spiegel, fährt sich durch die sorgfältig geglätteten, schulterlangen Haare. Endlich stimmt das Erscheinungsbild: Diesmal hat sie sich für einen türkisfarbenen Kajalstrich am Unterlid entschieden, denn so wirken ihre, wie sie findet, zu kleinen Augen optisch größer; der Lidschatten in Fliederton, dick aufgetragene Wimperntusche, zarter Lipgloss, weinrote Nägel

Weiter auf Seite 240

Hand aufs Herz – sind wir Erwachsenen nicht auch von der Putzsucht befallen, betreiben wir nicht Imagepflege, stapeln Frauen nicht haufenweise Kosmetika und versuchen, jung und schick auszusehen? Auch wir erleben, dass Kleidung Leute macht und Identitätsgefühle stiftet. Nur sind wir meist moderater als unsere Kinder. Denn ihr Selbst ist noch keineswegs stabil, sie müssen experimentieren und vor dem Spiegel herumprobieren, um sich an den Kern ihrer Wünsche heranzutasten. Eben war noch Irokesenschnitt cool, kurz darauf der asymmetrisch rasierte Sidecut; mal sind die Ponys steil nach oben gegelt, mal hängen sie wuschelig über der Stirn. Nun ja, denken sich Eltern.

In ihrer alterstypischen Egozentrik glauben Jugendliche sowieso, alle Augen seien ständig auf sie gerichtet: Die wechselnden Posen und Selbstinszenierungen, ihre oft seltsame Befangenheit und die fieberhafte Beschäftigung mit dem eigenen Aussehen zeigen nur, wie sehr sie sich von einer *imaginary audience*, wie Psychologen es genannt haben, also von einem »eingebildeten Publikum«, unter die Lupe genommen fühlen – ihnen ist, als würde die Außenwelt sie genauso aufmerksam beobachten, wie sie es selbst tun. Doch im Lauf der Pubertät werden sie souveräner. Denn sobald sie erleben, dass sie trotz krummer Nase oder dickem Po gemocht werden und man sie annimmt, wie sie sind, mit Fehlern und Makeln, gewinnen sie an Sicherheit.

Wenn der äußere Schein an Gewicht verliert, finden Teenager auch wieder die Kraft, unbefangener auf andere zuzugehen, und werden nicht mehr ausschließlich von ihrem eigenen

239

Weiter auf Seite 241

mit weißem Halbmond; diskreter Glanzpuder. Ein Push-up-BH, lässiges, weich fallendes Top über knallengen Leggings, High Heels. Perfekt! Oder doch nicht? Zu gewagt? Was werden die Freundinnen sagen? Lena schwankt, wie so oft, zwischen Hochstimmung und Selbstzweifeln.

Eltern wissen tatsächlich oft nicht, welchen Stellenwert das Äußere für viele pubertierende Kinder besitzt. Vor dem Spiegel versuchen Teenager herauszubekommen, wie sie sein möchten, wie sie wirken, wie die anderen sie sehen. Das »richtige« Outfit lindert außerdem Minderwertigkeitsgefühle, stärkt das Selbstbewusstsein und hilft, dem latenten Frust über leidvolle Figurprobleme beizukommen. Sie mag zwar trügerisch sein, die Sicherheit, die durch viel Schminke, die penibel gewählten Klamotten und alle möglichen Frisuren zur Schau getragen wird, aber wenigstens schützt sie vor allzu großer Verletzlichkeit.

Auf ihre Art sind Jungen kaum weniger auf ihr Äußeres bedacht als Mädchen, auch sie wollen es draufhaben und basteln an ihrem Erscheinungsbild. Viele stehen auf angesagte Skinny-Jeans, ältere greifen zur Nerdbrille, und fast alle experimentieren mit unterschiedlichen Haarschnitten. Mal finden sie den Irokesenschnitt oder den Undercut mit abrasierter Seiten- und Nackenpartie cool, tragen den Pony mal nach hinten gegelt, dann wieder wuschelig über der Stirn. Nicht wenige Jungs trainieren ihren Körper gezielt, um Muskelkraft und Waschbrettbauch vorzeigen zu können – auch sie eifern Schönheitsidealen nach, die

240

Weiter auf Seite 242

Ego absorbiert. Doch bis es so weit ist, sollten Eltern möglichst vermeiden, sich über die Eitelkeit ihres Kindes und dessen Dauersorge um Outfit und Frisur lustig zu machen, denn dieses ist extrem empfindlich und (noch) keineswegs in der Lage, über sich selbst zu lachen.

ihnen Anerkennung bei den Kumpels verschaffen und den Mädchen imponieren.

Ob Junge oder Mädchen: Aufzutreten in dem »Look«, auf den man gemeinsam mit seinen Freunden steht, heißt auch, sich ein wenig von der Geborgenheit zurückzuholen, die durch den Prozess der Ablösung von zu Hause ins Wanken geraten ist. Man will sich ja absetzen von den Eltern, einen persönlichen Stil entwickeln, Individualität demonstrieren und vielleicht auch durch eine möglichst schrille Aufmachung schockieren, doch vorzugsweise gemeinsam mit Gleichgesinnten – das gibt den nötigen Halt.

Außerdem signalisiert die äußere Erscheinung Zugehörigkeit entweder zur eigenen Clique oder einfach zu einem aktuellen Trend, dem es nachzueifern gilt und mit dem man sich unbedingt identifizieren möchte.

Mode und shoppen: Welches Label muss es sein?

Sie verabreden sich zum Shoppen und wissen genau, wo sie ihre Lieblingsteile finden. Was angesagt ist und was nicht, wird im Freundeskreis ausgemacht. Welche Marken müssen sein? Welche Farben sind im Trend? Was geht gar nicht? Was gilt als cool?

Das richtige Outfit zu besitzen ist entscheidend fürs Image. Der perfekte Look garantiert nicht nur bewundernde Blicke und die erwünschten Kommentare, er stellt auch ein Statussymbol erster Kategorie dar. Es geht um topaktuelle Stiefel oder Kultsneakers, um die It-Bag, die riesige Sonnenbrille, »destroyed« Jeans mit Rissen und Löchern – der Markenfetischismus lässt nichts aus. Die bemerkenswerten Preise scheinen für viele Jugendliche kein Hindernis zu sein, im Gegenteil: je teurer, desto prestigeträchtiger. Um in der Gruppe mithalten zu können, werden beim Shoppen oft die letzten Taschengeldreserven ein- und die Eltern unter Druck gesetzt.

Mode war schon immer das beste Mittel zur Selbstinszenierung. Das Outfit signalisiert, wie man sich selbst sieht und vor allem gesehen werden möchte. Besonders in der Zeit gravierender körperlicher und geistiger Umschwünge haben aber die wenigsten Teenager eine genaue Vorstellung davon, wie sie sein und erscheinen wollen. Noch ist ihr Körpergefühl viel zu instabil, um einen eigenen Stil zu ermöglichen. Und das macht viele von ihnen so anfällig für die gezielten Werbekampagnen der Modeindustrie, die mit immer neuen Studien über Lebensgefühl und Konsumverhalten der Jugendlichen versucht, mög-

Weiter auf Seite 246

Der Konsumanspruch ihrer Kinder macht vielen Eltern schwer zu schaffen. Auch modisch Interessierten unter ihnen leuchtet es nicht ein, warum Teenager plötzlich nur noch sündteure Markenkleidung akzeptieren, obwohl genau das Gleiche auch in preiswerterer Ausführung zu haben wäre. »Du hast eben keine Ahnung«, heißt es dann abfällig. Keine Ahnung? Vielleicht schlicht nicht den Willen, viel Geld in Stücke zu investieren, die übermorgen entweder zu klein oder »out« sind, vielleicht auch einfach nicht die finanziellen Mittel, die kostspieligen Wünsche der Jugendlichen zu erfüllen. Manche Väter und Mütter legen sich tatsächlich krumm für die Statussymbole ihrer Kinder, um ihnen abschätzige Bemerkungen und schiefe Blicke zu ersparen, oder einfach nur, um sich Konflikte vom Hals zu halten; andere versuchen sich »freizukaufen«, weil sie für ihren Sprössling zu wenig Zeit haben. Aber vielen bereitet das Anspruchsdenken ernsthafte Sorgen: Soll etwa Konsum das oberste Lebensziel sein? Wer garantiert den Jugendlichen, dass sie sich als Erwachsene alles leisten können? Wie sollen sie lernen, auch mit Engpässen klarzukommen? Und könnte die teure Ausstaffierung ihrer Kinder auf andere, minder Privilegierte nicht provozierend wirken?

Gerade während der Pubertät ist es wichtig, den Geschmack und die Vorlieben der Jugendlichen zu respektieren. Sie wollen selbst bestimmen, was sie gut finden, und einen deutlichen Kontrast zur Erwachsenenwelt schaffen. Deshalb mögen sie es meist überhaupt nicht, wenn Mutter oder Vater ähnlich gestylt sind wie sie und auf jugendlich machen. Teenager brauchen ihren eigenen Stil. Lieblingsmarken heben außerdem das An-

245

Weiter auf Seite 247

lichst nahe am Ball zu bleiben. Angesagte Marken geben ihren Trägern das Gefühl, unanfechtbar zu sein, dazuzugehören, und verschaffen ihnen nicht selten sogar besondere Attraktivität beim anderen Geschlecht. Für die meisten ist der Markenkult eine wichtige Möglichkeit, ihre Individualität zum Ausdruck zu bringen, zumal man auch jede neue Erwerbung sofort als Selbstinszenierung an Freunde ins soziale Netzwerk posten kann.

Casting-Shows

In Model-Castingshows wird Mädchen heute vorgeführt, dass es nicht reicht, schön und schlank zu sein und der Konkurrenz standzuhalten. Die eigene Leistung und die der anderen werden einem permanenten Feedback unterzogen. Wer vorwärtskommen, erfolgreich sein will, muss stark sein und es aushalten, ständig bewertet zu werden, und immerzu an seinem Ich arbeiten. Nur wer das will, ist professionell genug, um erfolgreich zu sein.

sehen in der Gruppe, vermitteln Sicherheit und ein richtig gutes Lebensgefühl.

Aber: Wie kann man sie dabei vor zu großem Einfluss raffinierter Marketingstrategen und übersteigerten Ansprüchen bewahren? Was tun, wenn schon 12-Jährige, die mit Einwilligung der Eltern ihr erstes Girokonto eröffnet haben, in Kaufrausch geraten? Wenn die Teenager Geschäfte anpeilen, denen eine Unterschrift genügt und die mit Lastschriftverfahren arbeiten, sodass das Taschengeld- bzw. Guthaben-Konto einfach überzogen wird? Nach Meinung erfahrener Eltern allein durch Wachsamkeit und Konsequenz: »Ich setze Limits für jedes Teil«, erzählt eine Mutter. »Dann hagelt es vielleicht kurzfristig heftigen Protest, aber der Familienfrieden ist daran bislang keineswegs zerbrochen.«

Piercings, Tattoos und Schönheits-operationen

In der Pubertät ist der Drang, noch attraktiver, noch interessanter auszusehen, aufzufallen und Neues auszuprobieren, gewaltig. Die 16-jährige Natalie will sich unbedingt einen Vogel mit breit ausgestreckten Flügeln auf die rechte Wade tätowieren lassen. Einerseits findet sie so ein Tattoo total reizvoll, es wird bestimmt Aufmerksamkeit provozieren und von ihren Freunden bewundert werden. Es ist ein Eyecatcher, der ihre Besonderheit markiert. Andererseits sucht sie den Kick. Sie weiß, wie schmerzhaft es ist, sich ein Tattoo in die Haut stechen zu lassen. Eine Freundin musste bei der Prozedur festgehalten werden, so stark erzitterte ihr gesamter Körper unter den Schmerzen. Doch das schreckt Natalie nicht ab, sie nimmt die Qual in Kauf. Es reizt sie sogar, dem Schmerz die Stirn zu bieten – es kommt einer Mutprobe gleich, die das Tattoo erst recht zur Attraktion macht.

Natalies Eltern haben starke Bedenken. Ihr Wunsch nach einem Tattoo sei eine dumme, inakzeptable Marotte, sagen sie: »Weißt du überhaupt, wie schwierig, schmerzhaft und auch teuer es ist, ein Tattoo wieder zu entfernen? Oder willst du vielleicht dein Leben lang damit rumlaufen? Wie peinlich!« Die elterlichen Argumente prallen zwar an Nathalie ab, da aber Jugendliche unter 18 Jahren die Einwilligung eines Erziehungsberechtigten vorlegen müssen, wenn sie sich tätowieren lassen, ist sie bereit zu einem ausgiebigen Gespräch. Die Erwachsenen verstehen die Beweggründe ihrer Tochter dann doch. So stark ist ihr Wunsch nach einer persönlichen Note, nach einem urei-

Weiter auf Seite 250

Natürlich können Eltern ihrem Kind verbieten, sich zu tätowieren oder piercen zu lassen. Nur – was tun, wenn es trotzdem immer neu damit ankommt, wenn es sich also offensichtlich nicht um eine vorübergehende Anwandlung handelt, sondern um einen glühenden Wunsch, der sich weder übergehen noch wegfegen lässt? Bei einem Verbot besteht die Gefahr, dass sich der Teenager womöglich heimlich zu einem Pfuscher begibt, der wenig Wert auf Hygiene legt und auch ohne die Einwilligung eines Erziehungsberechtigten loslegt.

In dieser Situation ist das elterliche Einfühlungsvermögen gefragt. Erkennen sie, weshalb ihr Kind sich unbedingt tätowieren oder piercen lassen will, können sie entsprechend reagieren. Geht es ihm vor allem um ein exotisches Modeaccessoire, oder leidet es vielleicht unter mangelndem Selbstwertgefühl? Versucht es die fehlende Anerkennung Gleichaltriger durch auffallenden Körperschmuck zu kompensieren? Dann müssten Mütter und Väter darüber nachdenken, wie sie ihr Kind stärken und sein Selbstvertrauen festigen können. Denn weder Tattoo noch Piercing helfen gegen Minderwertigkeitsgefühle, und wenn, dann nur sehr kurzfristig. Die Entscheidung für eine sogenannte Body-Modification muss wohlüberlegt sein.

Grundsätzlich gilt: Bevor sich ein Jugendlicher, aus welchen Motiven auch immer, tätowieren oder piercen lässt, ist es extrem wichtig, informiert zu sein über die Risiken und die Komplikationen, die auftreten können. Mangelnde Hygiene kann zu Entzündungen und Infektionen führen. Bestimmte Farbstoffe können bei Tätowierungen Allergien und auch an-

249

Weiter auf Seite 251

genen Schönheitsmerkmal, dass sie einwilligen. Am Ende einigen sie sich auf einen diskreten, unter der Kleidung leicht zu verbergenden Stern auf der Schulter.

Ob sich Jugendliche piercen oder tätowieren lassen, die Beweggründe sind meistens ähnlich: Verschönerung, sexy aussehen, die Individualität betonen, etwas wagen und sich exponieren. Ein Junge mit einem Ring in der Augenbraue, ein Mädchen mit einem glitzernden Stein im Nasenflügel – oder gar einem Zungenpiercing – erregen Aufmerksamkeit und bei den Erwachsenen oft Anstoß. Auch darum geht es: Die Elterngeneration zu schockieren ist ein geiles Gefühl!

Um etwas ganz anderes geht es bei dem Wunsch nach einer Schönheitsoperation: Die Nase ist viel zu groß, die Ohren stehen ab, der Busen ist riesig und unförmig – ist ein chirurgischer Eingriff nicht die einzige Rettung? Tatsächlich fühlen sich vor allem Mädchen geradezu entstellt, sehen im Spiegel nur noch den Zinken im Gesicht, den Ballast ihrer Brüste, die Segelohren, die sie verzweifelt versuchen unter langen Haaren zu kaschieren. Sie schämen sich ihres Aussehens und würden sich am liebsten vor der Welt verstecken. Der Druck nach Vollkommenheit ist enorm, und das Bedürfnis, die »Makel« operativ zu beheben, wird immer stärker.

dere Abwehrreaktionen auslösen. Minderwertiger, insbesondere kobalt- oder nickelhaltiger Körperschmuck kann ebenfalls zu allergischen Reaktionen führen. Piercing-Schmuck sollte aus Gold, Platin oder Titan sein. Wertvolles Material ist teuer, doch billiges verfärbt sich schnell und muss oft ersetzt werden. Ganz wichtig ist es, nur einen Tätowierer mit Hygiene-Zertifikat aufzusuchen. Sämtliche Produkte müssen von der Tätowierungsmittelverordnung zugelassen sein. Jede Nadel muss steril sein, der Piercing-Schmuck ebenfalls. Und: Nach einer frischen Behandlung ist ausgiebiger Kontakt mit Wasser tabu.

Nicht zu vergessen: Die Kosten für das Weglasern von Tätowierungen sind extrem hoch, die Behandlung ist langwierig, am einfachsten ist es, wenn die Tätowierung nur aus Schwarz und Blau besteht. Und: Piercings können nach dem Entfernen von Ringen, Knöpfen oder Steinen Narben hinterlassen.

Im Gespräch über das Für und Wider eines Eingriffs sollten Eltern den Wunsch des Kindes unbedingt ernst nehmen, also keinesfalls lächerlich machen. Vielleicht können sie den Teenager doch noch umstimmen oder zumindest überreden, noch eine Zeit lang zu warten. Vermutlich schöpft der Sohn sein Selbstbewusstsein dann aus anderen Quellen, die Tochter verändert ihre Attraktivitätskriterien. Andere Prioritäten werden wichtiger.

Und nun zum Thema Schönheitsoperationen: Die Eltern, vor allem die Mütter leiden mit ihrem Teenager, wenn er oder sie sich selbst nicht ausstehen kann. Sie versuchen alles, um das Selbstbewusstsein von Sohn oder Tochter zu stärken: Eine markante Nase sei doch interessanter als ein putziges

251

Weiter auf Seite 253

Stupsnäschen, und es käme doch auf die persönliche Ausstrahlung und die Persönlichkeit an. Das ist zwar richtig, doch einem Teenager, der unter seinem negativen Selbstbild leidet, helfen solche Weisheiten meist nicht weiter. Manchmal bedarf es psychologischer Beratung, damit er nach einigen oder auch mehreren Sitzungen in der Lage ist, sich selbst und sein Aussehen zu akzeptieren. Das Bild von sich selbst wird differenzierter, und irgendwann kann etwa ein Mädchen mit einem Lachen Sätze sagen wie: »Meine Nase ist zwar nicht die schönste, aber schaut euch meine strahlenden Augen an! Und blöd bin ich auch nicht!«

Wenn ein Mädchen allerdings über ihren gewaltigen und bleischweren Busen anhaltend verzweifelt ist, könnte ein chirurgischer Eingriff – nach dem 19. Geburtstag, wenn die Brust ihre endgültige Form erreicht hat – tatsächlich der sinnvollste Weg sein.

Eine Operation ist immer ein schwerer Eingriff. Niemals darf das für die Phase der Pubertät charakteristisch labile Selbstwertgefühl, gekoppelt mit einem Schönheitsideal, der Grund sein, sich unters Messer eines Schönheitschirurgen zu legen.

Mal himmelhoch jauchzend, mal zu Tode betrübt: Achterbahn der Gefühle

Gerade haben sie noch gekichert, waren richtig gut drauf und total happy, als unvermittelt und abrupt die Stimmung kippt. Übellaunig und düsteren Blickes wenden sie sich ab und verkriechen sich in ihr Zimmer. Wer nach Gründen fragt, bekommt eine Abfuhr: »Lass mich in Ruhe!« Vielleicht hat sie eine scharfe Kritik der Eltern zutiefst getroffen oder ein aus Sicht eines Erwachsenen so unbedeutendes Erlebnis, dass sie sich nicht trauen, ein einziges Wort darüber zu verlieren. Womöglich belastet sie auch eine diffuse Traurigkeit über die Ungerechtigkeiten in ihrem Leben und die gigantischen Ansprüche ihrer Umwelt.

Solche Gefühlszustände sind nicht außergewöhnlich, denn Teenager sind schließlich noch in hohem Maße idealistisch, extrem kränkbar und verletzlich. Das ist auch gut so, denn dadurch, dass sie sich den Wechselbädern unterschiedlichster Gefühle hingeben, setzen sie sich unwillkürlich mit sich selbst, ihren persönlichen Empfindlichkeiten, ihren Reaktionsmustern und ihren Erwartungen auseinander. Erst mit der Zeit, durch die Vielzahl an Erfahrungen gereift, werden sie lässiger und entwickeln mehr Distanz zu sich selbst.

Doch bis es so weit ist, liegen Hochs und Tiefs dicht nebeneinander: Da hebt der Jugendliche ab vor Übermut, weil ihm die Welt offensteht, der (oder die) Richtige hat sich endlich gemeldet, oder die »geilste« aller Partys steigt. Und dann sinkt er in sich zusammen, weil ihm irgendeine Kleinigkeit in die Quere kommt. Denn da erlebt er, dass er

Weiter auf Seite 256

Die unglaubliche Reizbarkeit heranwachsender Kinder, ihre Launen und ihre Unberechenbarkeit bringen so manches Elternpaar an den Rand ihrer nervlichen Belastbarkeit. Nicht verwunderlich, dass die jugendlichen Mimosen dann Sätze zu hören bekommen wie: »Was hast du denn jetzt schon wieder?«, »Nimm dich doch bitte zusammen!« oder »So tragisch ist das doch nun auch wieder nicht!«

Bevor Eltern sich aber von den Stimmungsschwankungen ihrer Kinder völlig aus der Fassung bringen lassen, hilft es, sich vor Augen zu führen, wie schwierig es ist, erwachsen zu werden, den Umbau im Gehirn und die hormonelle Umstellung zu bewältigen. Da gilt es auch, sich mit den verwirrenden Veränderungen des Körpers auseinanderzusetzen, wobei fast jeder Jugendliche mit seinem Aussehen hadert, selbst wenn das Äußere noch so gelungen ist. Da heißt es, mit der Unsicherheit fertigzuwerden angesichts ständig steigender Erwartungen von außen. Und vor allem steht das Ziel an, selbstständig und unabhängig zu werden. Doch welcher Teenager weiß schon von vornherein, wie die Selbstständigkeit im Einzelnen aussieht und wohin sie führt? Nur eines spürt er ständig: Unabhängigkeit ist anstrengend und führt weg von den Eltern. Und sich ohne ihren gewohnten Schutz bewähren zu müssen ist keine leichte Aufgabe – Zerrissenheit und Stimmungsschwankungen, das Leben zwischen zwei Welten, sind also nur natürlich. Es ist daher am besten, wenn Eltern das akzeptieren, Wut und Trauer lassen sich durch Vorhaltungen sowieso nicht aus der Welt schaffen. Gefragt ist jetzt das Verständnis der Großen. Dass sie nicht ermahnen, sondern mitfühlen und akzeptieren,

255

Weiter auf Seite 257

doch nicht unbesiegbar ist, sondern unvollkommen und den Widrigkeiten des Lebens ausgesetzt. Wer kann das schon akzeptieren mit 14 oder 15?

Was meistens hilft, ist möglichst zu akzeptieren, dass Stimmungsschwankungen zum Leben dazugehören – nicht nur während der Pubertät. Auch Lehrer und Eltern sind mal gut drauf, lustig und voller Schwung, dann wieder übelgelaunt, gereizt und absolut unzufrieden. Jugendliche können ein Lied davon singen. Zu erleben, dass auch Erwachsene zuweilen mit sich und der Welt hadern, kann zwar unerfreulich sein, doch zumindest zeigt sich: Emotionale Tiefs sind normal, genau so wie die Hochs, die man dann doppelt genießt.

dass Heranwachsende manche Tage als besonders schlimm empfinden – einfach so, ohne besonderen Grund. In solchen Momenten voller Selbstzweifel scheint die Welt unterzugehen. Dass die Traurigkeit wieder vorbeigeht, können sie sich kaum vorstellen. Damit sich der Kummer nicht in die Seele eingräbt, brauchen sie liebevolle Tröster, die Geduld mit ihnen haben. Die Gewissheit, dass sie sich notfalls bei den Eltern ausheulen oder zumindest gehen lassen dürfen, hilft den Kindern noch am meisten. Und nicht vergessen: Teenager »jauchzen« ja auch wieder, und zwar mit Inbrunst!

Ängste gehören einfach dazu

In unseren Zeiten, da vor allem Leistung und »Selbstoptimierung« im Vordergrund stehen, ist Angst verpönt. Dabei ist Angst ganz natürlich und hat ihren Sinn, denn sie schützt vor Waghalsigkeit, veranlasst uns, auf der Hut zu sein. Und Vorsicht ist – nicht immer, aber oft – von Nutzen. Ein normales Maß an Angst gehört also zum Leben. Fragt sich nur, was ein normales Maß ist. An diesem Punkt scheiden sich die Geister. Ängstliche Gemüter unter den Eltern packen ihren Sohn, ihre Tochter gerne in Watte und lassen das Kind kaum aus den Augen. Das hat meist zur Folge, dass es später als Teenager, als Erwachsener ebenfalls schnell in Angst und Schrecken geraten wird. Geht eine Mutter zum Beispiel außergewöhnlich ängstlich mit dem Thema Krankheit um, fürchtet sie bei jeder Erkältung, dass sich das Infektchen zu einer Lungenentzündung auswachsen könnte, dann reagiert sie auf jedes Hüsteln mit Anspannung. Ihr Kind spürt diese Angst, übernimmt sie, und das hat zur Folge, dass es wahrscheinlich ebenfalls jeden Schnupfen als schweren Infekt empfinden wird. Wagemutigere Eltern geben ihrem Sprössling hingegen mehr Kraft und Wurschtigkeit mit auf den Weg. Es gibt aber auch angeborene Unterschiede in puncto Angst. So reagieren manche Kinder von Anfang an hyperempfindsam, sehen beängstigende Situationen mit feinstem Gespür frühzeitig auf sich zukommen. Wenn sich Teenager mit Ängsten herumschlagen – und das ist während der Pubertät keine Seltenheit –, dann haben diese Empfindungen also wahrscheinlich eine lange Vorgeschichte.

In letzter Zeit hatte Anne oft Angst – ein eigenartiges, unangenehmes Gefühl, ein Flattern in der Magengrube. Einmal war die Angst so quälend, dass sie zu weinen begann. Wieso sie Angst habe und warum, fragten ihre Eltern. Anne wusste nicht, wieso und warum, sie kannte die Ursache nicht. Kann das Erwachsenwerden Angst machen? Es kann. Auf Teenager kommt viel Neues, Schönes, aber auch Unheimliches zu, und diese vielen neuen Eindrücke, Gedanken und Gefühle sind schwer zu verkraften.

So groß sie tun, so klein fühlen sich Teenager oft mit ihren 13, 14 Jahren. Liebe, Zärtlichkeit, Geborgenheit, Zeit zum Zuhören – was zu Kinderzeiten ein Trost war, hilft auch heute noch. Cool auftretende Jungs und gestylte Girlies lassen sich zwar oft nicht mehr gerne in den Arm nehmen, sind aber bereit, sich auf andere Art und Weise trösten zu lassen. »Wenn ich mich mies fühle, gehe ich am liebsten in die Badewanne und genieße es, wenn meine Mutter auf einem Stühlchen neben der Wanne hockt und wir in aller Ruhe ratschen – also nicht unbedingt über das sprechen, was mir Probleme macht, sondern über irgendetwas Alltägliches!«, erzählt Christine, 17. Was außerdem helfen kann: zusammen Pizza essen zu gehen, Ruhe und Entspannung in den Alltag zu bringen, eine Atmosphäre herzustellen, die zum Reden animiert.

Die Familie ist oft auch Quelle der Ängste. Auf Strenge, harsche Kritik und übermäßigen Druck reagieren Jugendliche nicht selten mit Überanpassung und Ängsten. Viele Ängste geben sich, wenn der Druck nachlässt, wenn zu Hause weniger von Leistung gesprochen, sondern mehr Spaß zusammen erlebt wird.

Mit Ängsten richtig umgehen

Manche Jungen, vor allem jene, die unsicher sind und sich nicht ganz wohlfühlen in ihrer Haut, machen sich wichtig, indem sie die Mädchen hänseln und auslachen, worauf sich die Mädchen dann spitz und übel gelaunt zu wehren versuchen. Das Hickhack verursacht oft Kränkungen, die nicht so schnell vergessen werden. Wer nicht fest und gut geerdet auf dem Boden steht – während der Pubertät gerät mancher ins Wanken –, reagiert äußerst empfindsam auf solche Verletzungen. Da geht eine 15-Jährige quer über den Schulhof. Sie wird von einer Gruppe Mitschüler beobachtet und von einem Wichtigtuer angepöbelt: »Auch schon mal bessere Beine gesehen!« Die Bemerkung sitzt. Die Wahrscheinlichkeit, dass das Mädchen locker und selbstsicher über diese Unverschämtheit hinweggehen kann, ist sicher gering. Wahrscheinlicher ist, dass sie in Zukunft den Gang quer über den Hof vorbei an den dreisten Jungen fürchten wird. Was macht Heranwachsenden eigentlich vor allem Angst? In erster Linie wird Schulversagen genannt. Außerdem: Kritik an Aussehen und Kleidung, Krankheit, Verlust der Selbstbeherrschung, zu hohe Erwartungen der Eltern, Mangel an Verständnis von Freunden, Konkurrenzdenken, Ausgrenzung, Niedermachen. Wie gehen Jugendliche mit Angst um? Jeder versucht irgendwie, damit fertigzuwerden, jeder auf seine Art. Häufige Abwehrmechanismen sind die Situation, die Angst macht, zu verdrängen, das Erlebnis in die Tiefen der Seele zu verbannen und schnell zu vergessen. Oder einfach nicht zur Kenntnis zu nehmen, drüber

260

Weiter auf Seite 262

Eigentlich immer, wenn er zu Hause auftaucht, erzählt Victor, 14 Jahre alt, von Angsterlebnissen in der Schule, in der S-Bahn. Er kann damit rechnen, dass seine Mutter Zeit, Geduld und Interesse hat, auf ihn und seine Bedürfnisse einzugehen. Sie fragt nach, konzentriert sich ganz auf ihn. Marie, 15, mag nach der Chorprobe nicht mit dem Fahrrad nach Hause fahren. Es sei ihr zu düster in den Vorortstraßen. Die Mutter holt sie ab, obwohl sie Maries Ängste nicht teilen kann, denn sie wohnen in einem belebten Viertel. Da gibt's eigentlich nichts zu fürchten abends um sechs Uhr. Angst ist ein Thema, das Eltern lieber knapp und sachlich statt lang und breit mit ihrem Kind besprechen sollten, sonst besteht die Gefahr, dass sich die Angst ungewollt verstärkt. Oft fällt Müttern und Vätern in solchen Momenten ein, unter welchen Ängsten sie selbst gelitten haben, als sie 14, 15 Jahre alt waren, und sie sind dann schnell dabei – meist ohne es zu merken –, ihre Ängste auf den Sohn oder die Tochter zu übertragen. Jugendliche brauchen jetzt keinen Schonraum, keine Sonderrechte, kein Mitleid, keine Ratschläge, auch keine Hinweise, wie sie ihrem Problem aus dem Weg gehen könnten, sondern Eltern, die an ihr Kind glauben und die Situation nicht mit aufgesetzten, munteren Sprüchen verharmlosen – denn so erreichen sie ihren Teenager bestimmt nicht. Kinder brauchen Erwachsene, die Mut machen und Zutrauen zeigen: »Du schaffst es, mit deiner Angst fertigzuwerden!« Das muss überzeugend klingen, also ehrlich gemeint sein. Ziel sollte es sein, das Gefühl zu vermitteln, dass man mit den ganz normalen Alltagsängsten fertigwerden kann.

261

Weiter auf Seite 263

hinwegzusehen. Oder sich zurückzuziehen. Dem aus dem Weg zu gehen, was ängstigt. Vielleicht aber auch, wie früher als Kind, Schutz bei den Eltern zu suchen. Oder zu versuchen, der Angst mit Vernunft und Zusammenreißen beizukommen. Viele dieser Hilfsstrategien funktionieren und sind nötig, um die Angst zu übertünchen. Ganz verscheuchen lässt sie sich selten. Sie zu überwinden oder zu mindern mag alles andere als einfach sein, aber wenn einem danach ist, sollte man sich nicht scheuen über die Angst zu sprechen – mit Freunden oder mit Erwachsenen, denen man vertraut und die einem zuhören ohne zu urteilen. Auf diese Weise redet man sich die Angst erstmal von der Seele, sie fühlt sich weniger beklemmend an und es fällt leichter ihr ins Gesicht zu schauen.

Übrigens wollen längst nicht alle Menschen, Heranwachsende schon gar nicht, der Angst immer aus dem Weg gehen. Viele empfinden es als lustvoll, sie gezielt zu erleben: Sie genießen den (Adrenalin-)Kick und Kitzel, wenn sie auf dem Rummelplatz in Wahnsinnsgeräten durch die Lüfte schießen, im Kino schreckliche Horrorszenen anschauen: »Ein irres Feeling.« Nicht nur die Angst wird als geil erlebt, sondern auch der Moment, wenn sie nachlässt: Entspannung auf ganzer Linie.

Strotzend vor Lebensfreude

Sie tanzt selbstvergessen und trotzdem ganz konzentriert. Nur das Tanzen zählt in diesem Moment. Katti fühlt sich total entspannt, gleichzeitig voller Energie, hellwach, losgelöst vom Alltag. Sie tanzt nächtelang durch, allein, mit Freund, mit Freundinnen.

Jonas ist gut drauf, lümmelt auf seinem Bett bei lauter Musik, in einer Hand eine Cola, in der anderen sein Smartphone – er verabredet sich gerade mit einem Kumpel, fühlt sich rundherum wohl in diesem Moment. Sich entspannt und glücklich zu fühlen hat unter anderem auch mit Chemie zu tun, mit körpereigenen Mitteln, die das Gehirn produziert. Diese Stoffe steuern und verstärken die Lust beim Trinken, Essen und beim Sex, steuern die Freude an Leistung und Erfolg. Wie ein Jugendlicher Glücksgefühle empfindet, ob intensiv oder nicht ganz so leidenschaftlich, welche Gefühle sich überhaupt in welcher Situation entwickeln, beruht nicht nur auf den Lebenserfahrungen, die er bisher gemacht hat. Das alles wird auch beeinflusst durch die genetischen Muster, die er von seinen Eltern mitbekommen hat.

Viele Heranwachsende trauen sich nicht, offen ihre Begeisterung zur Schau zu tragen, wild zu rocken und zu singen. Sie sind zu schüchtern und haben Angst vor Verletzungen. Fürchten, dass sie vielleicht ausgelacht oder links liegen gelassen werden, und sind deshalb zurückhaltender, als sie eigentlich sein möchten. Wie der Froschkönig warten sie darauf, dass jemand kommt, ihnen Mut macht und sie erlöst: »Macht mit!«

Sie verschwinden nächtelang in einem Club, verausgaben sich völlig, fühlen sich dennoch nicht ausgepowert, sondern »echt stark« und »richtig high«. (Auch ohne Drogen sei das zu schaffen, versichern sie ihren immer besorgten Eltern.) Sie rasen auf dem Snowboard den ganzen Tag durch den tiefen Schnee, rocken ab zur musikalischen Performance ihrer Lieblingsgruppe. Sie bersten vor Lebensfreude und -kraft, sind absolut happy, einfach total glücklich in diesem Moment – trotz aller Probleme, die sie auch haben. Gar nicht so selten fühlen sich Jugendliche glücklich, haben Wissenschaftler erforscht. Die Pubertät ist also nicht vor allem Krach und Krise, wie oft beschrieben, sondern auch Spaß und Freude. Die meisten Teenager sind im Reinen mit sich und der Welt, haben Untersuchungen ergeben. Wenn Mütter und Väter ihre wilden, wüsten, fröhlichen Kinder beobachten oder auch die zarteren, leisen miterleben (die, die auf Wolken schweben), wird ihnen vor allem klar: Urlange ist es her, als sie diese intensiven Zeiten erlebten, diese besonderen Glücksgefühle kurz vor dem Erwachsenwerden.

Es sind die schönen Momente im Elterndasein, wenn man sieht, dass die Kinder gut klarkommen mit sich und anderen, dass sie fähig sind, ihr Leben leidenschaftlich und intensiv zu genießen, sich einfach zu freuen und unheimlich guter Laune zu sein. (Die gute Laune muss ja nicht jeden Tag sein.) Und dann kann man sich auch noch anstecken lassen von ihrer Vitalität, kann sich ein Scheibchen abschneiden von ihrer Spontaneität, von ihrer Fröhlichkeit und Lässigkeit und auch von ihrer Leidenschaft, Unbeschwertheit, Großzügigkeit und Lockerheit.

Sport: Der Drang, über sich selbst hinauszuwachsen

Sport ist für Jugendliche die Möglichkeit schlechthin, ihren Körper zu spüren, zu entdecken und auch zu beherrschen: Sie loten die Grenzen ihrer Fertigkeiten aus, sie erproben ihre körperliche Geschicklichkeit, ihre Kraft, ihre Schnelligkeit und Ausdauer. Sport hilft zudem, mit dem drastischen biologischen Wandel während der Pubertät fertigzuwerden – wer Freude am eigenen Körper hat und den Sport genießt, vergisst seine Probleme und fühlt sich richtig wohl in seiner Haut. Höher, härter und riskanter wollen es manche Heranwachsende – etwa beim Bungee-Jumping oder Paragliding –, doch Jungen treibt es vor allem zu Kampfsportarten und Fußball. Mädchen bevorzugen Volleyball, Reiten oder Joggen.

Körperliche Herausforderung ist am wichtigsten, aber Gemeinschaftserlebnisse stehen beim Mannschaftssport ganz oben in der Beliebtheitsskala, vor allem bei Jungen. Beim Fußball etwa geht es um weit mehr als um sportliches Können: Voraussetzung für den Erfolg ist erstens das gute Zusammenspiel des Teams, in dem jeder eine bestimmte Aufgabe zu erfüllen hat. Zweitens ein klarer Kopf, denn es gilt, die Technik des Spiels zu beherrschen. Drittens Disziplin und die Fähigkeit, Regeln einzuhalten – jeder Spieler weiß, dass Fouls geahndet werden oder er rechtzeitig den Ball abgeben muss. Nicht zuletzt befriedigt jeder Mannschaftssport Bedürfnisse nach Zugehörigkeit und nach körperlicher Nähe. Wann sonst fällt man sich so leidenschaftlich in die Arme wie nach einem Tor? Außerdem lernt das Team, Niederlagen gemeinsam einzu-

266

Weiter auf Seite 268

Eltern wissen, wie gut Sport ihren Kindern tut – die hochroten, glühenden und wachen Gesichter, die vor Schweiß dampfenden Körper und die wunderbare Schlaffheit nach sportlicher Verausgabung zeugen von einer Mattigkeit ganz anderer Qualität als die bleierne Erschöpfung nach einem langen Schultag. Beim Sport werden Spannungen und Aggressionen abgebaut. Wer rennt und sich austobt, wird seine Wut los, wer etwa beim Judo oder auch beim Tennis seine Kampfbereitschaft Regeln unterwirft, kanalisiert seine Energien. Zudem sind sportliche Jugendliche meistens beliebt, insbesondere bei den Mädchen.

Dennoch: Es ist sinnlos, Sportlichkeit zu forcieren. Eltern können zwar anbieten, ihr Kind bei einer Sportart seiner Wahl zu unterstützen, aber Zwang hat wenig Aussicht auf Erfolg, denn erstens sind die Teenager bekanntlich im Oppositionsalter, und zweitens haben manche Jugendliche mit dem Sport ihre liebe Not; sie sind vielleicht körperlich ungeschickt, ängstlich und gehemmt, außerdem fürchten sie den Spott der Gleichaltrigen. Kleine oder dicke Jungen beispielsweise tun sich schwer, zu rennen und zu raufen. Plumpe oder ängstliche Mädchen leiden, wenn sie unbedingt zum Ballett oder ins Fitnesscenter sollen. Wichtiger, als auf Sportlichkeit zu bestehen, ist es, dem Sportmuffel dort den Rücken zu stärken, wo er sich positiv und selbstbewusst darstellen kann. Im Übrigen gelingt es längst nicht immer, Kinder für eine von den Erwachsenen bevorzugte Sportart zu begeistern, denn jeder bringt unterschiedliche Fähigkeiten mit – der eine hat Ballgefühl, ein anderer ist schnell und ausdauernd, Mädchen sind meist

267

Weiter auf Seite 269

stecken, oder aber es darf den Siegestaumel in vollen Zügen auskosten. Zusammen mit den tobenden Fans erleben die euphorischen Sportler so etwas wie einen kollektiven Rausch.

Doch natürlich ist Mannschaftssport nicht jedermanns Sache: Die Jugendlichen müssen selbst ausprobieren, welche Sportart für sie richtig ist und wo ihre Begabung liegt.

motorisch besonders geschickt und harmonisch in ihren Bewegungen.

Und noch eines: Es ist auch normal, wenn Teenager jahrelange Pausen einlegen, denn ihre körperliche und psychische Entwicklungskurve verläuft niemals gradlinig. Innerhalb weniger Monate kann es zu einem erheblichen Leistungssprung oder auch -abfall kommen. Es ist also nicht ungewöhnlich, dass einer mit zehn begeistert Tennis spielt, dann aufhört und nach Jahren wieder anfängt.

Körperkult: Fit, schlank und perfekt sein

Den eigenen Köper zu hegen und zu pflegen kann richtig Spaß machen. Manche betreiben den Fitness- und Schlankheitskult jedoch reichlich verbissen, wollen unbedingt mithalten können im Wettbewerb der durchgestylten Körper. Dabei kann die Freude abhandenkommen. Körperliche Perfektion hat einen hohen Stellenwert und ist für viele zum Maßstab für den eigenen sozialen Wert geworden. Werbung und Medien nähren die Illusion, jeder könne sich perfekt designen und Träume von der vollkommenen Figur wahr werden lassen – wenn er nur wolle. Durchtrainierte Jungen, schlanke Mädchen mit idealen Körpermaßen können in unserer Gesellschaft mit Vorteilen rechnen, haben Wissenschaftler erforscht: in der Schule, am Arbeitsplatz, unter Gleichaltrigen. Diese Botschaft ist angekommen, besonders bei Jugendlichen. Sie feilen an ihrem Körper-Image.

Unzählige Mädchen, verführt von der Modeindustrie und geblendet vom Aussehen der Magermodels in den Casting-Shows, arbeiten unentwegt daran, noch schlanker zu werden, noch perfekter auszusehen. Die verschiedensten Diäten werden ausprobiert, der Kampf mit der Waage nimmt einfach kein Ende.

Bei Jungen sind Schlankheitskuren zwar die Ausnahme, doch auch sie spüren, wie der Zeitgeist sie dazu treibt, athletisch zu sein – Waschbrettbauch und ein muskulöser Körper sind hoch attraktiv und garantieren Anerkennung beim anderen Geschlecht. Also wird dauernd trainiert, manche treiben Sport bis zum Umfallen, denn starke Muskeln stiften Selbstbewusstsein.

270

Weiter auf Seite 272

Nicht nur Jugendliche, sondern auch immer mehr Erwachsene geben sich sportlich und gesundheitsbewusst: Sie kontrollieren dauernd ihr Gewicht, probieren Diäten aus, joggen, trainieren im Fitnesscenter. Schwierig wird es, wenn aus dem Mehr an Körperbewusstsein ein Zuviel wird, wenn jedes überflüssige Pfund bekämpft wird und in Leistungsdruck ausartet, der die gesamte Familie erfasst. Wenn etwa Mutter oder Vater Druck auf ihr unsportliches, inaktives Kind ausüben: »Wann setzt du dich endlich mal in Bewegung? Sei doch ein bisschen energischer und dynamischer! Und jetzt bitte nicht noch ein Wurstbrot, du bist doch sowieso schon so pummelig!« Wer so abfällig angetrieben wird, reagiert vermutlich mit Trotz, stopft noch mehr Kalorien in sich hinein und schlafft erst recht ab. Oder aber der Teenager nimmt sich die Ermahnungen zu Herzen und arbeitet eisern daran, die gängigen Schlankheitsvorstellungen zu erfüllen – was meistens nicht gelingt. Nur, wie soll man sich wehren, wenn man einfach nicht in der Form ist, die andere erwarten?

Alle Jugendlichen, die zu ihrem Körper eine Art Hassliebe entwickeln, brauchen Unterstützung und Anerkennung, um ein stabiles Selbstwertgefühl und ein natürliches, gesundes Verhältnis zu ihrem Körper aufbauen zu können, und keinen Kurs in perfekter Körpergestaltung.

Gerade jene Teenager, die dem Schlankheits- und Fitnesswahn verfallen sind, entwickeln leicht Essstörungen, sind sehr unsicher und haben ein stark ausgeprägtes Bedürfnis, anderen zu gefallen. Mit ihrem Aussehen und ihrer möglichst perfekten Figur versuchen sie, ihre Selbstzweifel zu kompensieren:

271

Weiter auf Seite 273

Der Körper lässt sich aber nicht unbedingt auf das ersehnte Maß hinbiegen. Es ist eben nicht alles machbar, denn die Gene bestimmen wesentlich mit, wie wir aussehen. Bei einem zu verbissenen Kampf um Vollkommenheit zahlen viele Jungs, viele Mädchen drauf. Die ersehnte Figur bleibt ein Wunschbild. Die Folge: Frust und Minderwertigkeitsgefühle stellen sich ein. Sie fühlen sich als Verlierer. Aus dieser Falle herauszukommen ist nur mit gutem Selbstwertgefühl zu schaffen: »Ich bin, wie ich bin! Ich lasse mich nicht unter Druck setzen!« Diese innere Unabhängigkeit und die Versöhnung mit dem eigenen Aussehen lassen sich zwar nicht herbeizaubern, aber die Erkenntnis, dass Persönlichkeit, Ausstrahlung und Spaß am Leben mehr bringen als ein perfekter Körper, tut richtig gut.

Die Kontrolle über ihren Körper hilft ihnen, das eigene Leben in den Griff zu bekommen – glauben sie. Was tun? Eltern sollten ihnen das Gefühl vermitteln: »Du bist völlig in Ordnung so, wie du bist. Menschen mögen dich nicht wegen deines perfekten Körpers, sondern aufgrund all deiner liebenswerten Eigenschaften.« Bedingungslose Zuneigung und Bestätigung helfen Jugendlichen am ehesten, sich mit ihrem Körper und ihrem Aussehen zu versöhnen. Übrigens: Problemzonen hat doch jeder, die Traumfigur ist ein Mythos!

Mutproben: Das lustvolle Spiel mit dem Feuer

Dass Teenager nach Abenteuern lechzen, den Nervenkitzel suchen, brenzlige Situationen genießen, das gehört zu ihrer Lebensphase. Schließlich brauchen sie die Herausforderung, um auszuloten, was in ihnen steckt, um sich zu bewähren und um konkrete Proben ihres Mutes und ihrer Furchtlosigkeit vorweisen zu können. Nichts ist geiler als das magische Gefühl: »Ich habe es gewagt und hinbekommen!« Über Grenzen zu gehen und bestandene Mutproben steigern das Ansehen unter den Freunden; der Kühnste ist meistens der King und kann sich dem Hochgefühl hingeben, so etwas wie ein Held zu sein. Nicht zuletzt bahnen sich Jugendliche mit ihren Mutproben einen eigenen Weg in die Welt der Erwachsenen.

Solche Aktionen können allerdings auch in Wahnwitz ausarten. Bei Teenagern, denen keine Unternehmung halsbrecherisch genug ist und die manchmal so weit gehen, ihr Leben aufs Spiel zu setzen, handelt es sich nicht mehr um Abenteuerlust, sondern um selbstzerstörerischen Irrsinn. Mit solchen Aktivitäten wollen sie ihre Angst auf Teufel komm raus verjagen, versuchen der Leere des für sie offensichtlich öden, frustrierenden Alltags zu entfliehen – viele Jugendliche haben mehr Angst vor der Langeweile als vor dem Risiko, haben Freizeitforscher herausgefunden – und ihren ungestillten Erfahrungshunger zu befriedigen. Außerdem sucht jeder Draufgänger verzweifelt nach (Selbst-)Bestätigung, will anerkannt und bewundert, sprich geliebt werden. Also exponiert er sich, stellt seine Furchtlosigkeit zur Schau und hofft, groß herauszu-

274

Weiter auf Seite 276

Die Eltern risikobesessener Jugendlicher leben in ständiger Angst. Manche glauben, ihren Teufelskerl wie einen Stuntman versichern zu müssen. Natürlich tun sie alles, um ihren Draufgänger zur Vernunft zu bringen, und hören nicht auf, ihm die schrecklichen Folgen seiner gefährlichen Unternehmungen zu schildern – doch meist vergeblich. Das hat natürlich viele Gründe.

Erstens ist das Gehirn von Teenagern noch nicht reif genug, um die Risiken der halsbrecherischen Aktionen einschätzen zu können. Zweitens definiert sich das Männlichsein auch heute über Kraft- und Mutproben. Mädchen reizt es nur selten, sich durch riskante Aktionen zu beweisen. Verwegene Jungen genügen auch heutzutage noch einer männlichen Verhaltensmaxime, die besagt: Ein richtiger Mann muss seine Angst überwinden. Mutproben haben für viele die Funktion von Mannbarkeitsritualen eingenommen; sie machen aus Jungen Männer.

Unterschwellig facht unsere Gesellschaft dieses Männlichkeitsideal immer neu an: Actionfilme verherrlichen Rambos oder todesverachtende Superhelden, die alles und jeden bezwingen. In Computerspielen versetzen sich Jugendliche in die Rollen todesmutiger Kämpfer, um, ausgerüstet mit den neuesten Waffen, den Feind zu besiegen. Genau genommen reagieren Heranwachsende also auf die anstachelnden Angebote einer Erwachsenenwelt, die Muster für wahres Heldentum vorgibt. Selbst S- oder U-Bahn-Surfer können mit reißerischen Meldungen in den Medien rechnen, die einem Jugendlichen einen gruselig-schönen Schauer über den Rücken laufen lassen.

275

Weiter auf Seite 277

kommen. Da aber die Anerkennung der anderen sich abschleift und auch der Kick von Grenzerfahrungen kurzlebig ist, nehmen die Härtetests zu, und immer neue, riskantere Mutproben müssen her. Was vielleicht als Befreiungsakt begonnen hat, um Gefühlsstürme in den Griff zu bekommen, artet in gefährlichen Leistungsterror aus.

Spätestens dann sollten sich Jugendliche selbst fragen, ob ihre ungebremste Risikofreude mit einem geringen Selbstbewusstsein zu tun hat: Suchen sie extreme Herausforderungen und aufputschenden Nervenkitzel, um gegen ihre innere Unsicherheit anzukämpfen? Sich darüber Gedanken zu machen mündet bei vielen in Selbsterkenntnis und den Vorsatz, die besessene Lust am Risiko selbstkritisch unter die Lupe zu nehmen.

Kein Wunder, dass elterliche Ermahnungen in den Wind geschlagen werden: Es nützt wenig, das zu verteufeln, was die meisten berauscht. Eltern können trotzdem überlegen, welche unbefriedigten Sehnsüchte und unbewussten Ängste in ihrem tollkühnen Kind schlummern, warum es unbedingt die Gefahr braucht, um sich selbst zu erfahren und auf sich aufmerksam zu machen. Ein Trost für die Mütter und Väter besonders wagemutiger Knaben: Viele Experten sehen in Risikosportarten ein sinnvolles Ventil gegen Aggressivität und Gewalt.

Allmachtsfantasien: Mal die Größten, mal ganz hilflos

Unglaublich, wie stark sich Jugendliche fühlen können – als ob niemand sie aufhalten könnte. Vor allem Jungen demonstrieren mit Bravour, dass sie die Größten sind, unschlagbar aufgrund ihrer Muskelkraft oder ihrer wachsenden Kompetenzen. Und je überzogener die Selbsteinschätzung, desto ausgeprägter oft die Geringschätzung vermeintlich Unterlegener.

Abgewertet werden vor allem die Eltern. Sie werden entthront, sie sind nicht mehr die Übermenschen, die (fast) alles können und wissen; sie sind nur noch Normalsterbliche mit Schwächen, Fehlern und beträchtlichen Wissenslücken. Triumphierend können die Jugendlichen ihre Überlegenheit ausspielen. Bis die Wirklichkeit ihnen ein Bein stellt: Ein Reinfall, eine Enttäuschung, eine Niederlage, und die Ernüchterung folgt auf dem Fuße. Plötzlich sind die Eltern wieder gefragt, ihr Rat und ihre Hilfe werden angenommen, ihre Lebenserfahrung und ihre Zuneigung geben Halt und Trost.

Warum bloß diese Extreme? Könnten Teenager nicht ein wenig realistischer, maßvoller sein? Das ist erst möglich, wenn das Ich so gefestigt ist, dass auch das Bedürfnis nachlässt, durch Inszenierung von Stärke Gefühle der Angst und der Schwäche beiseitezuschieben. Meist sind sie erst mit 16 oder 17 so weit. 15-Jährige, getrieben von Freiheitsdrang und Abenteuerlust, haben nur wenig Raum für vorausschauende Überlegungen. Anflüge von Hilf- oder Ratlosigkeit werden verbannt, so gut es geht.

Eltern tun sich schwer mit der Angeberei und dem Omnipotenzgebaren ihrer Kinder. Sie spüren die Unsicherheit dahinter und sehen voraus, dass auf den Größenwahn die Ohnmacht folgt. Doch sobald sie versuchen, ihren Sprössling mit wohlgemeinten Argumenten auf den Boden der Tatsachen zurückzuholen, stehen sie als Spießer, Bremser und Miesmacher da. Jugendliche müssen selbst entdecken, wo ihre Grenzen und ihre Entwicklungschancen liegen. Der Allmachtswahn läuft zudem unbewusst ab – ist also schwer zu steuern – und hat außerdem eine wichtige Funktion:

Zum einen hilft er ihnen, ihre eigene Unzulänglichkeit und ihre verhasste Hilfsbedürftigkeit zu leugnen – die Angeberei stützt ihr labiles Selbstwertgefühl. Zum anderen mildern Allmachtsgefühle den oft schmerzlichen Ablösungsprozess von Vater und Mutter. Denn der Verlust familiärer Geborgenheit und die »Entmachtung« der Eltern fallen natürlich leichter, wenn man überzeugt ist von der eigenen Stärke und Großartigkeit. Wurden Vater und Mutter früher überschätzt, werden sie nunmehr unterschätzt, und die eigenen Schwächen werden auf sie oder andere, etwa Lehrer, übertragen: Diese sind es, die für die Fehler und Misserfolge der Jugendlichen verantwortlich sind.

Erleben die Giganten jedoch einen Einbruch, ist er meistens mit Selbsterkenntnis verbunden. Sie ist schmerzlich genug, sodass die Erwachsenen ihre jungen Wilden am besten ein wenig trösten und sich ein »Ich hab es doch gewusst« oder »Hättest du auf uns gehört« möglichst verkneifen.

8. Über das Loslassen

Abschied von den Kinderzeiten

Sonntagnachmittag. Georg will einen Kran aus Legosteinen bauen. Sein kleiner Bruder freut sich, dass sich Georg zu ihm und seinem Spielzeug auf den Teppich herablässt. Das kommt nur noch selten vor, denn eigentlich ist Spielen weit unter der Würde eines 14-Jährigen. Die Freude währt auch nicht lange. Der Große verliert schnell die Lust am Spielen, die gute Laune ist dahin. Er verzieht sich muffelnd in sein Zimmer. Einerseits lehnen die 13-, 14-Jährigen ab, was ihnen bisher Spaß gemacht hat. Sich mit Spielzeug beschäftigen? Plötzlich unmöglich. Mit den Eltern einen Spaziergang machen? Nein, bloß nicht, man könnte von Freund XY dabei erwischt werden. Die meisten Teenager freuen sich auf die neuen Zeiten, die jetzt, lang ersehnt, auf sie zukommen. Sie träumen von der ersten Freundin, vom ersten Freund, vom ersten Mofa und davon, zu Hause ein Wochenende sturmfreie Bude zu haben. Andererseits hängen die Teenies an dem, was ihre Kindheit ausgemacht hat. An den Spielsachen etwa, den Familienritualen. Manchmal ist ihnen bewusst, dass Großwerden auch Abschiednehmen heißt, und sie sprechen aus, was alle Mütter und Väter gerne hören: dass sie gerne an früher, an ihre Kindheit zurückdenken. Bei aller Neugierde auf das Neue, haben sie auch beklommene Gefühle und ahnen, dass ihnen ein Stück Geborgenheit abhandenkommt. Sie tun sich nicht immer leicht, mit diesem Zwiespalt fertigzuwerden, sind manchmal ein wenig neidisch auf die jüngeren Geschwister, die es noch leichter, bequemer haben.

Solange ihr Sohn, ihre Tochter noch kindlich, neugierig aus Unschuldsaugen in die Welt blickt, können Eltern häufig Lob für den »niedlichen kleinen Spatz« einheimsen. Da freuen sich die Leute an dem Winzling, der (einigermaßen) brav im Sand buddelt, oder schauen ihm nach, wenn er mit seinem Riesenschulranzen durch die Gegend schwankt, letztendlich das tut, was Mami und Papi von ihm erwarten. Doch mit Lob fürs Bravsein hat es jetzt in der Pubertät endgültig ein Ende. Der Briefträger, die Blumenfrau, der Metzger, keiner von denen, die früher freundlich Anteil genommen haben, guckt heute noch wohlgefällig auf diesen lang aufgeschossenen Burschen von Sohn, der immer schläfrig wirkt, oder auf dieses leicht dauergereizte Wesen von Tochter, das seine Haarpracht alle paar Minuten mit Schwung nach hinten schleudert. Die Kinder sind nicht mehr »niedlich«, wollen es auch nicht mehr sein und sich vor allem nicht per Schablone beurteilen lassen. Die »niedlichen kleinen Spatzen« mausern sich zu kantigen Persönlichkeiten. Eltern fällt es nicht leicht, zu akzeptieren, dass die verspielten Kinderzeiten passé sind. Die Stofftiere, die Puppen werden eingemottet oder weitergereicht. Wie oft haben sie Spielzeug gekauft, das sie selbst als Kinder nie besitzen durften. Auch beim Spielen mit dem eigenen Nachwuchs konnten sie ein Stück ihrer eigenen Kindheit wiederbeleben oder nachholen. Konnten albern und übermütig auf dem Teppich herumkugeln und Versteckenspielen vorschlagen. Wenn die Kinder groß werden, geht damit auch ein Teil dieser Leichtigkeit und Verspieltheit verloren. Aus Vätern und Müttern müssen jetzt wieder vernünftige Leute werden.

Selbstständig werden: Ein Hindernislauf

Ablösung von den Eltern bedeutet für alle Heranwachsenden Gewinn und Verlust zugleich: Sie gewinnen neue Freiheiten und neue Lebensräume, ihre Unabhängigkeit wächst, und sie nehmen die Gestaltung von Alltag und Freizeit zunehmend selbst in die Hand. Genau danach haben sie seit Jahren gelechzt. Doch je zahlreicher und auch verlockender die am Horizont auftauchenden Möglichkeiten, desto größer der innere Aufruhr: Sie wollen ihr eigenes Leben leben, wissen aber noch nicht, wie man das macht. Sie möchten sich von Mutter und Vater nichts mehr vorschreiben lassen, sind aber erst dabei, sich ihre neue Rolle als selbstständige, eigenverantwortliche Menschen anzueignen. Sie erwarten, dass die Erwachsenen endlich aufhören, an ihnen herumzunörgeln und mit ihren erzieherischen Ansprüchen zu nerven, aber immer wieder überkommt sie eine große Wehmut: Es ist gar nicht so einfach, ohne den gewohnten Halt und die Autorität der Eltern auszukommen. »Manchmal träume ich davon, ich könnte mich wie früher am Sonntagmorgen zu meinen Eltern ins Bett kuscheln«, gibt Nina, 15 Jahre, zu. Aus Angst, allein und schutzlos dazustehen, wagen manche Söhne oder Töchter den Schritt der Ablösung erst gar nicht. Sie bleiben vielleicht ihr Leben lang kindlich an ihre Eltern gebunden. Mag sein, dass sie in andere Städte ziehen, dort leben und arbeiten, doch die räumliche Trennung geht nicht mit einer inneren Loslösung einher, und die infantile Abhängigkeit bleibt quasi unverändert bestehen: Die elterliche Instanz, die erlernten Gebote und

284

Weiter auf Seite 286

Seit Kindergartenzeiten geht es in jeder Familie darum, die richtige Mischung aus Nähe und Distanz zu finden, aus Gemeinschaft und Eigenständigkeit, aus Geborgenheit und Abenteuer. Unglaublich viele Fragen hat ein Kind seitdem seinen Eltern gestellt und unglaublich viele Entscheidungen gemeinsam mit ihnen gefällt. Natürlich ist auf diese Weise eine enge Bindung entstanden – ein fester Knoten, der die Familie zusammenhält. Mit der Pubertät sollte sich dieser feste Knoten lockern. Abschied von der Kindheit ist angesagt und mehr Freiheit. Aber woher sollen Mütter und Väter so genau wissen, wie viel Freiheit sie ihren Kindern wann zugestehen können? Und warum muss dieser Loslösungsprozess so viele Verletzungen mit sich bringen? Häufig haben die Eltern das Gefühl, ihre Kinder seien überhaupt nicht mehr an einer Beziehung zu ihnen interessiert. Väter stoßen sich an ihrem respektlosen Verhalten, Mütter vermissen meist die vertraute Nähe zu ihnen, die Gemeinsamkeit der Kinderjahre. Bisweilen kommen sie sich fast überflüssig vor. Und mehr noch: Jahrelang haben sich beide Elternteile in Langmut, Verständnis und Toleranz geübt, so gut sie konnten – und das Ergebnis? Rotzfreche, selbstsüchtige Jugendliche, die meinen, die Erde kreise um sie ganz allein.

Offensichtlich bedarf das familiäre Zusammenleben in der Pubertät einer fundamentalen Neuorientierung. Sie stellt Eltern nach jedem neuen Entwicklungsschritt ihres Kindes vor die grundsätzliche Frage: Wie viel Eigenverantwortung soll man ihm zugestehen? Und vor allem: Müssen sich Eltern innerlich radikal von ihrem Sprössling trennen, damit er zu einer eigenen Identität finden kann?

285

Weiter auf Seite 287

Ideale sind so dauerhaft verinnerlicht, dass diese erwachsenen Kinder nur scheinbar ein eigenes Leben führen – in Wirklichkeit haben noch immer die Eltern das Sagen. Damit das nicht geschieht, müssen Teenager schrittweise von ihrer kindlichen Vergangenheit Abschied nehmen. Und so schmerzhaft das für alle Familienmitglieder sein mag, ohne Konflikte und Auseinandersetzungen ist eine solche Ablösung nicht denkbar.

Bereits in der Trotzphase, mit zwei, drei Jahren, hat das Kind seinen Eigensinn und die Wucht seiner Wutausbrüche unter Beweis gestellt. Doch damals wollte es sich vor allem behaupten und lernte so mit aller Kraft, »nein« und »ich« zu sagen – aber ohne die Nabelschnur zu Mami und Papi innerlich zu kappen. In der Pubertät indessen geht es darum, auf eigenen Füßen zu stehen und allmählich auf das sichere Geleit der Eltern zu verzichten. Das heißt: Die mächtigen Erwachsenen aus Kinderzeiten, einstmals unangefochtene Vorbilder, gehören zunehmend der Vergangenheit an. Immer deutlicher erkennen die Heranwachsenden neben den elterlichen Vorzügen auch ihre Schwächen und Unzulänglichkeiten. Die Zeit ist vorbei, in der sie als Kinder unbefangen teilhaben konnten an der elterlichen Stärke. Deren Trost und Zuspruch werden zwar noch gebraucht, haben aber keinesfalls mehr die alles heilende Wirkung von damals. Kein Wunder, dass die meisten Teenager sich in der Pubertät ungeschützt fühlen: Selber Entscheidungen zu treffen und Schwierigkeiten zu meistern will erst mühsam gelernt sein. Zum Glück sitzen

286

Weiter auf Seite 288

Nach Theorien über die kindliche Entwicklung schließen sich innere Verbundenheit zu Mutter und Vater und persönliche Autonomie keineswegs aus. Doch damit dieser scheinbar paradoxe, schwierige Balanceakt gelingen kann, ist es wichtig, dass Eltern

- *ihre Kinder als Individuen akzeptieren.* Es belastet Jugendliche und engt sie ein, wenn sie mit konkreten Erwartungen überfrachtet werden und die Erwachsenen ihnen bestimmte Rollen zuweisen. Offene oder unbewusste Wünsche an den Sohn oder an die Tochter, verdeckte Aufträge, die sie den Eltern zuliebe erfüllen sollen, können Kinder in ihrer Entwicklung zur Selbstständigkeit regelrecht hemmen.

- *die Gedankenwelt respektieren.* Jugendliche brauchen Freiräume, um ihre persönlichen Ideen zu entwickeln, ureigene Bedürfnisse zu äußern und eigenständig Pläne zu schmieden. Wenn sie erleben, dass sie Gehör finden, selbst wenn ihre Eltern völlig anderer Meinung sind, festigt sich ihr Selbstvertrauen, und sie bekommen von allein ein Gespür für die Durchführbarkeit der eigenen Vorstellungen.

- *Fehler erlauben.* Kinder müssen auf die Nase fallen, um daraus klüger zu werden. Fehlschläge und Niederlagen sind ja meistens auch keine Katastrophen, sondern ein Entwicklungspotenzial. Heranwachsende brauchen außerdem die Erfahrung, dass sie trotz ihrer Missgeschicke angenommen werden, sich gegebenenfalls bei ihren Eltern aussprechen und mit ihnen gemeinsam die Fehler analysieren dürfen – ohne dass die Erwachsenen »alles besser wissen«.

287

Weiter auf Seite 289

die Freunde im gleichen Boot, denn mit ihrer Unterstützung lassen sich die neuen Herausforderungen noch am ehesten meistern. Doch zum Leidwesen der Heranwachsenden hören die Eltern einfach nicht auf, Verbote auszusprechen. Sie versuchen nach wie vor, das Leben ihrer großen Kinder zu kontrollieren und zu reglementieren. Das bringt die Söhne und Töchter regelmäßig auf die Palme. Also kämpfen sie um ihre Freiräume, verwickeln Vater und Mutter in Diskussionen, decken ihre Schwächen auf, untergraben ihre Autorität und stellen die Stichhaltigkeit ihrer Argumente auf die Probe. Ob durch wilde Frisuren, motzige Sprüche, bissige Kritik oder die Vorliebe für extravagante Cliquen – jeder Protest ist für sie ein Experiment auf dem Weg, eine eigene Persönlichkeit zu werden und sich von den Erwachsenen abzugrenzen.

Eine wichtige Rolle bei dem Wie des Ablösungsprozesses spielt das Geschlecht: Mädchen zögern eher als Jungen, die vertraute Nähe zu den Eltern aufzugeben. In der Regel sind sie auch eher bereit, den Standpunkt der Mutter oder des Vaters zu verstehen, und bemühen sich trotz heftiger Auseinandersetzungen weiterhin um eine tragfähige Beziehung zu ihnen. Aber das bedeutet keineswegs, dass Töchter dadurch unselbstständig bleiben. Wie Untersuchungen über die weibliche Adoleszenz belegen, erreichen Mädchen Autonomie und Identität gerade über persönliche Kontakte und Bindungen zu anderen. Daher liegt einem weiblichen Teenager auch im Lauf des Älterwerdens daran, ein Gleichgewicht zu finden zwischen

288

Weiter auf Seite 290

- *Verbote begründen.* Teenager als eigenständige Wesen zu akzeptieren bedeutet nicht, ihnen grenzenlose Freiheit zu gewähren und auf elterliche Autorität zu verzichten. Das könnte sogar als Desinteresse empfunden werden, denn auch Jugendliche sind auf Orientierungshilfen angewiesen. Wichtig ist ihnen, dass sie die Haltung der Eltern einschätzen und entsprechend voraussagen können.

- *Auseinandersetzungen zulassen*, denn sie sind nicht nur unvermeidlich, sondern fruchtbar. Heranwachsende müssen schließlich lernen zu argumentieren und sich mit ihren Eltern zu messen. Der tägliche Zwist mag anstrengend und die Aggressionen der wutschnaubenden Kinder zermürbend sein, aber wenn Väter und Mütter Ausbrüche weder allzu ernst noch persönlich nehmen und die Tiraden ihrer Teenies gelassen ertragen, beruhigen sich die Gemüter, und der Dialog kann beginnen (siehe Seite 364).

- *offen bleiben für Veränderungen.* Die Familie ist ihrem Wesen nach auf Entwicklung und Flexibilität angewiesen, ein starres System erstickt lebendige Beziehungen. Konkret bedeutet das im Verlauf der Entwicklung, je nach Altersstufe und Reife des Kindes, eine tragfähige Balance zwischen den Polen Freiheit und Verantwortungsbewusstsein zu finden und immer neue Verständigungsmöglichkeiten auszuklügeln.

289

Weiter auf Seite 291

emotionaler Bindung und persönlicher Autonomie. Für Jungen gilt das zwar auch, doch oft setzen sie sich deutlicher von den Eltern ab als Mädchen. Sie sind meist unerbittlicher im Erstreiten ihrer vermeintlichen Rechte und riskieren eher eine Konfrontation – so die Forschung über Jungen in der Pubertät. Besonders heftig reagieren sie auf elterliche Bevormundung, auf Maßregelungen, die sie unter Druck setzen, erniedrigen und »kleiner« machen, als sie sich selbst sehen. Ein wesentlicher Grund für ihre angriffslustige Haltung liegt in den Anforderungen, die von klein auf an Buben gestellt werden: Sie sollen an erster Stelle stark, durchsetzungsfähig und autark werden. Wie auch immer die verschiedenen Etappen der Pubertät verlaufen, keiner Familie bleiben die mit der Ablösung verbundenen Verlustgefühle erspart: Die Kinder müssen auf die Illusion ewiger Geborgenheit verzichten, die Väter und Mütter auf die Hoffnung bleibender Einflussmöglichkeiten. Doch am Ende eines Lebensabschnitts bahnt sich ein neuer Lebensabschnitt an, und je besser die Jugendlichen mit ihrer Unabhängigkeit zurechtkommen, desto freundschaftlicher wird ihre Beziehung zu den Eltern.

Was Heranwachsenden guttut

Jugendliche brauchen für eine gute Entwicklung

- liebevolle, stabile Beziehungen,
- einen strukturierten Alltag,
- klare Regeln und Grenzen,
- anregende Erfahrungen und Lernangebote.

Erleben sie Geborgenheit, können sie besser mit Stress fertigwerden und die überbordenden Eindrücke unserer schnelllebigen Zeit, die damit verbundene Unruhe eher verkraften. Sie können sich gut konzentrieren und den Stress verarbeiten, unter dem sie stehen. Selbstberuhigung, Impulskontrolle sind vor diesem Hintergrund eher gegeben.

Die große Freiheit bricht an

Der erste Pickel: eine Beule, mitten auf dem Kinn. Ein Pickel? Schrecklich unansehnlich und doch gut, da er ein Hinweis aufs Erwachsenwerden ist, ein für alle sichtbares Zeichen von Pubertät. Und Pubertät heißt auch: Ich stelle mich zunehmend auf eigene Füße, und das hat Folgen: Um Erlaubnis wird nicht mehr gefragt. Früher, ja früher wurde für jeden Pieps nachgefragt:

»Darf ich zu meiner Freundin gehen?«

»Darf ich mir den Film im Fernsehen anschauen?«

»Darf ich die Hausaufgaben am Abend erledigen?«

Heute – mit mehr Abstand zu den Eltern – wird nicht länger gefragt, sondern mitgeteilt, was ansteht:

»Ich gehe zu meiner Freundin!«

»Ich schaue mir jetzt einen Film an!«

»Ich erledige meine Hausaufgaben erst heute Abend!«

Eine gute Erfahrung, Fragezeichen häufiger durch Ausrufezeichen zu ersetzen. Dabei kommt ein Gefühl von Freiheit auf: Ich stehe (fast) auf eigenen Füßen. Es dauert, bis die Erwachsenen kapieren, dass ihr Kind nach und nach auf Abstand zu ihnen geht, mit jedem Tag selbstständiger wird. Plötzlich sind sie entthront. Sind nicht länger diejenigen, die zeigen, erklären, wo es langgeht. Ihr Teenager geht immer öfter seine eigenen Wege und verlässt langsam ihren Einflussbereich. Plötzlich spricht ihr Kind öfter in der Vergangenheit, wenn es um die Eltern geht: »Mama und Papa gingen früher gerne mit mir in die Stadt!« Spricht es von der Gegenwart, dann geht es meist um die eigene Person: »Ich gehe gerne in die Stadt!«

292

Weiter auf Seite 294

Die Dinge des Lebens bleiben nie so, wie sie waren oder gerade sind – das gilt vor allem für die Pubertät. Alles ist in Bewegung, und ein Zurück gibt es nicht: Mit jedem Tag wird das Kind älter, der Zeiger bewegt sich unaufhaltsam Richtung Erwachsensein. Und dazu gehört, dass sich die enge Beziehung zu den Eltern lockert. Vater, Mutter, Kind – alle gemeinsam müssen das Loslassen lernen.

»Meine Mutter ist mein bester Freund, mein Berater, mein größter Kritiker und der Mensch, dem ich hundertprozentig vertraue«, erzählt der 16-jährige Bengt. In der Regel besteht eine tiefe Liebesgeschichte zwischen Mutter/Kind und Vater/Kind. Aus dieser Liebe ist über die Jahre eine enge Beziehung und Bindung entstanden, die das Familienleben prägt. »Ich bin jedes Mal überrascht, wie genau mein Vater spürt, ob es mir gut oder schlecht geht. Wenn ich zur Tür hereinkomme und ›Hallo‹ sage, hört er an meinem Tonfall, ob mir ein Stein auf der Seele liegt. Dann geht er auf mich ein. Fragt nach. Und wir kommen in ein Gespräch, das meistens weiterhilft!«, berichtet Marina, 16 Jahre alt.

Die Eltern-Kind-Beziehung verändert sich, wenn der Jugendliche in die Pubertät kommt: Aus der symbiotischen, ganz und gar vertrauten Beziehung entwickelt sich eine, die jetzt jedem mehr Freiheit lässt. Sie lockert sich, zeigt neue Facetten. Wer (fast) erwachsen ist, will selbst bestimmen, was er/sie zu lassen und zu tun hat: »Schrecklich, wenn einem dauernd reingeredet wird. Ich weiß selbst, was ich tue!«

- *Hänschen*. Bei dem einen klingt solch eine Feststellung noch zögernd und zaudernd, eher nach Hänschen im Walde, das

293

Weiter auf Seite 295

Normalerweise gibt es keine anderen Menschen, mit denen ein Jugendlicher eine so lange, eng verwobene gemeinsame Geschichte hat wie mit seinen Eltern. Ab der ersten Sekunde des Lebens waren sie da. Mama und Papa waren die Größten, die Beschützer, die Tröster, die Alleskönner, die Alleswisser. Die Menschen, die einem jahrelang – ob man wollte oder nicht – dicht auf den Fersen blieben. Die Vertrauen und Sicherheit schenkten und einem auf die Sprünge halfen, sodass man das Leben jetzt selbstsicher angehen kann. Wie lange schon währt die Abhängigkeit von den Eltern inzwischen, 13, 14, 15 Jahre oder noch länger? Eins ist gewiss: Eltern und Kind kennen sich mit jeder Faser ihres Wesens. Der 16-jährige Marc ist oft überrascht, wie treffgenau sein Vater und seine Mutter einschätzen, ob und wann er mit ihnen reden will, wann nicht. »Wenn sie nachfragen: ›Wie war die Schule?‹, erkennen sie an meiner Körperhaltung, meiner Mimik, ob ich reden will oder nicht. Ich muss gar nichts sagen!«

Gerade diese Anfangsphase der Pubertät ist allerdings ebenso oft geprägt durch Geplänkel, spitze Bemerkungen und Reibereien – alles zusammen Getöse, das oftmals übertünchen soll, wie weh der Ablöseprozess allen Beteiligten tut. Einige Hinweise darauf:

- *Lässig, lässig.* Die ganz in Schwarz gekleidete 15-jährige Tochter provoziert ihre Mutter mit einer betont sanft über die Schulter geworfenen Bemerkung: »Ich geh jetzt. Weiß nicht, wann ich zurück bin!«

294

Weiter auf Seite 296

sich leise pfeifend selbst Mut macht auf seinem Weg in die Welt hinaus.

- *Trompeter.* Bei einem anderen klingt der Satz wie ein Trompetensignal, das es allen zeigen will: »Ich bin gut drauf! Ich komme!«

Zaudernd oder resolut – in der Pubertät gewinnt die Persönlichkeit eines Jugendlichen an Profil. Doch jeder Heranwachsende steht noch auf wackeligen Beinen, selbst wenn er seine Unsicherheit vielleicht kaum wahrnimmt.

Wenn die Kinder noch klein sind, träumen Eltern davon, irgendwann in weiter Ferne wieder mehr Zeit für sich zu haben. Nicht mehr Tag und Nacht gebunden und verfügbar zu sein – zu schön, um wahr zu sein! Und dann? Wenn es so weit ist, dass ihre Youngster sich von ihnen absetzen, sind sie es, die Erwachsenen, die auf einmal kaum loslassen können. »Wenigstens ein Wochenende im Monat könnte doch für uns drin sein – aber nein, nur noch die Freunde zählen, wir sind abgeschrieben«, moniert eine Mutter. Verständlich, denn wer kann schon die jahrelange Nähe zu den Kindern ohne innere Widerstände Stück für Stück abgeben?

Die Familienstimmung ist häufig im Keller. Alle fühlen sich unverstanden, abgewatscht, mies. Warum fällt das Loslassen so verflixt schwer? Warum gelingt es selten auf die sanfte Art und wird so häufig zum Hauruck-Verfahren? Weil der Ablöseprozess Heranwachsender von unterschiedlichen Gefühlen begleitet wird: von widerstreitenden Gefühlen.

295

- *Schön spitz.* Die von ihrem eigenen Bedeutungsverlust – »Meine Tochter geht, und ich werde nicht gefragt!« – betroffene Mutter schnaubt beleidigt: »Dann geh doch! Ganz in Schwarz heute – na ja, wenn's sein muss!«, und verletzt mit dieser Bemerkung ihre Tochter.
- *Hilflos von Kopf bis Fuß.* Der lang aufgeschossene Sohn steht mitten in seinem Chaoszimmer und ödet seine Mutter an, weil er nicht aufräumt, sondern stattdessen fragt: »Was soll ich machen?«
- *Genervt.* Der von dem ganzen Pubertätszauber gestresste Vater faucht brummelnd: »Mach doch, was du willst!«, und stößt mit seiner schlechten Laune den Sohn vor den Kopf.

Die Pubertät ist unter anderem so strapaziös, weil das Loslassen nicht gleich klappt, sondern geübt werden muss. Eltern und Kind lernen, sich mehr Freiraum zu lassen – oft ein leidvoller, nervenaufreibender Prozess.

Eigene Wege entdecken

Zu ihrem Erstaunen beobachten Jugendliche, wie unterschiedlich Mütter und Väter mit dem Thema »Loslassen« umgehen.

- *Überbehütung.* Für manche bleibt ihr Kind das Kind – Pubertät hin oder her. Und weil sich dieses Kind mit dem Großwerden mehr Freiheiten gönnt, reagieren sie verunsichert auf jeden Befreiungsversuch und halten erst recht fest, wollen ihren Jugendlichen vor eventuellen Übeln beschützen, ihn bis ins Erwachsenenalter hinein in Watte packen. Sie manipulieren hier und da, unterstützen, wo es geht, üben Druck aus... Und so bleibt alles beim Alten, solange es der Jugendliche mit sich machen lässt.

- *Vernachlässigung.* Andere Eltern ziehen sich zurück, kaum dass ihr Teenager 16 Jahre alt ist. Sie sehen in ihm jetzt einen Erwachsenen, der für sich selbst verantwortlich ist – jedenfalls weitgehend. Pubertät bedeutet für sie: Das Kind ist groß und braucht uns nur noch am Rande.

Wer seine Eltern als streng, kontrollierend, desinteressiert, verständnis- und lieblos erlebt, als Menschen, die es nicht mögen, wenn man lacht, singt, tanzt vor lauter Lebensfreude, tut sich manchmal leichter damit, auf Abstand zu gehen, als diejenigen, die sich manchmal in ihrer Familie angenommen, sicher wie in Abrahams Schoß fühlen.

Wer genau hinschaut und sieht, was sich in der Familie abspielt, hat es leichter, entsprechend zu reagieren: zu

Weiter auf Seite 300

Manche Mütter lassen nie los. Dank ihres Verantwortungsgefühls sind viele ziemlich verzweifelt oder sauer, wenn ihr Teenager nach eigenen Wegen sucht und sie loslassen sollen und müssen: Das Kind in Zukunft nicht mehr unter meinen Fittichen? Unvorstellbar. Mom ist doch bislang das Ein und Alles gewesen. Supermom. Junge Leute stehen heute extrem unter Druck, um alle Ziele zu erreichen. Deswegen ist es wichtig, dass Mütter diesen Druck nicht zusätzlich verstärken, sondern gegensteuern: Ihr Kind sein lassen. Wie sollen Sohn oder Tochter ihren eigenen Weg finden, wenn Mutter immer hinterherdackelt? Verlieren Mütter an Einfluss, an Bedeutung, neigen manche dazu, spitze Giftpfeile abzuschießen. Und diese treffen Töchter eher als Söhne. Warum?

- *Traummann.* Söhnen ist der liebevolle Blick ihrer Mütter gewiss, selbst dann, wenn die Jungs in eine andere Richtung laufen als die gewünschte und sich schnell von Mami entfernen. Das schlucken Mütter, weil Söhne ihre Traummänner sind (meistens). Söhne dürfen sich abgrenzen. Die Traummänner werden nicht mit Spitzen beschossen, wenn sie ihr eigenes Ding machen. Und noch etwas: Jungs sollen immer noch echte Kerle sein, und echte Kerle müssen sich den Wind um die Nase pusten lassen. Deshalb dürfen sie Abenteuer suchen.

- *Null Prinzessin.* Töchter haben es schwerer. Sie werden von ihren Müttern seltener idealisiert, häufiger kritisiert – in Ablösezeiten gerne heftig. Und noch etwas: Mütter konkurrieren nicht selten mit ihren Töchtern, auch das ist ein Grund für manche Mutter, dafür zu sorgen, dass das Selbst-

299

Weiter auf Seite 301

seinem Besten. Kippt das eingespielte Eltern-Kind-Team damit?

»Wie hält es meine Mutter bloß aus, wenn ich öfter weggehe, mich abnable von ihr?«, fragt sich die 15-jährige Claire, die ihrer Mutter sehr nahesteht. »Sie macht sich Sorgen, wenn ich allein unterwegs bin. Sie sagt nichts, aber ich sehe es ihr an!« Nicht nur Claires Mutter macht sich Sorgen, sondern auch Claire. Obwohl sie resolut ihre neue Freiheit nutzt, hat sie nicht nur den Geruch von Freiheit in der Nase, sondern auch Bedenken im Kopf: »Was kommt auf mich zu, wenn ich mich häufiger von meiner Familie abseile? Wie geht es mir, wenn ich dauernd mit Freunden unterwegs bin? Oder was ist, wenn ich in Zukunft häufig allein bin?«

Einerseits ist eine Sehnsucht nach mehr Selbstbestimmung spürbar: Draußen lockt das pralle Leben. Andererseits ist da die familiäre Geborgenheit: Zu Hause kann man unterschlupfen, fühlt sich wohl, einfach gut und gemütlich aufgehoben.

Dieses Hin- und Herschwappen verschiedener Gefühle erschwert es, langsam zum alten Leben auf Abstand zu gehen. Der neue Lebensabschnitt kann sogar Angst machen: »Was kommt auf mich zu?« Man fühlt sich wie auf einer Wippe. Mal sind die einen, mal die anderen Gefühle und Sehnsüchte oben – eine Seelenlage, die viele Jugendliche kennen.

Wer sich von seinen Eltern löst, macht sich seine Gedanken, das gehört zum Jungsein: Zweifel, Vermutungen, Fragen kommen auf wie etwa:

300

Weiter auf Seite 302

bewusstsein des Kindes nicht in den Himmel wächst. Töchter werden gerne als Helfer gebraucht – immer noch. Wenn man die Tochter abhängig hält, bleibt sie dann eher? Irrtum, im Gegenteil. Mütter können ihre Töchter nicht mit Macht festhalten. Viele sind heute selbstbewusst und selbstsicher genug, um sich von zu Hause zu lösen. Es kostet junge Mädchen allerdings oft mehr Kraft, auf Abstand zu gehen, als Jungen.

Und was ist mit den Vätern? Natürlich tun sich Väter ebenfalls schwer damit, ihr Kindchen (Tochter) ziehen zu lassen, und natürlich ist ihr Part im Loslöseprozess bei Töchtern und Söhnen ebenfalls wichtig, aber die Bindung Mutter-Kind ist meist enger und der Prozess des Loslassens entsprechend schmerzhafter für sie.

Wie können Eltern die Beziehung zu ihrem Sprössling in der Ablösephase stärken?

- *Ein eigenes Leben führen.* Liebevolle, verständnisvolle Mütter, die nicht nur auf Kind und Kegel geeicht sind, sondern sich mit Freude und engagiert um ihr eigenes Leben kümmern, haben einen besseren Stand als die Supermamas, die ausschließlich um ihre Familien kreisen. Erstere können besser loslassen.
- *Zuwendung.* Lassen Eltern ihre Muskeln spielen, verlangen sie ausdrücklich Zuwendung und engen Kontakt, weil sie für ihr Kind in den vergangenen Jahren so viel getan haben, dann geraten sie bald in eine Sackgasse: Sohn oder Tochter fühlen sich unter Druck gesetzt und verweigern die Zu-

301

Weiter auf Seite 303

»Lieben mich meine Eltern wirklich so, wie ich bin?«

»Darf ich mich fröhlich ins volle Leben stürzen, weg von zu Hause, und anschließend – ohne schlechtes Gewissen – zu Hause wieder aufkreuzen, wenn ich Trost und Ermutigung brauche?«

»Kann ich es meiner Familie, die ich liebe, antun, dass ich meine eigenen Wege gehe?«

»Muss ich mich schuldig fühlen, wenn ich tue, was meinen Eltern nicht gefällt?« (Haare färben, Löcherjeans etc.)

Oft lösen diese Fragen das quälende Gefühl aus: Ich enttäusche meine Eltern – Menschen, die am meisten für mich tun. Was, wenn solche Gefühle das Loslassen begleiten? Wie damit umgehen? Wie oft zu Hause anrufen, wie oft zusammen um den Tisch sitzen und reden, wie viel Nähe ist gut und richtig?

Hilfreich: Für sich klären, was einem wirklich wichtig ist. Die eigenen Zweifel und inneren Konflikte direkt zur Sprache bringen, wenn möglich ruhig und besonnen. Gespräche mit der Familie können weiterhelfen, mancher Jugendliche redet allerdings lieber mit Freunden über aktuelle Themen, die ihm auf der Seele brennen.

wendung erst recht. Wer seine Eltern liebt, lässt sie keineswegs hängen, bestimmt allerdings zunehmend selbst, wie der Kontakt zu ihnen aussieht.

- *Geborgenheit.* Und wenn sie noch so forsch tun, Jugendliche sehnen sich nach Sicherheit, Nähe, Herzlichkeit. Wer sich beschützt, geborgen fühlt, erlebt die Welt als sicheren Ort und die Menschen als Bereicherung und nicht als Bedrohung. Gerade jetzt, wenn sie nach eigenen Wegen suchen, brauchen Heranwachsende die Erfahrung: Wenn ich es will, wenn ich es brauche, erreiche ich eine vertraute Person, die mir hilft.

Erziehung: Auf Vertrauen setzen

Ich habe jetzt mehr Freiheiten!« – wie erfolgversprechend das klingt. Aber die Flügel, die ein Jugendlicher mit seinem 13. oder 14. Geburtstag ausbreiten möchte, um davonzufliegen in die Welt, wachsen nicht auf Anhieb, sondern erst nach und nach und langsam. Langsam? Vor allem in unserer schnelllebigen Zeit ist langsam nicht nach dem Gusto Heranwachsender, die schnell abheben, bald das Gefühl genießen möchten, weitgehend autark zu sein. Bei einer guten Eltern-Kind-Beziehung verläuft der Prozess reibungsloser.

Die Beziehung leidet, wenn Väter und Mütter in der Pubertät ein bedrohliches Monster sehen, das ihre Familie überfällt, und äußerst angespannt darauf reagieren. Solch eine Haltung wirkt sich negativ aus, denn ihre Kinder spüren die Anspannung, die in der Luft liegt – und die sich verdoppelt, wenn zusätzliche Probleme auftauchen. Schulprobleme zum Beispiel. Da sie die Ängste ihrer Eltern mehr ahnen, als sie genau zu kennen, fällt es den betroffenen Jugendlichen schwer, die angespannte Stimmung zu deuten:

»Warum reagieren meine Eltern auf alles, was mit mir zu tun hat, auf ganz normale Probleme, plötzlich verkrampft?«

»Warum lassen sie nicht locker, warum haben sie kein Vertrauen in mich?«

»Warum kontrollieren sie mich plötzlich dauernd?«

Wenn der 14-jährige Moritz ins Kino geht, soll er anschließend die Kinokarte zu Hause abliefern, damit seine

Weiter auf Seite 306

Mit dem Großwerden ihres Kindes merken Eltern, dass ihr Leben komplexer wird und neue Überlegungen erfordert. Nicht nur ihr Teenager entwickelt sich weiter, bei ihnen ist das ebenfalls der Fall. In der Regel tun sie für ihren Sprössling, was sie können: mal einfühlsam, mal weniger mitschwingend, mal fürsorglich, mal kaum engagiert, mal streng, mal nachgebend … und aus diesem Gemisch verschiedener Verhaltensweisen entsteht so etwas wie ihr ganz persönlicher Erziehungsstil. Und der hat sich inzwischen seit Jahren bewährt oder auch nicht. Das Leben mit Kind hat sich jedenfalls längst eingespielt, bestenfalls auf der Basis gegenseitigen Vertrauens. Vertrauen ist die Grundlage jeder Beziehung, auch der zwischen Eltern und Kind. Und dieses Vertrauen hat kleinere und größere Bewährungsproben zu bestehen.

Während der Pubertät wissen Mütter und Väter nie, woran sie gerade sind: Krabbelt morgens ein zärtliches, zugewandtes Kind aus dem Bett, das fröhlich pfeifend ins Bad hüpft, oder schlurft ein ruppiges, schlecht gelauntes Monster über den Flur, das sofort von null auf hundert ist, wenn man es nur vorsichtig anspricht? Nachmittags chillt dieses Wesen ausgiebig in seinem Zimmer oder sitzt stundenlang gebückt mit Freund X vor dem Laptop oder muss die Haare unter Anleitung von Freundin Y blondieren und stylen. Eine Weile her, dass dieses lange Reff von Sohn oder Tochter auf den Schoß wollte. Inzwischen wünscht das Kind Mami und Papi weit weg – möglichst nach Amerika. Und die Eltern müssen zuversichtlich in die Zukunft blicken und Vertrauen in ihren Teenager setzen: Gegen Ende der Pubertät wird er wieder vernünftig werden und sich das Leben wieder einpendeln.

305

Weiter auf Seite 307

Mutter überprüfen kann, ob er auch wirklich in dem Film war, den er vorher angegeben hat. Oder: »Wenn ich abends unterwegs war, examiniert mich meine Mutter am nächsten Morgen mit Fragen wie ›Was ist mit Drogen, kommst du damit in Berührung?‹ und ›Mit welchen Leuten bist du unterwegs?‹.« Was tun?

Das Beste ist es, aktiv zu werden. Das Gespräch mit den Erwachsenen zu suchen und die eigene Verunsicherung zu schildern. Für mehr Vertrauen zu werben und zu erzählen, die Eltern am eigenen Leben teilhaben zu lassen. Auf dieser Basis kann neues Vertrauen entstehen. Jugendliche wollen sich freischwimmen, ohne dass besorgte Eltern sich ständig schützend und mit tausenderlei Ermahnungen in ihre Vorhaben einmischen. Sicher – Teenager sind oft immens unzuverlässig und keineswegs vertrauenswürdig. Doch das elterliche Misstrauen demotiviert, während Vertrauen das Gefühl vermittelt, ernst genommen zu werden, und so am ehesten zu Verlässlichkeit führt.

Verständnis zeigen

Jugendliche wollen erwachsener sein, als sie sind. Beim Gehen wiegen sie sich in den Hüften oder stöckeln auf High Heels durch die Gegend, um für älter gehalten zu werden und beim Einkaufen bloß nicht mehr in die Kinderabteilung geschickt zu werden. Ihre Lieblingssätze:

- »Ich bin schließlich kein Baby mehr!«
- »Behandle mich nicht wie ein Kleinkind!«
- »Ich bin ich und weiß selbst, was gut für mich ist!«
- »Ich weiß, was ich tue!«

Wer darauf mit Verständnis reagiert, hat gewonnen.

Verbindlichkeit – aus der Mode gekommen?

Sie wollen modern sein, haben aber keine Ahnung davon, was uns beschäftigt, sagen Jugendliche häufig über ihre Eltern. So beharren Mütter und Väter gerne auf alten Erziehungsweisheiten, etwa: Verabredungen müssen sein und werden eingehalten. Sie unterstreichen ihren Standpunkt mit Sprüchen wie:

»Warum kannst du dich nicht auf einen bestimmten Zeitpunkt festlegen?«

»Was ist dabei, uns mitzuteilen, wann du abends wiederkommst? Kann doch kein Problem sein, das zu sagen?«

»Wieso weißt du nicht, wann du wieder zurück bist?«

»Können wir nicht einmal fest im Voraus planen?«

Immer wieder ihr Getue mit Verabredungen, die man mit ihnen treffen soll. Außerdem bekommen Teenager folgende Kommentare zu hören: »Alles so unverbindlich bei euch! Wieso ist es schwierig, sich festzulegen?«

»Wieso haken sich die Eltern an dem Thema Verabredungen fest?«, kontern Sohn oder Tochter gerne. Die Erwachsenen wollen doch mit den Jungen mithalten – wieso ignorieren sie dann stur, dass seit WhatsApp, Facebook und Smartphone andere Regeln gelten als vorher: »Spontaneität ist bei uns gefragt und nicht Vorausplanen«, sagt Konstantin, 14 Jahre alt. »Schnelligkeit ist gefragt. Das Umschmeißen von Entscheidungen. Flexibel muss der Mensch sein!« Wie soll man denn mittags schon wissen, was abends sein wird? Genau planen, vorausdenken, sich festlegen, Programm machen – alles lange überholt bei Pubertierenden. Und zu Hause anrufen, wie gefordert?

Weiter auf Seite 310

Verabredungen klappen nicht mehr. Sich festlegen? Wieso denn das? Eingespielte Regeln und Absprachen werden plötzlich mit Fragezeichen versehen. Mit der Pubertät beginnen Eltern, an ihrer Erziehungskompetenz zu zweifeln. Aber was ist zu diesem späten Zeitpunkt an Erziehung noch machbar? Wie können Väter und Mütter erkennen, wann sie es mit ihren Bemühungen übertreiben und wann ihr Engagement berechtigt ist? Wer die folgenden Punkte beherzigt, kommt weiter:

Gespräche. Meinungsaustausch mit dem Tenor »Ich lerne von dir, du lernst von mir« ist Schmiermittel jeder Beziehung. Im Dialog klärt sich das Verhältnis zwischen Eltern und Kind. Offenheit und Interesse aneinander sind unabdingbar. Fragen stellen? Ja, aber das Gegenüber nicht mit Fragen überfallen, es nicht ausfragen, nicht bedrängen. Keiner mag sich zu Hause examinieren lassen. Lieber kontinuierlich im Gespräch bleiben.

Natürliche Autorität. Kein Klavierspielen, keine Mathehausaufgaben mehr – Jugendliche kündigen gerne eingespielte Regeln und bewährte, bislang geltende Verhaltensmuster. Ihr neues Motto: »Ich bestimme jetzt selbst, was gut für mich ist!« Wenn Grenzen verletzt, gemeinsam verabschiedete Regeln unberücksichtigt bleiben, sollten Mutter oder Vater auf ihre Autorität vertrauen und durch eindeutiges Auftreten klarmachen: »Halt! Hier gilt, was wir verabredet haben! Du weißt, warum diese Abmachung wichtig ist!« Autorität heißt: Ich weiß, was ich will. Ich nehme eine eindeutige Position ein, und mir ist klar, warum, wieso ich mir dieses Ziel setze und kein anderes. Ich bin davon überzeugt, dass meine Vorstellung angemessen ist. Wir haben uns darauf geeinigt. Wer sich als Mutter, als Vater

309

Weiter auf Seite 311

Anrufen nervt. Eltern können sich doch in unser Leben einklinken und kurz mitchatten, dann wissen sie, was läuft. Wann kapieren sie, dass sie selbst umdenken sollten und nicht diejenigen, die mit der Zeit gehen, nämlich die Jugendlichen. »Nicht wir haben Erziehung nötig, sondern unsere Eltern«, beklagt ein 15-Jähriger. Die Vorstellungen von punktgenauen Verabredungen kommen ihm lächerlich vor. Von gestern. »Ich kann doch per Smartphone Bescheid sagen, wie es mit meiner Planung ausschaut!« Wann nutzen die Erwachsenen endlich das neue Einmaleins der Kommunikation und packen ihre alten Vorstellungen von verbindlichen Zusagen und Absagen, von Verabredungen überhaupt, endgültig in den Koffer?

Wie soll man mit Heranwachsenden umgehen? Was sagen Experten zum Thema »Erziehung von Jugendlichen«?

- *Alles bestens.* Die Erziehung von heute sei in Ordnung – und gerade bei Teenagern ziemlich erfolgreich, sagen die einen Fachleute. Die Eltern kommen im Großen und Ganzen mit ihrem Nachwuchs klar, und den Jugendlichen geht es nicht schlecht, so ihre Sicht.
- *Alles im Argen.* Viele – zum Beispiel Lehrer oder Psychologen –, die mit Eltern und Jugendlichen zu tun haben, beurteilen die Situation weniger rosig, klagen über anspruchsvolle Mütter und harsch auftretende Väter, die ihr Kind auf den Thron setzen und von allen anderen erwarten, es zu hofieren. Glücklicherweise lassen solche Urteile die meisten Familien kalt: Es sei doch altbekannt und klar, dass Jugendliche während ihrer Pu-

Weiter auf Seite 312

seiner eigenen Position sicher ist, kann überzeugend auftreten und hat damit die Chance, selbst einen ziemlich rebellischen Heranwachsenden ins Boot zu holen.

Konsequenz bedeutet: Du nimmst mich und meine Bedürfnisse ernst – ich nehme dich und deine Bedürfnisse ernst. Das Ganze ist eine Sache auf Gegenseitigkeit. Klappt das Pingpongspiel nicht, hat das Folgen: Werden Verabredungen nicht eingehalten, heißt das zum Beispiel: keine elterlichen Taxifahrten, das nächste Ausgehen ist gestrichen.

Wenn auf ein bestimmtes Verhalten die immer gleiche Reaktion erfolgt, werden die sozialen Spielregeln ernst genommen. Erwachsene sollten in ihrem Verhalten *berechenbar sein*, da ihr Kind sonst überhaupt nicht weiß, woran es ist. Natürlich ist das für Eltern oft schwierig, weil auch sie unbedacht und intuitiv handeln und auch sie gute und schlechte Tage haben. Doch das kann ja ebenfalls thematisiert werden, wenn die Wogen wieder geglättet sind.

Mütter und Väter verhalten sich allerdings mitunter diffus. Schimpfen, trösten, belohnen innerhalb weniger Minuten. Widersprüchliche Signale überfordern Jugendliche. Oft empfinden Eltern ihr Hin und Her selbst als Fehler, es gelingt ihnen aber nicht, ihr Verhalten zu korrigieren. Was hilft?

Gelassenheit ausstrahlen. Ruhe bewahren, wenn der Wind durch die Familie pfeift und die Pubertät glüht. Gelassen bleiben – leichter gesagt als getan, wenn die Mäuse auf dem Tisch tanzen. In Konfliktsituationen nicht gleich reagieren, lospreschen und wild gegensteuern, sondern erst einmal tief durchatmen. Wie funktioniert das? Übungssache. Noch etwas: Was

311

Weiter auf Seite 313

bertät Purzelbäume schlagen. Das muss nicht gleich auf Erziehungsfehlern beruhen.

Aber natürlich zweifeln manche Eltern zwischendurch an ihrem Erziehungsstil, und das ist ganz normal: »Geben wir der nachwachsenden Generation brauchbares Rüstzeug für das große Durcheinander unseres Daseins mit, für die Schnelllebigkeit unserer Zeit? Was ist richtig, was ist falsch?«

- *Ist es richtig,* dass ich als Mutter hinterhertelefoniere, wenn das Kind sagt, es übernachte bei Freund oder Freundin?
- *Ist es falsch,* wenn ich mit unserem fast erwachsenen Sohn verabreden will, wann er sein Zimmer aufräumt?

Bedeutet Pubertät …

- *abgemeldet zu sein?* Jetzt steht unser Kind auf eigenen Füßen, und wir sind die Alten, die nichts mehr zu melden haben?
- *sich zu kümmern?* Oder heißt das: Ich muss hinter meinem Kind her sein, mich weiterhin kümmern?
- *die Dinge laufen zu lassen?* Oder soll ich als Vater, als Mutter bei Konflikten eher lässig mit den Schultern zucken und den Laden laufen lassen?

Alle Betroffenen ahnen: Es ist zu früh, um bei der Erziehung Bilanz zu ziehen. Es gibt noch einiges zu richten, besonders dann, wenn der Busch brennt – und während der Pubertät brennt er häufiger.

312

Weiter auf Seite 314

man im Kopf hat, muss nicht umgehend besprochen, bewertet, durchdiskutiert werden. Abwarten kann mehr bringen, denn manches Konfliktchen gibt sich dann von selbst.

Vorbild sein. Bei Jugendlichen sind brauchbare Vorbilder gefragt, obwohl sie deren Einfluss auf ihr Leben weit von sich weisen. Dennoch: Eltern sind und bleiben für die meisten Fast-Erwachsenen wichtige Orientierungspunkte, auch dann, wenn sie damit beschäftigt sind, Mama und Papa zu entthronen. Erwachsene geben an ihre Kinder weiter, was in ihnen steckt und ihre eigene Persönlichkeit ausmacht. Andere inspirieren kann man am besten, wenn man selbst inspiriert ist.

Selbstkritik üben. Fürsorglichen Eltern wird von ihren Kindern gerne angelastet: »Ihr kreist ununterbrochen um uns, kommentiert jeden unserer Schritte, könnt nicht loslassen!« Daneben wird der elterliche Leistungsdruck beklagt: »Wir sollen, wir müssen dies und das bringen, um später einen anständigen Job zu bekommen. Erfolg, Erfolg – als gäbe es nichts anderes auf dieser Welt!« Alles zusammen kann Schuldgefühle machen: »Wir Eltern machen alles falsch.« Schuldgefühle bringen nichts, Selbstkritik jedoch schon, wenn sie zum Nachdenken über den eigenen Erziehungsstil anregt und nötige Korrekturen in Gang setzt.

Selbstbestimmung erlauben. Was ist beim Klamottenkauf? Wann kann und soll ein Kind selbst entscheiden, selbst verantworten, was es kaufen und anziehen möchte? Macht es Sinn, einen festen Etat für Einkäufe zu verabreden? Zu Beginn der Pubertät ist es mancher Tochter, manchem Sohn wahrscheinlich lieber, Mutter oder Vater als Berater an der Seite zu haben.

313

Weiter auf Seite 315

Humor

Mit Humor kommen Mütter und Väter auch dann noch weiter, wenn Töchter mehr Schminke in ihrer Schultasche mit sich herumschleppen als Schulsachen oder Söhne den Familienkasper spielen und sich totlachen über Witze, die kein anderer komisch finden kann. Umgekehrt können Jugendliche die Macken ihrer Eltern eher ertragen, wenn Humor im Spiel ist. Gemeinsames Lachen und witzige Bemerkungen entspannen heikle Situationen.

»Wir besprechen, was ansteht, und entscheiden gemeinsam!«, erzählt der 15-jährige Josh. Die nächste Stufe: Später werden lieber Freunde oder Freundinnen als Berater mitgenommen. Die Eltern sind langsam abgemeldet und dürfen sich in Zukunft darin üben, zu loben und mit eventueller Kritik sparsam umzugehen.

Anerkennung zeigen. In Zeiten schwankenden Selbstwertgefühls ist Anerkennung der Nektar, den Jugendliche gierig aufsaugen und der sie aufbaut. Wer das weiß, spart nicht mit Anerkennung und freut sich sichtlich mit, wenn die Dinge des Lebens gut laufen, lobt (siehe Seite 273). Die Seele einer 14-Jährigen fühlt sich geschmeichelt, wenn sie von ihrer Mutter zu hören bekommt: »Ich mag, was du anziehst, und staune darüber, wie toll du deine Klamotten kombinierst – so ideenreich!« Das ist hundertmal mehr wert als ein »Alles in Ordnung!«.

Und was kommt weniger gut an bei Jugendlichen? Moralpredigten, Zurechtweisungen, gute Ratschläge, Besserwisserei, Strafen, Rechthaberei. Autorität heißt auch nicht, mit der Faust auf den Tisch zu hauen, zu brüllen oder einen Machtkampf anzuzetteln.

Neue Medien, neue Umgangsformen?

FÜR JUGENDLICHE

Dank der neuen Medien kocht noch ein weiteres heißes Thema hoch und sorgt zu Hause für Gesprächsstoff.

Mutter sagt: »Kannst du das Ding nicht endlich mal aus der Hand legen?«

Vater sagt: »Wieso guckst du alle paar Minuten auf dein Smartphone?«

Oma sagt: »Du kennst ja nichts anderes mehr als dieses Teil.«

»Sie sagen, ich sei süchtig, weil ich dauernd mit meinem Smartphone beschäftigt bin«, erzählt die 15-jährige Mila. »Wieso soll es eine Sucht sein, wenn ich in engem Kontakt mit denjenigen stehen möchte, die ich mag?« Nach Menschen könne man nicht süchtig werden, meinen auch die Freunde von Mila und haben geringes Verständnis für diejenigen, die gegen den Dauereinsatz von Smartphones und Handys wettern. Die einfach keine Ahnung haben von der neuen Zeit mit ihren neuen Möglichkeiten. Die nicht wissen, dass es in Gruppenchats und Einzelchats nicht nur um »Hihi« oder »Haha« geht, sondern zum Beispiel auch um Schuldinge (Hausaufgaben, Referate) oder Persönliches (Liebeskummer). Statt dauernd mit ihrem Lieblingsthema zu kommen – »Das dauernde Online-Sein ist reine Zeitverschwendung« –, sollten Eltern ihren fast erwachsenen Kindern glauben, wenn sie sagen: »Wir können alles gleichzeitig: Am Handy hängen oder aufs Smartphone tippen, chatten und Hausaufgaben erledigen!« Die neue Generation ist sich ihrer Sache sicher.

Vor allem Mädchen werden von der Gier nach Kommu-

Weiter auf Seite 318

Wenn sie beobachten, wie gewieft ihr Nachwuchs mit seinem Smartphone hantiert, wie perfekt er im Internet surft, erschrecken viele Eltern: Da bleibt keine Energie mehr für anderes. Der reine Wahnsinn, wie viel Zeit dieses Abdriften in digitale Welten kostet. Darin sind sich die meisten einig: Smartphone, WhatsApp, Facebook und dergleichen zu verbieten ist unmöglich, denn in den Gruppen, in denen sich Jugendliche heute bewegen – und das sind meist mehrere und unterschiedliche –, ist das Mithalten ein absolutes Muss. Wer nicht mitmacht, fliegt raus. Deshalb überwinden viele Eltern ihre Skrupel, kaufen Smartphone und Co. für ihre Kinder und halten sich an dem Plus fest, das Fachleute entdecken: Jede neue Generation will sich von den Alten absetzen, um ihr eigenes Profil zu gewinnen, und die Generation, die jetzt ans Ruder kommt, macht das eben mithilfe neuer Kommunikationsmittel. Es kann keine Rede davon sein, dass sich die Jungen von heute um Kopf und Kragen quasseln. Also Entspannung. Verbieten, schimpfen – alles kontraproduktiv.

Wer mit Jugendlichen über ihren Mediengebrauch diskutiert, muss seinen Standpunkt verdeutlichen, sollte Gegenargumente gelten lassen oder aber abschmettern, wenn es sein muss. Eltern sollten auf Einigung und nicht auf Konfrontation aus sein. Ein Beispiel: Das Handy klingelt dauernd. Kein größeres Problem für Jugendliche, jedoch für viele Erwachsene. Schimpfen? Hilft nichts. Vielleicht wirkungsvoller: eine Abmachung treffen. Das Handy darf klingeln, wann es will, aber während der Mahlzeiten oder bei anderen familiären Gemeinschaftsunternehmungen ist es auf lautlos.

nikation per Facebook und Co. befallen. Warum ein Telefonmarathon nach dem anderen, wenn man sich sowieso ständig trifft? Die Jugendlichen sehen es anders: Da können sie eben aus sicherer Distanz und unbeobachtet alles bequatschen, was sie bewegt. Gleichzeitig loten sie dabei die Gefühle des anderen aus und vergleichen sie mit den eigenen. So wird die Welt verständlicher und gewinnt an Struktur. Man ist sich zwar nah, kann sich aber trotzdem allein und nach Herzenslust auf sein Bett lümmeln.

Smartphone gleich Sicherheitsleine

Per Smartphone die Verbindung halten? Karo, 13 Jahre alt, ist nachmittags, Handy in der Tasche, in der Stadt unterwegs, geht mit Freunden Eis essen und mit der Clique ins Kino. Ihre Eltern lassen sie laufen, froh darüber, dass sie erreichbar sind: »Du kannst uns ja benachrichtigen, wenn's sein muss!« Schon häufiger hat Karo das Smartphone benutzt, um Mutter oder Vater zu informieren, dass sie sich verspäten wird. Bald wird Karo auch abends mit ihrer Clique unterwegs sein – und alle fühlen sich sicherer, wenn das Telefon dabei ist. Und es ist immer dabei. Die Eltern rufen nie an, es sei denn, sie müssten ihre Tochter unbedingt erreichen. »Bloß keine Kontrollanrufe – fürchterlich, wenn Eltern dauernd wissen wollen, wo ihre Kinder gerade sind!«, sagt Karos Mutter. Von einer Dauerüberwachung hält sie gar nichts.

Provokation und Streit um jeden Preis

FÜR JUGENDLICHE

Weitere Konfliktsituationen, die viele kennen:

Aggressionen. Die Stimmung von Sohn oder Tochter kippt. Aus heiterem Himmel verwandelt sich gute Laune plötzlich in schlechte, die aus irgendwelchen Untiefen an die Oberfläche schwappt. In solchen Momenten können es Eltern überflüssigerweise häufig nicht lassen, ihren Sprössling zu ermahnen: »Lass dich nicht so gehen!«, »Verschon uns mit deiner Laune!« oder »Schon mal was von Selbstbeherrschung gehört?« Das findet kein Angesprochener komisch und kontert: »Ich bestimme selbst, wie ich zu gucken habe!« Die Meinungen knallen aufeinander. Der Streit ufert nicht selten aus: »So hysterisch ist sie immer!«, blamiert die Tochter dann zum Beispiel schonungslos ihre aufgebrachte Mutter. Oder: »Halte dich da raus, Alter, du hast doch sowieso keine Ahnung«, meint der gerade erst 13-jährige Sohn. Und immer wieder betonen Heranwachsende knallhart: »Wir machen, was wir wollen!« Die Aggressionen gegenüber den Eltern sind manchmal immens, schließlich hören die Erwachsenen nie auf zu kontrollieren, zu bewerten, zu erziehen … Keiner mag sich von oben herab belehren, verbessern, beurteilen lassen, schon lange nicht, wenn er sich endlich erwachsen fühlt.

Welche Brennpunkte machen allen Beteiligten in der heißen Phase Pubertät außerdem zu schaffen?

Reizthemen: Das Benehmen, die Hausaufgaben, das abendliche Weggehen – viele Brennpunkte, über die zu Hause geredet, gestritten wird. Einige Themen sind Reizthe-

320

Weiter auf Seite 322

Zu ihrem Erstaunen werden Eltern zu den »Alten«, wenn ihr Kind in die Pubertät kommt. Mancher Jugendliche nimmt die Erwachsenen nicht mehr ernst. Zeigt ihnen deutlich, dass sie von gestern sind, muffelt sie an, fertigt sie kurz und knapp ab, dreht ihnen häufiger den Rücken zu, wenn ihm gerade danach ist – alles zusammen der Versuch, sich selbst und der ganzen Welt zu zeigen: Schaut mal, wie erwachsen, lässig und cool ich bin. Das ist ganz normal. Es geht vorüber. Gleichzeitig ist Mama die Allerbeste, Papa gut für vieles zu gebrauchen – das Bedürfnis nach Zuwendung und Zärtlichkeit ist nicht zu übersehen. Dieses aufregende Hin und Her beutelt Eltern: Was gilt denn nun – den Rücken zudrehen oder kuscheln? Beides! Und bitte nicht persönlich nehmen. Nimmt das Großgetue allerdings überhand, kann es Sinn machen, das gute Kind mal gegen die Wand laufen zu lassen: eine grundlegende Erfahrung für den nach mehr Selbstständigkeit strebenden Nachwuchs. Wird er aus Schaden klüger?

Der Ton ihrer pubertierenden Kinder ist für Eltern wohl am schwersten zu ertragen. Niemals hätten sie es damals gewagt, »so!« mit ihrem Vater oder ihrer Mutter zu reden. Und trotz aller Liberalität stehen sie auf dem Standpunkt: So viel Unverschämtheit darf nicht sein. Sie pochen also vehement auf Höflichkeit, gutes Benehmen und Rücksichtnahme. Sie brüllen: »Das lasse ich mir nicht gefallen!«, und bestehen darauf, dass ein bestimmtes Maß an Regeln befolgt wird. Häufig ziehen sie den Kürzeren: Da gibt es Jugendliche, die drehen ihre Musik noch lauter, um die elterlichen Vorhaltungen zu übertönen, andere schlendern aus dem Raum, ein Liedchen auf

321

Weiter auf Seite 323

men, die immer wieder aufs Tapet kommen. Oft Anlass für einen Kleinkrieg – so die Sicht Jugendlicher, die sagen: Die Erwachsenen maßen sich gerne an, alles lenken, bestimmen zu wollen und besser zu wissen, obwohl sie selbst keineswegs perfekt sind. Jetzt, da sie sich in ihrer wachsenden Unabhängigkeit sonnen, rebellieren sie selbstbewusst, trotzen den elterlichen Machtansprüchen, kämpfen um immer mehr Freiheit – wenn es sein muss, auch mit unfairen Mitteln. Treffsicher werden die Eltern verletzt, gekränkt und beleidigt. Mancher Heranwachsende sieht darin auch so etwas wie Rache für die Demütigungen, die er im Laufe der Jahre in der Familie erfahren hat.

Provokationen sind »in«. Es kann Spaß machen, Vater und Mutter zu provozieren – noch nie gelang das so gut wie jetzt, da die Söhne und Töchter schlauer, sicherer und schlagfertiger geworden sind. Und wie sollen sie sich überhaupt durchsetzen, wenn sie nicht ihre Grenzen ausloten und notfalls einen handfesten Krach mit der Familie riskieren?

Grundkonflikte werden deutlich. In vielen Familien werden die gleichen Konflikte ausgetragen: »Ich streite mich am meisten mit meinem Vater, weil er ständig kontrolliert, wie lange ich abends wegbleibe – nur weil ich ein Mädchen bin«, klagt Lisa, gerade 16. Ihre Freundin liegt sich mit der Mutter in den Haaren: »Manchmal verstehen wir uns gut, aber dann will sie sich wieder in alles einmischen, und ich drehe durch. Allerdings versöhnen wir uns immer wieder, ich halte es gar nicht aus, lange Krach mit ihr zu

322

Weiter auf Seite 324

den Lippen, wieder andere brüllen zurück. Was können Mütter und Väter tun?

Nicht vergessen, Heranwachsende powern, weil sie noch kein Gefühl für Nuancen entwickeln konnten. Sie sind unverschämt, weil sie Abstand suchen zu den Eltern, sich darin aber erst üben müssen. Es ist eher bedenklich, wenn Auseinandersetzungen zwischen Teenagern und ihren Eltern tabu sind, wenn das Kind meist brav und nett ist. Denn wer in der Pubertät Konfrontationen scheut, explodiert vermutlich irgendwann und geht plötzlich seine eigenen Wege.

Am turbulentesten sind die Konflikte meist, wenn der Jugendliche zum nächsten Entwicklungssprung ansetzt und neue Freiheiten einfordert. Erst wenn sich eine Einigung mit den Eltern abzeichnet, ist wieder Ruhe – bis zum nächsten Sturm?

Also empfiehlt es sich, Streit auszuhalten, nicht zu heftig zu reagieren, so manche Ruppigkeiten einfach zu überhören. Dass Pubertierende die Erwachsenen so vehement angreifen, zeigt, wie tief ihre Abhängigkeit noch sitzt. Sonst müssten sie ihre Autonomie nicht ständig durch neue Trotzattacken unter Beweis stellen – wobei der Groll auch weniger den Eltern als Personen gilt als vielmehr der eigenen widersprüchlichen und ungeklärten Lebenssituation.

Um diese zu klären, suchen Teenager die Auseinandersetzung. Also müssen Mütter und Väter, sobald es um einen konkreten Konfliktstoff geht, Flagge zeigen, denn sie, ihr Standpunkt und ihre Autorität werden aufs Härteste getestet und herausgefordert. Klein beigeben gilt nicht. Was können Eltern

323

Weiter auf Seite 325

haben.« Patrick greift vor allem seinen Vater an und rivalisiert mit ihm: »Erst als ich 15 wurde, ging es los – dem Alten passte nichts mehr an mir, wir haben uns angebrüllt, und ich habe ihm alles gesagt, was ich von ihm dachte.«

Regeln sind in vielen Familien ein Thema. Es gibt einen Verhaltenskodex in jeder Familie. Gewisse Regeln müssen eingehalten werden, das ist einfach so. Die mit den Eltern getroffenen Regeln einhalten, die Grenzen beachten, die sie gesetzt haben? Kein Hit für Jugendliche, die mit neuem Selbstbewusstsein gerne auf Gegenkurs gehen: »Muss doch nicht unbedingt sein. Ich mache lieber mein eigenes Ding! Schließlich bin ich kein Kind mehr …« Die Folge: Heiße Diskussionen ohne Ende. Oft Streit, laut, lauter, am lautesten, Gefühlsstürme mit großem Gewitter. Eltern, die darauf dringen, müssen es aushalten, als Spießer, als engstirnig und total von gestern bezeichnet zu werden.

Was tun, wenn der Sturm im Wasserglas zunimmt und sich die Diskussionen, Missverständnis und Streitereien häufen?

Selbst aufmüpfige Jugendliche sind nicht völlig uneinsichtig, sondern können nachvollziehen, dass ihre Eltern bei inakzeptablem Verhalten Grenzen aufzeigen. Die Einsicht Betroffener wächst meistens, wenn das Warum erklärt wird: »Hier ist Schluss, weil …« Noch besser, wenn das Grenzensetzen ohne Schimpfen, ohne erhobenen Zeigefinger, stattdessen mit einigermaßen ruhiger Stimme geschieht. Vielleicht bietet sich zu einem späteren Zeitpunkt,

324

Weiter auf Seite 326

tun, damit sich die Fronten nicht verhärten und Streitgespräche zu Lösungen führen?

- *Ihre Empfindungen aussprechen* und dann präzisieren, warum bestimmte Verhaltensweisen für sie unannehmbar sind. Kinder sind viel eher bereit, ihr Verhalten zu ändern, wenn sie sich aus eigener Einsicht dazu entscheiden, und nicht, weil Erwachsene Gebrauch von ihrer Autorität machen oder gar mit Sanktionen drohen.

- *Flexibel bleiben* und bereit sein, ihre Positionen je nach Alter und Reife des Kindes neu zu überdenken. Jugendliche brauchen keine starken, unfehlbaren Eltern mehr, sondern Erwachsene, die mit ihnen Verständigungsmöglichkeiten ausklügeln und versuchen, ihr Kind immer wieder mit neuen Augen zu sehen, um entsprechend undogmatisch mit ihm umzugehen.

- *Auseinandersetzungen zulassen,* da ihr Sprössling schließlich lernen muss, mit Konflikten umzugehen. Sind Vater und Mutter bereit, zuzuhören und seine Argumente zu respektieren, ohne sie abzuwerten, erlebt er sich als vollwertigen Diskussionspartner. Entsprechend können die Eltern dann ihrem eigenen Standpunkt Geltung verschaffen.

Wenn die Fetzen fliegen

Häufen sich während der Pubertät die Konflikte, heißt das nicht: Alles, was in den vergangenen Jahren das Familienleben ausgemacht hat, ist auf ewig dahin – eine

325

Weiter auf Seite 327

wenn sich alle Beteiligten beruhigt haben, die Gelegenheit, über den Sinn bestimmter Regeln zu diskutieren, und dann möglichst in aller Ruhe.

Wie schon gesagt: Kein Jugendlicher mag sich von oben herab belehren, verbessern, bewerten lassen, sondern möchte vernünftig mit allen Beteiligten über das sprechen, was geklärt werden muss, und zwar auf Augenhöhe. Freundlich, aber bestimmt sollten sie Diskussionen und Problemlösungen einfordern, mit denen alle leben können. Im Gespräch möglichst sachlich bleiben und die eigenen Gedanken straff gliedern.

Bei Auseinandersetzungen kommen Jugendliche und Erwachsene weiter, wenn sie nicht nur die eigenen Gedanken und Gefühle wahrnehmen, sondern versuchen, auch die anderen und ihre Empfindungen zu berücksichtigen, wenn sie nicht nur sich selbst und ihre Belange, sondern alle am Gespräch oder am Streit Beteiligten im Blick haben.

Ein Beispiel: Werden sie von Erwachsenen hart angefasst, kritisiert, belächelt oder sogar kleingemacht, reagieren nicht wenige Jugendliche sauer oder gereizt. Sie sind gekränkt und geben sich deshalb vielleicht extra uneinsichtig, stur, abweisend oder provokant nach dem Motto »Wie du mir, so ich dir!«. Eine konstruktivere und reifere Reaktion: Den Spieß in Gedanken umdrehen und fragen: »Wie fühlen sich meine Eltern, wenn ich ordentlich austeile und sie provoziere mit Statements wie ›Von euch

326

Weiter auf Seite 328

verbreitete Sorge. »War alles umsonst? Wird unser Kind irgendwann wieder ›normal‹?« Solche Befürchtungen sind unbegründet: Nach den Umbruchzeiten pendelt sich das Leben normalerweise wieder ein. Obwohl die Pubertät Jahre dauert, vergeht sie, subjektiv gesehen, schnell, da sich enorm viel in dieser turbulenten Phase tut. Mit jedem Tag rückt das Erwachsensein näher: Langsam finden die Jugendlichen mehr zu sich selbst. Jede Auseinandersetzung, jeder Liebeskummer, jeder Pickel bringt ihre Entwicklung vorwärts.

lasse ich mir überhaupt nichts sagen. Ihr habt ja keine Ahnung!‹? Wie geht es ihnen, wenn ich zurückschlage und ebenfalls bewerte, kritisiere, provoziere?« Solch ein gedanklicher Rollentausch kann neue Perspektiven und Einsichten vermitteln und damit die eigene Sicht- und Denkweise infrage stellen, verändern und dazu beitragen, Provokationen, Bewertungen, Abrechnungen, Besserwissereien zukünftig zu vermeiden.

Das Ich und die Umwelt

Dass sich ein Junge, der auf einem Bauernhof im letzten Winkel Niederbayerns aufwächst, anders entwickelt als ein Altersgenosse aus Berlin-Kreuzberg, kann man sich vorstellen, und auch, dass nicht nur Gene und Erziehung diese wesentlichen Unterschiede bewirken. Ob ein Kind mit oder ohne Geschwister, in wohlhabenden oder bescheidenen Verhältnissen, in einer an Bildung interessierten oder desinteressierten Familie groß wird – alle sozialen Erfahrungen, die es macht, wirken sich auf seine Persönlichkeitsentwicklung aus.

In den ersten zehn Lebensjahren wird ein Kind vor allem durch seine Eltern ins Leben eingeführt. Sie stellen den Kontakt zur Umwelt her. Für jedes Kind ist dieses Stückchen Umwelt, mit dem es in seinen ersten Lebensjahren in Berührung kommt, die einzig wahre Welt und nicht eine unter vielen möglichen. Seine Sichtweise ist entscheidend beeinflusst durch die Vorstellungen seiner Eltern. Sie stecken den Rahmen ab, begrenzen seine sozialen Erfahrungen. Selbst ein Zehnjähriger hat noch nicht die Möglichkeit, diesen Rahmen zu sprengen. Nicht erstaunlich also, dass jedem diese ersten sozialen Erfahrungen in Erinnerung bleiben, und zwar fest gemauert.

Mit der Pubertät tun sich neue Welten auf. Dass die eigenen sozialen Erfahrungen und Verhaltensweisen nicht das Maß aller Dinge sind, wird Jugendlichen jetzt zunehmend bewusst. Neugierig schauen sie sich an, welche Werte, welche Regeln im Umfeld ihrer Freunde gelten. Sie sind darauf aus, ihren sozialen Horizont zu erweitern,

Weiter auf Seite 332

Solange ihr Kind brav zur Schule und in den Turnverein geht, wissen Eltern, was läuft. Sie kennen die Schule, die Mitschüler, den Verein – das ganze Milieu, in dem sich ihr Sohn, ihre Tochter bewegt, und wissen um die Einstellungen, Werte, Gewohnheiten, die dort gelten.

Viele Jahre lang spielen Mütter und Väter den Agenten für ihr Kind: Sie stellen Kontakte her, fördern Kontakte oder lassen sie einschlafen. Sie geben kulturelle Werte von einer Generation an die nächste weiter. Bewusst und unbewusst gestalten sie das soziale Gefüge, in dem sich die Familie bewegt, und kontrollieren – intensiv oder weniger intensiv, je nach Wesensart – das gesamte System. Wenn ihr Spössling in neue soziale Gefilde abschwirrt, sind Eltern häufig beunruhigt. Sie können nur ahnen, was sich in der Sowieso-Disko oder im »In«-Café, in dem irren Superviertel oder beim Freund XY tut, welche Leute dort das Sagen haben, ob sich ihr Kind beeindrucken lässt von starken Typen und markigen Sprüchen oder nicht, ob ihm bei seinen Exkursionen neue Lichter aufgehen oder die alten weiter leuchten.

Mit der Pubertät werden die in der Kindheit erworbenen Muster auf Haltbarkeit überprüft: Ist das Wertesystem, das sie zu Hause mitbekommen haben, so fest im Bewusstsein verankert, dass es hält und stabil bleibt, trotz neuer sozialer Erfahrungen, oder verändern diese Erlebnisse das Denken und Handeln wesentlich? Die meisten Jugendlichen bleiben heute – erstaunlicherweise – den Werten treu, die sie seit frühester Kindheit kennen.

Eltern müssen verstehen lernen, dass sie das Terrain nicht

331

Weiter auf Seite 333

Alternativen kennenzulernen, sich an den Maßstäben anderer zu orientieren, eine eigene Sichtweise zu gewinnen. Was sie tun und lassen, wollen sie selbst bestimmen. Heranwachsende genießen es, dass sie selbst und nicht mehr die Eltern den Rahmen vorgeben, in dem sie ihre sozialen Erfahrungen machen.

mehr abstecken, auf dem sich ihr Kind bewegt, nicht länger die Spielregeln vorgeben, wie und wo der Teenager seine sozialen Erfahrungen zu sammeln hat. Sie haben nicht länger die Kontrolle, den Einfluss, den sie mal hatten. Daran haben viele Mütter und Väter zu knapsen, egal, ob sie nun die Kinder gemeinsam oder alleine erziehen – ein Grund dafür, warum es gerade jetzt häufig Krach gibt zu Hause.

Wer die Wahl hat ...

Entscheide ich mich jetzt oder später für dieses oder jenes? Wer die Wahl hat, hat die Qual: Dieses Sprichwort ist hochaktuell. Viele Jugendliche tun sich schwer mit Entscheidungen, weil sie fürchten, sich falsch zu entscheiden. Vor lauter Angst, Wichtiges zu verpassen, fällt es ihnen schwer, ihr Leben in die Hand zu nehmen und zu gestalten – diese Nöte sind die Kehrseite des Selbstmanagements. Die Erfahrung, nicht das erreichen zu können, was man erreichen will, tut weh. Scheitern wird als Versagen empfunden. Das bedeutet: Ich bin selber schuld – eine Erkenntnis, die schmerzt.

Intimsphäre: Sich selbst begegnen

Es ist enorm, das Bedürfnis Jugendlicher, sich zurückzuziehen: Schließlich sind sie von morgens bis abends von Menschen umgeben, die Anforderungen an sie stellen: Sie müssen sich anpassen, sie sollen sich bewähren und Leistungen vorweisen. Gleichzeitig werden sie mit all den Schwierigkeiten konfrontiert, die das Größerwerden mit sich bringt. Kein Wunder, dass sie manchmal nur das eine wollen – allein sein!

Sie verbarrikadieren sich in den eigenen vier Wänden, lassen sich auf ihr Bett fallen und drehen die Musik so laut, dass sich zuweilen sogar die Nachbarn die Ohren zuhalten müssen. Sie aber schalten ab und atmen durch. Möge bloß keiner an die Tür klopfen und Fragen stellen!

Es tut gut, an die Decke zu starren, den Tag oder die letzten Wochen innerlich an sich vorbeiziehen zu lassen, Abstand zu gewinnen von der Schule und der Familie. Es gibt Phasen, da ist das Bedürfnis, sich einzuigeln, so groß, dass selbst das Zusammentreffen mit Freunden zu viel wird – man hat genug mit sich selbst zu tun.

Natürlich brauchen Kinder ihre Intimsphäre, das sehen alle Eltern ein. Aber manchmal ist der Hang zur Einsiedelei kaum zu ertragen: Kaum erscheint der Teenager zu Hause, schon verschwindet er in seinem Zimmer. Ein knappes »Hallo« ist ihm gerade noch zu entlocken, sonst ist er einsilbig, verschlossen, geradezu abweisend.

Solche Phasen können Mütter und Väter oft mehr enervieren als die lauten, übermütigen, albernen. Sie wissen überhaupt nicht mehr, was in ihrem Kind vorgeht, ob sie es aus seiner Höhle herauslocken sollen oder nicht. Auf Bemerkungen wie »Was ist denn mit dir, rede doch mal mit uns!« oder »Ist was passiert?« ernten sie nur ein mürrisches »Wieso denn, ich möchte einfach allein sein!«.

Das sollte man akzeptieren. Das Alleinsein hilft, neue Entwicklungsschritte zu verarbeiten und sich selbst zu finden. Wer sich zurückzieht, kommt mit verschütteten Gefühlen in Berührung und sammelt Kräfte für neue Taten.

Eltern tun meist gut daran, sich gar nicht einzumischen, wenn ihr Kind sich abkapselt, es sei denn, es verlässt sein Schneckenhaus überhaupt nicht mehr, und sie vermuten ernsthafte Probleme (siehe Seite 397). Normalerweise aber gilt: Egal, ob der Teenie am Telefon Geheimnisse austauscht, sich Ewigkeiten im Bad einschließt, unter der Bettdecke onaniert oder »schreckliche« Musik hört – jeder Heranwachsende hat ein Recht auf seine Intim- und Privatsphäre, selbst freundschaftlich gemeinte Witzeleien sind indiskret. Erlaubt sind natürlich elterliche Forderungen bezüglich der Lautstärke der Musik und der Häufigkeit und Länge der Telefongespräche.

Idole: Mehr als die Flucht in eine Traumwelt

Früh bricht die Leidenschaft für Idole aus. Schon Zweit- und Drittklässler kleben direkt neben ihre Tierposter die Plakate von Fußballhelden und Popstars an die Wand des Kinderzimmers. Mit der Pubertät werden die Rollen ganz anderer Menschen mindestens so interessant.

Die neuen Identifikationsfiguren sind ausgeflippte Stars, prügelnde Wrestler und natürlich die Helden aus Abenteuerfilmen und Computerspielen. Das Internet liefert immer neue Anregungen. Es gilt, den Kreis der Vorbilder zu erweitern und die Eltern immer häufiger auszublenden. Den Berühmtheiten kann man in der Fantasie nah und ähnlich sein und fühlt sich dadurch aufgewertet. Indem man ihre Sprache, Posen und Verhaltensweisen nachahmt, experimentiert man mit unterschiedlichen Rollen und Lebensweisen, fern vom familiären Alltag. Zudem sind diese Schwärmereien ohne Risiko. Denn teilzunehmen an der Glitzerwelt von Idolen, an ihrem Privatleben, ihren Liebesaffären oder ihren glanzvollen Taten und Erfolgen verlangt keine eigenen Entscheidungen. Zudem lenkt die Identifikation mit diesen Helden von eigenen Konflikten ab.

Das ist mehr als nur Flucht. Besonders in den ersten Jahren der Pubertät ist das Schwärmen für wechselnde Idole keine sinnlose Träumerei – Höhenflüge in eine andere Welt helfen, die innere Leere zu bekämpfen, und schmieden Gleichaltrige zusammen. Durch den Rückzug aus dem Alltag sammeln sie sogar Kräfte, um die Realität besser zu meistern.

Natürlich erinnern sich Eltern an die Zeit, als sie selbst aufgezehrt wurden von der Leidenschaft für ein fernes Idol. Und sie wissen aus Erfahrung, dass die Phase vorübergeht. Dennoch lässt sie die Schwärmerei ihres Kindes ein wenig erschauern – muss es denn so früh damit losgehen? Und dann sind diese Idole oder Vorbilder, die im Internet aufgespürt werden, oft schrecklich – die männlichen meist primitiv und nicht selten brutal, die weiblichen exaltierte Püppchen oder aufgemotzte Sexbomben. Insgeheim trauern die Erwachsenen der schönen Zeit nach, als ihre Kleinen noch in die Rollen von Cowboys und Prinzessinnen schlüpften.

Dennoch nützt es gar nichts, die neuen Idole schlechtzumachen, den Kindern »bessere« Vorbilder präsentieren zu wollen und den schädlichen Einfluss des allgegenwärtigen Fernsehens zu beklagen. Gewiss, Internet, Fernsehen und Videos erschaffen Idole, doch je älter die Sprösslinge werden, desto weniger können Eltern dagegen ausrichten. Lohnender ist es, die Teenager von ihren Helden und Heldinnen erzählen zu lassen und herauszuhören, welche Funktion diese haben. Auf jeden Fall hebt die Projektion der eigenen Idealvorstellungen auf ein allseits verehrtes Idol das labile Selbstwertgefühl und befriedigt die alterstypischen Allmachtsfantasien. Außerdem werden Muskelprotze oder dürftige Popstars schnell uninteressant, wenn eine neue, reifere Entwicklungsstufe erreicht ist. Idole kommen und gehen, Eltern hingegen sind handfeste Vorbilder, mit denen man sich auseinandersetzen kann.

Die Gruppe: Dazugehören um alles in der Welt

In Horden fühlen sie sich stark. Laut, manchmal grölend, strotzend vor Übermut, aber auch betont lässig und arrogant ziehen Jungen gemeinsam durch die Gegend. Für sie ist die Gruppe meist wichtiger als für Mädchen, die sich lieber einer engen Freundin anvertrauen und die Intimität suchen. Zwar gibt es auch Mädchencliquen, nur sind diese meist gedämpfter: Man quatscht und albert miteinander, steckt die Köpfe zusammen und tuschelt hinter vorgehaltener Hand. Gemischte Cliquen sind weniger homogen, da zwischen den Geschlechtern zu viele Unwägbarkeiten mitschwingen, als dass man geschlossen auftrumpfen könnte.

Für viele ist die Gruppe, zu der sie zählen, eine Art Zusatz-, Übergangs- und Ersatzfamilie – sie gibt Geborgenheit, der Zusammenhalt verleiht Kraft und Zuversicht. Gemeinsame Erlebnisse schaffen intensive Gemeinschaftsgefühle. Mit der Gruppe hört man stundenlang Musik, diskutiert über Probleme und vertraut sich Geheimnisse an. Cliquen haben eine eigene Sprache, eine Art Geheimjargon, sie kultivieren einen persönlichen Stil und einen spezifischen Geschmack – alles die Zeichen ihrer Zugehörigkeit.

Außerdem wird es für Jugendliche langweilig, die Freizeit mit der Familie zu verbringen. In der Gruppe hingegen ist immer was los. Unter Freunden gibt es auch keinen, der ständig den Zeigefinger hebt, da kann man sich als Erwachsener fühlen, sich durch Mut und Kraft oder gute Ideen und Originalität Anerkennung verschaffen, egal, ob man zu dick oder zu schmächtig, klein oder groß

Weiter auf Seite 340

Eltern sind richtig froh, wenn ihr Kind zu einer »netten Gruppe« gehört. Gewiss, manchmal schmerzt es ein wenig, dieses Gefühl, »abgemeldet« und höchstens dann interessant zu sein, wenn keiner der Freunde Zeit hat. Und Sätze wie »Alle meine Freunde dürfen das, ihr könnt es mir nicht verbieten!« oder »Jeder bei uns hat das, nur ich nicht!« sind kaum noch auszuhalten.

Indes: Mütter und Väter sehen ja, wie wichtig der Freundeskreis für ihr Kind ist. Hier fühlt es sich frei und ungezwungen, lernt, sich zu behaupten und auseinanderzusetzen, aber auch, sich an andere anzupassen. In der Gruppe wird Solidarität eingeübt, Streit geschlichtet und vor allem viel gemeinsam unternommen. Die Familie freut sich, dass ihr Teenager nicht abseits steht und einsam ist.

Doch die Freude nimmt ein jähes Ende, wenn die Jugendlichen ihre Gruppenmitglieder mit nach Hause bringen und dort alles auf den Kopf stellen. Natürlich wollen Eltern die Horde nicht wegscheuchen, aber Unordnung, Lärm und ohrenbetäubende Musik – das halten die meisten nicht aus und gehen ihrerseits auf die Barrikaden. Denn die Wohnung gehört schließlich den Erwachsenen, sie haben sie eingerichtet, bezahlen sie und sind dafür verantwortlich, also haben sie hier das Sagen. Da Teenagern oft der Mut fehlt, ihren Freunden Grenzen zu setzen, muss die Familie gemeinsam überlegen, wie sie dieses Problem in den Griff bekommt.

Wirklich heikel wird es, wenn die Clique den Eltern ein Dorn im Auge ist. Sobald sie erkennen, dass ihr Kind mit seiner Rolle in der Gruppe nicht zurechtkommt, möchten sie hel-

339

Weiter auf Seite 341

gewachsen ist. Erst einmal in die Gruppe aufgenommen, befreit die Solidarität der Freunde von Unsicherheit und Selbstzweifeln, zumindest zeitweilig.

Mit den Kumpels im Rücken wagt man es schon mal, den Standpunkt des Lehrers infrage zu stellen oder die Anweisungen der Eltern in den Wind zu schlagen. Erwachsene herauszufordern, ihnen zu trotzen und sie zu provozieren – das gelingt nie so gut wie in der vertrauten Gruppe.

Bedenklich wird es, wenn der Gruppendruck überhandnimmt, wenn die Spielregeln zu stramm werden, die Rollen innerhalb der Clique unverrückbar sind und es nur noch einen Anführer und Mitläufer gibt. Fast in jeder Gemeinschaft ist da einer, der mehr zu sagen hat als die anderen, aber er darf nicht zum Tyrannen werden. Es kann in Terror ausarten, wenn Kritik unterdrückt wird, Meinungsverschiedenheiten und unbequeme Argumente tabu sind. Und es ist absurd, der häuslichen Abhängigkeit zu entfliehen, um sofort in eine neue zu verfallen.

Irgendwann kommt der Punkt, an dem die Gruppe keinen Spaß mehr macht. Der Einzelne fühlt sich bevormundet und eingeengt, intensive Konflikte spielen sich in ihm ab: Wie viel Gruppendruck soll er sich gefallen lassen? Wie soll er sich dagegen wehren? Soll er sich darüber mit einem Freund besprechen? Vielleicht sogar mit den Eltern? Einerseits braucht er die Clique – ohne sie, glaubt er, läuft gar nichts, der Gedanke, ausgeschlossen zu werden, ist einfach schrecklich. Andererseits sehnt er sich da-

Weiter auf Seite 342

fen. Wenn sie meinen, die Gruppe sei kein »guter Umgang« für ihren Sprössling, würden sie am liebsten mit Verboten reagieren. Weil ihnen das aber mit dem zunehmenden Alter ihres Jugendlichen doch widerstrebt, pirschen sie sich vorsichtig vor: Sie fragen, kommentieren, erläutern ihren Eindruck. Meist ohne durchschlagenden Erfolg.

»Warum müsst ihr euch in alles einmischen? Ihr wollt ja nur meine Freunde schlechtmachen. Ihr kennt sie doch gar nicht!« Die Eltern stehen als indiskret und aufdringlich da, der Teenager zieht sich nur noch mehr zurück. Er will sich weder die Wahl seiner Freunde vorschreiben lassen noch, wie er mit ihnen umzugehen hat. Je größer der elterliche Druck, umso entschiedener fühlt er sich aufgerufen, seine Clique zu verteidigen.

Sollen Mütter und Väter also tatenlos mit ansehen, wie ihr Kind unter den Einfluss einer negativen Gruppe gerät und in eine Richtung treibt, die ihnen nicht passt? Was ist, wenn ihr Teenager dazu verführt wird, sich zu besaufen oder gar Drogen zu nehmen?

Kein Wunder, dass sich am Thema »falsche Freunde« oft heftige Diskussionen in der Familie entzünden. Es braucht ein großes Maß an Fingerspitzengefühl, an Einfühlungsvermögen und Diskretion, um sich den Zugang zum Kind nicht zu versperren. Wichtig ist, dass Eltern sich zunächst selbst ins Gebet nehmen: »Sind wir voreingenommen und legen vielleicht persönliche Maßstäbe an, die nur für unsere Generation gültig sind? Wie gerecht ist unser Urteil? Was wissen wir über diesen Freundeskreis überhaupt?«

341

Weiter auf Seite 343

nach, von niemandem abhängig zu sein und endlich selbst Entscheidungen zu treffen.

Letztendlich hilft nur eines: ein wacher und kritischer Verstand. Nur wer zu seinen Ansichten und seinen Bedenken steht, wird selbstständig und nützt auch der Gruppe. Es mag schwierig sein, Auseinandersetzungen in Gang zu bringen. Doch erfahrungsgemäß ist die Gruppe am ehesten diskussionsbereit, wenn einer demonstriert, dass er nicht auf Biegen und Brechen von ihr abhängig ist. Außerdem – wer will schon zum ewigen Jasager und Mitläufer werden?

Zum Glück ist für die meisten Jugendlichen die Bindung an die Clique trotz aller Zugehörigkeitsgefühle locker genug, um Spielraum für Unternehmungen mit anderen und in eigener Regie zu lassen. Und mit zunehmendem Alter verlieren Cliquen an Reiz – da wird der Kontakt zu einzelnen Freunden wichtiger, und das Interesse am anderen Geschlecht ist so intensiv, dass die Gruppe zweitrangig wird.

Mit der Zeit scheuen Teenager auch kollektive Normen und Standards, die ihrer individuellen Entwicklung im Wege sind. Sie wollen neue Rollen in ihrem Leben ausprobieren. In der bestehenden Gruppe ist ihr Part entschieden: Dort spielen sie den Witzbold oder den Provokateur, den Denker, den Anführer oder einfach den Mitläufer, der nirgends aneckt, sich nie profiliert. Jugendliche erkennen irgendwann selbst, dass damit genug sein muss, weil mehr in ihnen steckt.

Um mit ihrem Jugendlichen in Kontakt zu bleiben, haben die Erwachsenen keine andere Wahl, als immer wieder Gesprächsbereitschaft zu signalisieren, ohne Druck auszuüben. Sie können eigene Erfahrungen ansprechen, um auf diesem Umweg das Thema Freunde anzuschneiden, oder sich zu den positiven Seiten einer Gruppenzugehörigkeit äußern – manchmal stachelt das den Widerspruchsgeist des Kindes an.

Grundsätzlich fruchtet es am meisten, die Selbstständigkeit des Teenagers zu unterstützen, sein kritisches Urteilsvermögen zu fördern und seine Ansichten innerhalb der Familie gelten zu lassen. Ein Jugendlicher, der die Chance hat, sich zu Hause auseinanderzusetzen, wird auch am ehesten bereit sein, die Gruppen in seinem Umkreis mit kritischen Augen zu betrachten und ihre Standards infrage zu stellen. Im Übrigen lösen sich viele Gruppen auf, wenn die Jugendlichen älter werden und mehr Wert auf einzelne Beziehungen legen. Außerdem werden Eltern, entgegen ihren Befürchtungen, keineswegs von ihren heranwachsenden Kindern zugunsten der Freunde abgeschrieben: Wenn es darum geht, ernste Entscheidungen zu treffen, wie über einen Schulwechsel etwa, oder wenn über die Zukunft nachgedacht wird, ist der Rat von Mutter und Vater durchaus gefragt. Wie oft wissen Jugendliche nicht mehr weiter, wie oft fühlen sie sich aufgeschmissen, mut- und ratlos oder einfach überfordert – da kommen die Lebenserfahrungen der Eltern wie gerufen. Plötzlich wird allen Familienmitgliedern wieder so richtig bewusst, wie viel ihnen aneinander liegt.

Freunde: Schutz vor dem rauen Wind der Freiheit

Eine Freundschaft ist wie ein Dach über dem Kopf, wenn es stürmt und regnet, wie ein Unterschlupf, wenn zu Hause die Fetzen fliegen. Sie bedarf allerdings der Pflege und schonenden Behandlung. Doch gerade das ist schwierig bei all den Meinungsverschiedenheiten, Rivalitäten und Eifersüchteleien im Freundeskreis.

Man will sich ja unbedingt miteinander verstehen, aber da tuschelt auf einmal die Busenfreundin dauernd mit einer anderen, und man fühlt sich verraten; da geht einem das Imponiergehabe des besten Freundes zunehmend auf die Nerven, und man findet ihn blöd. Wie redet man darüber, ohne dass die Beziehung auseinanderbricht? Ohne das eigene Gesicht zu verlieren oder aber den anderen schrecklich zu verletzen? In solch heiklen Situationen sind Kränkungen zwar unvermeidlich, aber sie sind auch nützlich, um die Fähigkeit zu erproben, Konflikte zu meistern, und allmählich eine differenzierte Streitkultur zu erwerben – weitab von der ungleichen Konstellation zu Hause.

Freunde bzw. Freundinnen bringen sich gegenseitig lebenswichtige Fertigkeiten bei. Gemeinsam wird ausgetestet, wie weit man sich schon traut, sich von den Eltern abzugrenzen; vorsichtig tastet man sich an das andere Geschlecht und an die Sexualität heran, indem man sich über die ersten Erfahrungen austauscht, Peinlichkeiten und Ängste beichtet. Und wo sonst, wenn nicht unter Freunden – fernab von der Familie und dem anderen Geschlecht –, begibt man sich auf die Suche nach seiner männlichen bzw. weiblichen Identität? Kernsätze wie »Das kenne ich,

344

Weiter auf Seite 346

Freundschaften – so die einhellige Meinung der Psychologen – sind für die Entwicklung einer eigenen Identität
geradezu unentbehrlich. Denn im Umgang mit Freunden wird
Sozialverhalten eingeübt.

Da wird gelernt, dass nach einem Streit die Versöhnung
möglich ist, dass neben den eigenen auch die Bedürfnisse des
anderen zählen, dass es nicht nur gilt, Geheimnisse auszutauschen, sondern auch zu bewahren. Freunde kommen dahinter,
dass es sich lohnt, Probleme gemeinsam anzugehen. Sie erfahren, dass weder sie selber noch der Freund bzw. die Freundin
perfekt sind und die Freundschaft trotzdem bestehen bleibt.

Ohne die Reaktionen, die Kritik und die Anregungen von
Freunden ist es unmöglich, zu einer eigenen Identität zu finden.
Wie soll man erfahren, wer man ist, ohne sich mit anderen vergleichen und messen zu können? Ohne sich Gedanken über sie
zu machen und von ihnen widergespiegelt zu werden?

Eltern ist das natürlich bewusst, sie freuen sich, wenn die
Freunde in ihrem Haus ein und aus gehen. Problematisch wird
es für sie nur, wenn sie einen Freund bzw. eine Freundin nicht
akzeptieren können.

Am liebsten würden sie dem Kind die Freundschaft ausre-
den, doch damit erreichen sie in aller Regel nur das Gegenteil. Schließlich will jeder Jugendliche seine Freunde selbst
aussuchen und von sich aus herausfinden, wer auf Dauer zu
ihm passt. Sinnvoller ist es, zu überlegen: Was findet das Kind
an diesem Freund? Was ist so attraktiv, so unwiderstehlich an
ihm oder auch an ihr? Die Wahl der Kameraden hat viel mit unbewussten Bedürfnissen zu tun. Oft muss ein Pubertierender

345

Weiter auf Seite 347

genauso geht es mir auch« sagen vor allem Mädchen und Frauen oder Jungen und Männer zueinander.

Allerdings ist manch eine Freundschaft in ihrer Grundkonstellation derartig ungleich, dass es verwundert, wieso sie überhaupt funktioniert: Warum sind sie so unzertrennlich, das unscheinbare, scheue Mädchen und das gut aussehende mit dem ungeheuren Erfolg bei den Jungen? Weshalb befreundet sich der Schmächtige mit dem durchtrainierten Supersportler, der ihn ständig in den Schatten stellt? Was haben diese ungleichen Paare überhaupt voneinander?

Nun, der eine mag zwar unter Minderwertigkeitsgefühlen leiden, aber solche Freunde ergänzen sich auch und ziehen sich an: Die weniger Hübsche ist vielleicht die bessere Schülerin und hilft ihrer Freundin, der schlechte Sportler ist vermutlich schlagfertig und wortgewandt, von seiner flinken Zunge profitiert die Sportskanone. So erhält der eine von dem anderen, was er selbst nicht besitzt.

Doch was Wunder, wenn da hin und wieder der Frust ausbricht. Innerhalb von Sekunden werden aus den engsten Freunden die ärgsten Feinde: »Mit dem Idioten/mit dieser blöden Kuh will ich nie wieder was zu tun haben!« Erwachsene versuchen in solchen Situationen meist, begütigend auf ihre Kinder einzureden: »Ihr seid doch gute Freunde, da werdet ihr doch nicht …« Doch ob Sohn oder Tochter, sie winken ab. Nur ungern lassen sie sich auf eine Diskussion mit der Familie ein. Umso verblüffter sind die Eltern, wenn über Nacht alles verziehen und vergessen ist.

in einer Freundschaft unerledigte, noch nicht überwundene Schwierigkeiten aus früheren Kinderjahren ausleben: Intuitiv wird also der zum Freund, bei dem man kindliche Sehnsüchte, Ängste und frühes Leid noch einmal inszenieren und dadurch allmählich verarbeiten kann.

Daher empfiehlt es sich für Eltern, den Freund oder die Freundin besser kennenzulernen – schon um dem Einwand »Ihr wisst doch gar nicht, wie er/sie wirklich ist!« vorzubeugen. Erst dann ist es möglich, sich eine Meinung zu bilden. Vielleicht ist ja der Freund doch in Ordnung? Wenn nicht, kommt es darauf an, die elterliche Abneigung, die Befürchtungen und Zweifel zu begründen und taktvoll zu erläutern, freilich ohne die Beziehung zu verbieten. Besser ist es, das eigene Vertrauen in die Urteilskraft des Jugendlichen zu betonen und ihm zu versichern: »Du bist ein kritischer Mensch, du kommst selbst dahinter, was für dich am besten ist.« Im Übrigen wird der Teenager in den folgenden Jahren noch häufig seine Freunde wechseln, er entwickelt sich ja weiter, ändert seinen Geschmack und seine Interessen.

Ist es so, dass Mütter und Väter sich vernachlässigt fühlen, weil ihr Kind nur noch die Freunde im Sinn hat, dann sollten sie nicht sauer reagieren oder beleidigt sein – Jugendliche sind lieber aus eigenen Stücken mit den Eltern zusammen, als dazu genötigt zu werden. Außerdem ist ein einengender, vorwurfsvoller Familienverband, der ständig schlechtes Gewissen produziert, sehr viel weniger attraktiv als ein toleranter, fröhlicher und unternehmungslustiger Clan, wo Freunde der Kinder willkommen sind.

Jeden Abend auf Achse

Ihre Freiheit möchten sie genießen, mit Freunden zusammen sein, etwas erleben. Weder in der Schule noch zu Hause ist das möglich, denn dort ist alles vorgegeben und festgeklopft. Die Freiheit ist da, wo keine Erwachsenen mitmischen: auf der Fete, in der Disko. Kein Wunder, dass viele Mädchen, viele Jungen abends von zu Hause wegstreben, um auszuprobieren, wie das ist, das Leben zu genießen. Vor allem Jugendliche, die mit ihrem Alltag nicht gut zurande kommen, die Schwierigkeiten in der Schule (im Beruf) und mit den Eltern haben, steigen gerne aus dem tristen Alltag aus. Wenigstens abends und am Wochenende die Probleme vergessen und sich hier Erfolgserlebnisse verschaffen: Wer mit der Clique unterwegs ist, vergisst die Langeweile und all die lästigen Pflichten, die zu Hause warten, fühlt sich stark und erwachsen auf der Suche nach seinem neuen Ich. Manche ziehen bereits mit 13, 14 los und vergessen, dass der Gesetzgeber Jugendlichen erst mit 16 Jahren zubilligt, allein ein Lokal zu betreten und Wein oder Bier zu bestellen, und das nur bis Mitternacht. Rauchen in der Öffentlichkeit ist erst ab 18 erlaubt, genauso wie Schnapstrinken.

Die wenigsten Eltern nehmen es hin, wenn ihr Kind Abend für Abend unterwegs ist. Kräche, Explosionen sind unausweichlich. Diese Auseinandersetzungen sollten nicht in Machtkämpfe ausarten. Mit jedem wird es schwieriger, einen Kompromiss zu finden, und Kompromisse müssen sein. Denn noch tragen die Eltern die Verantwortung für ihren Sohn, für ihre Tochter.

Die Verantwortung für ihr Kind nehmen die meisten Mütter und Väter sehr ernst. Auch wenn es schwerfällt, sollten Heranwachsende das respektieren. Erst mit ihrem 18. Geburtstag, mit der Volljährigkeit, ist die Bahn frei. Auch wenn Jugendliche Erwachsenen an den Kopf werfen, wie hoffnungslos altmodisch und eng sie doch seien, wissen die meisten genau, dass Eltern aus Angst um ihr Kind Grenzen ziehen und Regeln erlassen, selbst um den Preis, von ihnen beschimpft zu werden. Dass sie sich für sie verantwortlich fühlen, das rechnen Jugendliche ihnen hoch an, auch wenn sie es nicht unbedingt zugeben und ihre Dankbarkeit erst recht nicht zeigen wollen.

Eine Szene, die sich am Samstagabend in vielen Familien abspielt: Die 16-jährige Tochter will auf eine Party. »Ich mach mich auf den Weg«, verabschiedet sie sich. »Augenblickchen, so geht das nicht«, stoppt sie die Mutter. »Wann bist du zurück?« »Weiß nicht«, ist die pampige Antwort. »Kommt nicht infrage! Spätestens um zwölf bist du wieder da«, bestimmt die Mutter. Die Folge: Ein deftig-heftiger Streit, der mit Tränen und Türenknallen endet. Zurück bleiben ratlose Eltern, unsicher, wie sie sich verhalten sollen. Wenn ihr Kind nicht nur am Samstagabend, sondern jeden Abend mit Weiß-nicht-Wem lange unterwegs ist, so ist das kein nichtiges Problemchen für die meisten, sondern eine Angelegenheit, die ihnen ernste Sorgen bereitet. Das sollten sie ihrem Teenager auch sagen, möglichst in aller Ruhe und nicht vor anderen. Sie sollten hier nicht nur den eigenen Standpunkt verdeutlichen – »Wir haben Angst, dass dir etwas zustößt, wenn du nachts unterwegs bist. Du bist noch nicht alt genug, um die Verantwortung zu über-

349

Weiter auf Seite 351

nehmen, du brauchst noch Schutz! Und dazu deinen Schlaf. Du musst morgens einigermaßen ausgeschlafen sein für die Schule (für den Beruf)« –, sondern außerdem versuchen, die Situation auch aus der Sicht ihres Kindes zu betrachten. Auf dieser Basis kommt am ehesten ein Kompromiss zustande: »Du kannst ausgehen, aber nicht jeden Abend, und wir bestimmen, wann du wieder zu Hause bist. Wir sind dabei nicht zu kleinlich und geben uns Mühe, nicht überängstlich zu sein!« Auf einen vernünftigen Kompromiss – Freiheit ausleben, aber noch in Grenzen – lassen sich die meisten Jugendlichen einigermaßen wohlwollend ein, wenn sich der Konflikt nicht schon vorher hochgeschaukelt hat. Später wollen Teenager ihre Freiheit dann ohne Grenzen genießen und die Verantwortung für sich selbst übernehmen. Diese Phase ist für viele Mütter, für viele Väter noch einmal eine harte Bewährungsprobe, die oft etliche schlaflose Nächte kostet, denn nun müssen sie lernen loszulassen, darauf zu vertrauen, dass ihr Kind mit seiner Freiheit vernünftig umgehen kann.

Lieber zu Hause bleiben?

Nichts wie weg, hieß früher die Devise. Wer zu Hause hocken blieb, galt als Langweiler. Da hat sich einiges geändert, denn heute haben die meisten Jugendlichen nichts gegen Familienleben. Sie lassen sich Zeit mit dem Ausziehen – und zwar nicht nur aus finanziellen Gründen. Warum auch frühzeitig das warme Nest verlassen? Mütter und Väter haben in den letzten Jahrzehnten dazugelernt. Mit den meisten Eltern lässt sich einigermaßen gut leben, sie lassen mit sich reden, sind kooperativ, rücken häufig sogar bereitwillig zur Seite, wenn am Wochenende der Freund oder die Freundin zuzieht. Sie bringen Verständnis für fast alles auf und verzichten aufs Bevormunden. Fazit: Oft ist es urgemütlich zu Hause, schön kuschelig und warm. Dazu ist das Ganze wunderbar preisgünstig, und die Rundumversorgung klappt auch. Das alles scheint vielen Jugendlichen mehr zu bedeuten als die große Freiheit und Selbstbestimmung. Die Teenager von heute denken in der Mehrzahl praktisch, gelten nicht gerade als risikofreudig und abenteuerlustig. Die Welt da draußen lockt sie nur in Maßen. Schon in der Schule bekommen sie zu spüren, dass ein kühles Lüftchen weht in unserer Gesellschaft und es nicht unbedingt einfach ist und schon gar nicht bequem, in ihr seinen Platz zu finden. Besonders die zarteren Gemüter unter den Heranwachsenden haben es deshalb oft nicht eilig, sich in diese Kampfarena zu begeben. Sie erleben zu Hause, bei Freunden, überall mit, dass viele Erwachsene unter den Belastungen leiden. Deshalb fühlen sie

Weiter auf Seite 354

Nicht nur viele Jugendliche, sondern auch viele Eltern wünschen sich, dass ihre Sprösslinge möglichst lange zu Hause bleiben, und zwar aus ganz unterschiedlichen Motiven:

- *Väter und Mütter, die perfekt und liebevoll für die Familie sorgen*, fürchten häufig, mit dem Großwerden der Kinder ihre wichtigste Lebensaufgabe zu verlieren, haben Angst vor einem »leeren« Haus (»Lieber Krach, Geschrei und die alltäglichen Reibereien als immer nur Stille!«).

- *Eltern, die sich schwer trennen*, möchten, dass ihre Sprösslinge bleiben. Väter und Mütter, die stolz auf Haus und Hof, auf ihren Lebensstandard sind, haben oft das Bedürfnis, die Kinder möglichst lange daran teilhaben zu lassen nach dem Motto: »So schön und bequem wie zu Hause hast du es nie wieder!«

- *Erwachsene, die sich als Freunde ihrer Kinder verstehen* und ihnen viel Freiraum zugestehen, haben häufig ihren Spaß daran, das Familienleben neu zu organisieren und mit den fast erwachsenen Kindern à la Wohngemeinschaft zusammenzuleben.

- *Eltern, die viel Wert auf Jugendlichkeit legen*, sehen in ihren Nachkömmlingen wichtige Vorbilder und Berater: »Die kennen immer die neuesten Trends!«

- *Mütter und Väter, die auf den Euro achten müssen*, beherbergen ihre Kinder gerne noch ein Weilchen, weil sie dabei, so ihre Kosten-Nutzen-Rechnung, finanziell besser über die Runden kommen. Dann müssen sie sich nicht so krummlegen für Ausbildung und Unterhalt.

- *Eltern, die Schwierigkeiten miteinander haben*, überreden ihre Teenager eher zum Bleiben als zum Gehen. Außer der

353

Weiter auf Seite 355

sich nicht unwohl unter den Fittichen der Eltern, genießen die heimelige Geborgenheit – trotz aller Konflikte, die sich im Alltag in der Familie ergeben. Sie sehen einfach keinen Grund, sich frühzeitig selbstständig zu machen. Ein Mamasöhnchen/-töchterchen sind sie deshalb noch lange nicht.

Weitere Gründe, warum etliche Jugendliche keine Lust haben, ihr Elternhaus zu verlassen:

- *Zu Hause in Ruhe Zukunftspläne machen.* Manche planen ihre Zukunft ganz genau, wollen erst intensiv ranklotzen für einen Superstart in die Zukunft, und dieses Programm lässt sich von zu Hause aus am besten durchführen, da gibt's selten Störungen.

- *Die Familie als geschützten Raum nutzen.* Viele ziehen erst einmal los und kommen fix wieder heim, weil das Leben draußen nicht nur verflixt kostspielig, sondern auch rauer ist als bei Muttern. Zudem kann man in der Familie noch am ehesten mit Verständnis rechnen für die eigenen Ecken und Kanten. Sie ist schließlich daran gewöhnt und geht gewöhnlich gnädig mit den Launen ihrer Familienmitglieder um. Oft sind die »Heimkehrer« auch einfach noch nicht reif für längere Ausflüge in die weite Welt.

- *Mangel an Selbstverantwortung.* Wieder andere sind einfach noch kindlich und anhänglich. Sie lassen sich zu Hause verwöhnen, sind gerne mit den Eltern zusammen. Sie akzeptieren die Mutter als Freundin, den Vater als Ratgeber. Es gibt selten Zoff.

354
- *Bleiben als Provokation.* Dann sind da noch die Jugend-

Weiter auf Seite 356

Sorge um den Nachwuchs ist da manchmal nicht mehr viel Gemeinsames, und es besteht die Gefahr, dass diese letzte Gemeinsamkeit zerbröselt, wenn die Jugendlichen eigene Wege gehen. Oft spielen Kinder dieses Spiel mit: Obwohl es sie wegtreibt, harren sie zu Hause aus, damit alles bleibt, wie es immer war.

Längst nicht alle Eltern freuen sich, wenn ihre Söhne und Töchter zu Hause hängen bleiben: »Die Kinder schauen kurz rein. Hat man Glück, bekommt man einen flüchtigen Kuss auf die Wange. Sie fragen, wie's geht, haben aber keine Zeit, die Antwort abzuwarten. Sie lassen die dreckige Wäsche da, meckern übers Essen und schwirren davon, ohne zu sagen, wann man in etwa wieder mit ihnen rechnen kann.«

Väter, vor allem jedoch Mütter fühlen sich von ihren Sprösslingen manchmal ausgebeutet: »Wir sollen immer parat stehen.« Sie haben keine Lust mehr, den Dienstleistungsbetrieb zu Hause aufrechtzuerhalten, möchten endlich ihr eigenes Programm machen, möchten nicht länger Rücksicht nehmen müssen auf Kind und Kegel. Oft bleibt es bei dem Wunsch, denn steht fest, dass die Kinder bei Mama bleiben wollen, verzichten die meisten Mütter darauf, die eigenen Zukunftspläne in Angriff zu nehmen – selbst wenn ihnen das Machen und Tun für die Familie »unheimlich auf den Wecker geht«.

Der Familienbetrieb wird also aufrechterhalten, alles geht im alten Trott weiter. Die meisten Eltern können sich damit arrangieren. Ein Grund: Der Abstand zwischen Jung und Alt hat sich verringert. Mütter und Töchter sehen heute nicht sel-

355

Weiter auf Seite 357

lichen, die laut auf sich aufmerksam machen, die andere verschrecken und provozieren müssen. Und weil man Mütter und Väter in der Regel besonders schnell auf die Palme bringen kann, bleiben viele der aufmüpfigen Teenager zu Hause und nutzen das eigene Zimmer als Basisstation für ihre bunten, schrillen Aktionen: Das Zimmer wird zum Superchaos, das Familienleben zur Kampfstätte.

- *Psychische Probleme.* Auch den Kindern, die nicht mit sich und ihrem Dasein klarkommen, die wirkliche Probleme haben, fällt es schwer, sich von zu Hause zu lösen.

Wenn sich Jugendliche nur in gewohnten Bahnen bewegen, lernen sie nicht, ihr Leben selbst zu organisieren. Es dauert länger, bis sie erwachsen und fähig werden, auf eigenen Füßen zu stehen.

Den Auszug nahelegen

Wenn sie sich zunehmend auf ihr eigenes Leben und auf ihre Zweisamkeit konzentrieren, wenn sie es genießen, endlich Zeit für ihre persönlichen Interessen zu haben, fällt es Eltern leichter, Sohn oder Tochter mit einem »Adieu« zum Auszug zu ermutigen. Oftmals fühlen sich die Jugendlichen entlastet, wenn sie spüren: Die Erwachsenen können, trotz aller Zuneigung, auch ohne uns leben. Das gilt besonders für Kinder von Alleinerziehenden.

ten wie Schwestern aus, Väter und Söhne wie Freunde. Man hat Spaß an den gleichen Klamotten, an den gleichen Sportvereinen und Ferienzielen. Der tiefe Graben zwischen den Generationen existiert nicht unbedingt. Im Gegenteil: Oft fühlt sich einer durch den anderen bereichert. Die Eltern profitieren von der Fröhlichkeit, von der Unbeschwertheit ihrer Söhne und Töchter, die Kinder von den Erfahrungen der Erwachsenen. Vielen scheint es zu gelingen, dieses Ideal einigermaßen zu verwirklichen. Warum sich also abnabeln? »Ist doch gar nicht nötig, wenn man sich mit seinen Eltern versteht«, sagt Petra. Sie will nicht lernen, auf eigenen Füßen zu stehen. Hat das nicht Zeit bis später?

Wichtig: Eltern sollten überlegen, wann der Zeitpunkt gekommen ist, ihren Sohn, ihre Tochter dazu zu bewegen, doch hinaus in die Welt zu gehen.

Sprache: Ein ganz eigener Code

Nach dem Stille-Post-Verfahren – einer sagt es dem anderen – sprechen sich die neuesten Idiome unter Jugendlichen herum, und zwar in ganz Deutschland. Irgendwann hieß »toll« nicht mehr »toll«, sondern »geil«. Das Auto war geil. Der Rock, die Musik, der Film – alles war geil. Inzwischen kommt »geil« bereits aus der Mode.

Dass die Erwachsenen mit der »neuen« Sprache öfter ihre Probleme haben, nicht mehr mithalten können beim Reden, ist Sinn der Übung, denn die Jungen wollen mit ihren Wörtern und Satzfetzen provozieren und unter sich bleiben. Die Sprache dient dazu, sich von anderen abzusetzen, von Älteren, aber auch von Gleichaltrigen.

Wer in eine achte Klasse Gymnasium hineinhört, wird kaum andere Töne hören als in einer achten Klasse Realschule gleich um die Ecke oder im Berufsbildungszentrum. Jugendliche aus bildungsnahen Familien benutzen, wenn sie mit anderen Gleichaltrigen zusammenkommen, die gleichen Redewendungen, die gleichen Ausdrücke – nämlich die Sprache, die in ihrem Umkreis gerade Konjunktur hat. Was Konjunktur hat, bestimmt ein gruppendynamischer Prozess: Ein Wort gibt das andere, ein Witz den nächsten. Und die, die Fantasie haben, die kreativ und witzig sind, sind beim Erfinden neuer Redewendungen vorne dabei: Wunderbar, wenn sie mit ihren Gedankenblitzen, ihrer sprühenden Sprachlust bei den anderen ankommen, wenn ihre Sprachkreationen auf fruchtbaren Boden fallen, aufgegriffen und weitergesponnen werden. Das sind Erfolge, die Spaß machen. Wer mit Spra-

358

Weiter auf Seite 360

Wenn es um das Thema Jugendsprache geht, wird es oftmals krampfig – vor allem dann, wenn sich Sprachforscher darum bemühen, das Phänomen zu entschlüsseln.

Eigene Wörter, eigene Sprachschöpfungen – Jugendsprache gibt es seit Langem, und immer ist sie ein Spiegel der Zeit. Bei Analyse und Gebrauch kommt es häufiger zu Missverständnissen. So ist zum Beispiel nicht *eine* bestimmte Jugendsprache hipp und bei allen Mitgliedern einer Generation an erster Stelle, sondern jede Gruppe hat ihre eigene Sprechweise. Deshalb gibt es viele Jugendsprachen: mindestens eine pro Landstrich. Manchmal schnappen Zuhörer, vor allem die Medien, einige »neue« Wörter und Redewendungen auf und geben sie als »typisch« jung weiter. Warum überhaupt Jugendsprache, wozu dient sie den Jugendlichen?

- *Abgrenzen.* Heranwachsende betonen ihr Anderssein gerne mithilfe spezieller Ausdrücke und Redewendungen. Sie wollen sich damit vom Rest der Welt abgrenzen, wie manche Sprachforscher betonen. Auch, um ihre Individualität zu zeigen: Wir sind eben nicht wie alle anderen. Jugendsprache ist schnell, so schnell, dass Ältere kaum folgen können. Auch deshalb fühlt sich manch Erwachsener bald abgehängt: »Ich kann damit nichts anfangen!«

- *Identitätsfindung.* Wer neue Ausdrücke erfindet, neue Wörter und Sprachstrukturen entwickelt, kommt sich dabei auch selbst näher: Ich spreche, also bin ich. Ich spreche meine eigene Sprache, und das steigert das Selbstbewusstsein.

Weiter auf Seite 361

che spielt, kann seine Kreativität, seinen Humor, seine neuen Denkfähigkeiten anbringen und auf diese Weise seine Individualität unterstreichen – und das tun viele Heranwachsende mit Freuden. Jugendliche, die gute Sprüche draufhaben, sind hoch geschätzt unter Gleichaltrigen. Je witziger die Wortschöpfungen und Satzgebilde, desto besser, denn wie Mode und Musik kann auch die Sprache ein Mittel der Selbstinszenierung sein. Klamotten kann man kaufen, Wortspiele, Wortschöpfungen nicht, und deshalb sind sie ein besonders kostbares Gut.

Oft spiegeln die neuen Wörter Protest wider oder Trends, die in der Öffentlichkeit gerade aktuell sind. Jugendsprache passt oftmals zum Tagesgeschehen und zur Gesellschaftspolitik. Und natürlich hat jugendliche Sprechweise heute viel mit Medien zu tun. Stehen heute 17-Jährige und Mittzwanziger zusammen, schauen die Älteren beim Reden bereits verständnislos in die Runde, wenn die Jüngeren ihre sprachlichen Feuerwerke abschießen. Oft verstehen sie nur Bahnhof. Wer Jugendsprache verstehen will, sollte schnell sein.

Die Jungen fischen in unterschiedlichen Pools nach Informationen, die sie anschließend weiterverarbeiten. Die unzähligen Eindrücke, die heute auf die Menschheit einprasseln, sind das Rohmaterial, das sie aufgreifen. Jugendliche haben eine Antenne für neue Sprachtrends; sie ahnen, welche englischen Wörter sich bei uns einbürgern, welche Wortwitze Zukunft haben könnten. Sie spüren, was in der Luft liegt, schnappen Wörter frühzeitig auf und spielen da-

Weiter auf Seite 362

Weniger neugierige Erwachsene empfinden neue, von der Jugend erfundene Ausdrücke mitunter als Bedrohung: »Sie machen uns lächerlich, wenn sie zum Beispiel von Oldies sprechen! Wollen sie uns provozieren mit ihren schrägen Wörtern?«

Egal, ob provokant, witzig oder ausgrenzend, viele Erwachsene nehmen Jugendsprache zum Anlass, über Sprachverfall oder sogar Kulturverfall zu klagen.

Kommen Mütter und Väter ihren Kindern mit »der schönen deutsche Sprache«, die heute von ihnen verhunzt wird, ernten sie von ihrem Nachwuchs oft ein mildes Lächeln. Und dann gibt es da noch die vielen englischen Wörter, die Jugendliche so gerne benutzen, auch nicht immer zur Freude aller Erwachsenen. Dass ihr Backup-Freund ein Ersatzfreund sei, werden Eltern zum Beispiel belehrt und fühlen sich in diesem Moment weniger jung als sonst. Die Wörter, auf die junge Leute kommen, sind nicht nur neu, sondern oft auch unverständlich für Nichteingeweihte. Ihre besondere Sprechweise signalisiert: »Ihr macht euer Ding, wir unseres. Wir mischen uns bei euch nicht ein und ihr bitte nicht bei uns!« Wie gesagt: Abgrenzung ist angesagt.

Nichts ist aus Sicht vieler Jugendlicher unangenehmer als Erwachsene, die sich bei ihnen anschleimen mit extra jugendlichen Klamotten und betont jugendlicher Sprache. Peinlich, peinlich. Eltern, die von dem Sprachwitz der Heranwachsenden profitieren wollen, erleiden meist Schiffbruch. Ihre nachempfundenen Sprüche sind verkrampfter als die der Jungen, weniger treffsicher und bestimmt nicht so lässig. Auf dem Gebiet Sprachwitz sind viele Teenager den Erwachsenen eindeu-

361

Weiter auf Seite 363

mit, ganz locker und unbeschwert. Sie spielen auch mit den Infos, die ihnen per Smartphone oder Tablet zugespielt werden, die sie in ihren digitalen Parallelleben aufspüren. Die sie unbewusst oder bewusst zu eigenen Sprachkreationen umfummeln. Die sie irgendwann beim Reden ausspucken und an den Mann bringen.

Umgekehrt bedienen sich die Medien bei der Jugendsprache. Diese hat viel zu bieten. Immer auf der Suche nach lässigen, neuen Ausdrucksweisen für ihre Titel klauen Medienleute mit Fleiß die frischen Wörter, die vorzugsweise auf dem Schulhof erfunden werden, und bringen sie unter die Leute. Seit den 50er-Jahren und dem Rock 'n' Roll ist oft von Jugendkulturen, Jugendsprache die Rede. Längst werden sie als Märkte erkannt und genutzt. Deshalb ist es kein Wunder, dass nicht nur die Medien, sondern auch die Werbung Jugendsprache benutzt, um den Nachwuchs als Käufer zu ködern.

Der wachsende Einfluss neuer Medien zeigt sich auch in der Sprache: In Zeiten von SMS und Co., von E-Mails usw. kursieren Abkürzungen und kreative Rechtschreibvarianten, die Ältere nicht mehr oder nur gerade eben entschlüsseln können. Dass »rofl« *rolling on the floor laughing* heißen soll (am Boden rollen vor Lachen) oder »n1« *nice* bedeutet (mag ich), ist da eine der einfacheren Übungen.

362

tig überlegen: Sie haben ein besseres Gespür für den Zeitgeist, erahnen Trends, bevor sie aktuell werden. Dass sie witzig und spritzig mit Sätzen und Wörtern hantieren, hat seinen Grund auch darin, dass Jugendliche als Kenner von Videos, Comics und Zeichentrickfilmen mehr als geübt sind im Umgang mit Kürzeln und Satzfetzen.

Das Ganze hat eine Kehrseite: Wenn Jugendliche dauernd im Internet surfen und mit ihren Smartphones hantieren, sich auf Sprachkürzel und das Sprechblasenlesen beschränken, verlieren sie die Fähigkeit, sich sprachlich präzise auszudrücken. Sie können ihre Probleme weniger exakt und differenziert beschreiben als Gleichaltrige, die auch längere Geschichten lesen und Gespräche führen, also eine reichere Sprache erleben. Wer sich klar ausdrückt, ist im Vorteil, kann seine Gefühle und Gedanken beschreiben und erhält von seiner Umwelt entsprechend mehr Zuwendung, kommt in der Schule weit besser über die Runden und hat später im Beruf weniger Schwierigkeiten, seine Vorstellungen genau darzustellen. Eltern sind hier als Vorbild unentbehrlich. Eine Mutter: »Ich frage viel nach, wenn ich mich mit meinen Söhnen unterhalte, bringe sie so dazu, ihre Meinungen sorgfältig zu formulieren. Außerdem habe ich es immer noch nicht aufgegeben, sie zum Lesen anzuregen!«

Kritik an den Eltern und Versöhnung

Während der Pubertät nehmen Heranwachsende gerne den elterlichen Erziehungsstil kritisch unter die Lupe, analysieren und bewerten ihn. Da wird schnell, mitunter vorschnell geurteilt. Häufen sich zu Hause die Schwierigkeiten, heißt es zum Beispiel: »Das musste so kommen bei meiner überbehütenden Mutter!« Oder: »Kein Wunder, dass man sich von einem so strengen Vater befreien muss!« Jugendliche fragen selten: »Welchen Anteil habe ich an den Problemen, die sich häufen?« Die Entwicklung wird übrigens von mehr Faktoren beeinflusst als nur vom elterlichen Erziehungsstil.

Und nicht zu vergessen: Die meisten Mütter und Väter tun nach bestem Wissen alles, damit es ihren Kindern gut geht. Und das wird honoriert. Trotz aller größeren und kleineren Querelen um Handys, Launen, Regeln: Das Miteinander von Heranwachsenden und Eltern wird heute vielfach als freundschaftlich erlebt. Regeln werden gemeinsam ausgehandelt, Entscheidungen gemeinsam getroffen. Erziehung? Eher ein Randthema. Aber natürlich ist im Alltag noch einiges zu klären.

Dass sich die Pubertät dem Ende nähert, merken Jugendliche daran, dass sich die mächtigen Stürme gelegt haben: Die Zeit der großen Kräche ist vorbei. Kaum noch Pubertätswallungen, stattdessen immer öfter Ruhe im Karton. Die Jugendlichen rufen häufiger an und sagen Bescheid, wenn sie nicht zur verabredeten Zeit kommen, sondern ein Stündchen später, und sie räumen vielleicht sogar einmal in der Woche ihr Zimmer auf.

Auch die Eltern haben wahrscheinlich in den heftigen Pubertätsjahren dazugelernt, wollen nicht mehr alles und jedes wissen, kontrollieren weniger heftig, sondern schaffen es häufiger, ihr Kind seine eigenen Erfahrungen sammeln zu lassen: in der Schule, im Freundeskreis, beim Ausgehen am Wochenende … Alle Familienmitglieder haben sich gehäutet, lassen das Pubertätsdrama langsam hinter sich, das vielleicht gar nicht so dramatisch war, sie atmen auf und sind sich einig: Reden ist wirklich Gold. Wenn wir weiterhin unvoreingenommen offene Dialoge führen, zuhören, auf unser Gegenüber eingehen, dann kommen wir miteinander klar.

Zufriedene Jugendliche

Mit der Pubertät verändern Jugendliche ihr Verhalten. Das heißt aber nicht, dass nun fürchterlich problematische Zeiten anbrechen müssen, auch wenn viele Eltern das befürchten. In unseren Breiten geht es den Heranwachsenden besser denn je. Mutter, Vater, Kind kamen noch nie so gut miteinander klar wie heute, sagt die Wissenschaft. Die meisten erleben keine gravierenden Kräche zu Hause. Fürs Gutgehen spricht auch, dass Teenager eigene Kinder später so erziehen möchten, wie sie selbst erzogen worden sind.

9. Grenzenlose Medienwelt

Facebook: Immer neue Freunde?

Sie gehören zusammen und ergänzen sich gegenseitig. Leon, 16, und Julia, 15 Jahre alt, springen blitzschnell, wenn sie auf Leons Smartphone starren, von einer Wirklichkeit in die andere, begreifen überhaupt nicht, weshalb Erwachsene Probleme damit haben, ihre Begeisterung für Facebook zu teilen. Zugleich unterscheiden Jugendliche aber sehr wohl zwischen echten Freundschaften und Facebook-Freunden. Warum sich Eltern dauernd über die ellenlange Freundesliste bei Facebook aufregen, können Leon und Julia auch nicht verstehen. Die Online-Community habe nämlich eine eigene, absolut positive Funktion, sagen sie:

- »*In Sozialportalen* kannst du durch die schnelle Kommunikation deine bereits existierenden Freundschaften pflegen, du bist dauernd mit deinen guten Freunden in Verbindung. Du kümmerst dich um sie und ihr Leben und sie sich um dich.«

- »*Über Facebook* kannst du wieder Kontakt zu Leuten herstellen, die du aus den Augen verloren hast, um dir dann zu überlegen: Will ich den Kontakt aufrechterhalten oder doch lieber nicht? Das Coole ist: Du lernst den anderen beim Chatten immer besser kennen, ohne dass du ihn treffen musst. Du kommunizierst so lange, bis dir klar wird, ob der Kontakt dich auf lange Sicht interessiert.«

- *Verabredungen.* »Wir können uns spontan und total unkompliziert mit jemand verabreden und das Treffen notfalls genauso schnell verschieben oder absagen. Das

368

Weiter auf Seite 370

Natürlich verstehen Eltern, dass Jugendliche in sozialen Netzwerken aktiv sein wollen. Schon 13-Jährigen – dies ist das von Facebook angegebene Mindestalter – ist es wichtig, auf Facebook mit Freunden Kontakte zu pflegen. Schließlich sind auch die meisten Erwachsenen bei Twitter und Facebook, kommunizieren privat und beruflich ausgiebig innerhalb der digitalen Medien, nur dass sie als Nutzer größtenteils zurückhaltender sind. Sie agieren wählerischer und eher vorsichtig. Außerdem pflegen sie im Netz vor allem Freundschaften mit Menschen, die ihnen nahe sind, denen sie vertrauen, mit denen sie ihre Interessen und jeweiligen Erlebnisse teilen können.

Für Väter und Mütter ist es daher befremdlich, dass sich ihre Kinder im Netz mit einer unüberschaubaren Masse sogenannter Freunde tummeln, also mit Leuten, die sie kaum kennen oder in der realen Welt niemals getroffen haben. Eltern fragen sich auch, warum denn eine ellenlange Kontakte-Liste bei so vielen als Statussymbol ersten Ranges gilt. Und weshalb die Teenager nonstop eingeloggt sein müssen und virtuell unaufhörlich chatten, anstatt sich öfter mit echten Freunden zu treffen. Woher rührt die geradezu magische Anziehungskraft von Facebook und anderen Communitys? Hat das online-verrückte Kind vielleicht Angst vor echten sozialen Beziehungen? Flüchtet es sich ins Netz, weil es kontaktarm ist und sich einsam fühlt?

Vermutlich können Eltern einfach nicht einschätzen, was es für einen Jugendlichen bedeutet, mitzuhalten in der Online-Community. Speziell für Teenager sind die blitzschnellen, meist flüchtigen, aber oft auch intimen Kommunikationsfor-

369

Weiter auf Seite 371

ist normal, also bleibt der andere locker und ist nicht etwa beleidigt. Bei einer besonders wichtigen Verabredung ist es natürlich anders.«

- *Videos.* »Auf Facebook und anderen Portalen werden dauernd kleine, meistens richtig lustige Videos hochgeladen. Wenn du gerade schlecht drauf bist, muntern die dich total auf. Und wenn sie blöd oder eklig sind, kann man sie ja ruck, zuck löschen.«

Für Julia und ihre Freundinnen sind soziale Medien auch deshalb unverzichtbar, weil man da sämtliche Gefühle loswerden kann: Wenn man sich schlecht fühlt, schimpft man drauflos und heult sich aus; wenn man etwas Tolles erlebt hat, darf man jubeln und das Glück anhand von Fotos so richtig zum Leuchten bringen; wenn man nicht weiterweiß und Rat braucht, stellt man seine Fragen ins Netz und bekommt schnell jede Menge Antworten, die weiterhelfen. Es tut gut, wichtige Erfahrungen mit vielen zu teilen, so manches Beziehungschaos wechselseitig zu beratschlagen, Kommentare zu schreiben und zu empfangen oder einfach nur miteinander zu chatten, ein bisschen zu lästern und sich gegenseitig zum Lachen zu bringen.

Leon nutzt Facebook weniger, um seine Gefühle mit Freunden auszutauschen, sondern eher, um knappe Erfolgsmeldungen loszuwerden – gerne solche, die ihn mit Stolz erfüllen. Er postet aber auch, um das Mädchen seiner Träume, das er vielleicht nur flüchtig kennt, mit ein, zwei kurzen Sätzen anzumachen. Das fällt leichter, als vor ihr

Weiter auf Seite 372

men viel selbstverständlicher als für Erwachsene – das müssen Eltern erst mal verstehen. Der bequeme und zügige, scheinbar pausenlose Austausch mit anderen befriedigt mit einem einzigen Klick das Bedürfnis, dazuzugehören. Nicht nur das: Durch die Dauerkommunikation wird auch das in der Pubertät besonders starke Verlangen nach Aufmerksamkeit und Bestätigung immer neu gestillt.

Außerdem schafft das Internet einen Ort, in dem Jugendliche sich selbst kennenlernen können und in dem ihnen gespiegelt wird, wer sie sind und wie ihr Verhalten ankommt. Teenager können ihrer eigenen Entwicklung gleichsam zusehen – mit 15 Jahren zeigt ein Mädchen ihren Facebook-Freunden bereits ein anderes Bild von sich als mit 14. In dem Maße, in dem sich die eigene Identität festigt und die körperlichen Veränderungen akzeptiert werden, wandelt sich auch die Art der interaktiven Kommunikation. Ältere Jugendliche nutzen das Internet dann eher, um Freundschaften zu pflegen, als zur naiven, aufgeregten Selbstdarstellung. Die Bilder auf den Fotoplattformen werden diskreter.

Doch was ist, wenn sich Teenager tatsächlich isolieren und unkontrolliert im Dschungel endloser Facebook-Kontakte herumgeistern? Wenn sie im Netz geradezu hemmungslos alles Erlebte zeigen und bejubeln, parallel dazu gekünstelte, peinlich gestellt wirkende Fotos hochladen, um sich wichtigzumachen? Wenn sie persönliche Details preisgeben, die eigentlich privat bleiben sollten? Also eine Art digitalen Exhibitionismus betreiben?

Eltern müssten versuchen herauszufinden, woher dieses

371

Weiter auf Seite 373

zu stehen und sie direkt anzusprechen, besonders, wenn er sich seiner selbst nicht ganz sicher ist. Eine knappe, lockere, mit einem kleinen Kompliment gewürzte Anmache kommt meistens gut an.

Sozialportale bieten jedenfalls unzählige Möglichkeiten, sich selbst darzustellen, schnell, direkt und aktiv oder eher zurückhaltend am Leben anderer teilzunehmen, Kontakte auch mit jenen Freunden zu halten, die man selten sieht. Das Medium hilft außerdem, mehr über sich selbst zu erfahren und auszutesten: Wie werde ich gesehen, wo mache ich Fehler, was will ich verändern, was sollen und dürfen die anderen über mich wissen, und was behalte ich lieber für mich?

Manchmal kann die Dauerkommunikation im Netz aber auch Jugendliche mächtig nerven – noch eine Freundschaftsanfrage einer vollkommen Unbekannten, die sich vermutlich mit einer noch längeren Freundesliste wichtigmachen will; schon wieder eines dieser unfassbar lästigen und ach so lustigen Fotos: Da will ein Mädchen im knappen Bikini allen zeigen, wie sexy und unwiderstehlich cool sie ist; oder als Beweis für seine Männlichkeit posiert ein Junge betrunken in einem Club, schüttet sich den Drink über den Kopf. Häufig fragen sich die Adressaten solcher Bilder dann: Habe ich mich nicht auch schon mal in ähnlich peinlichen Posen zur Schau gestellt? So lernen sie, ihr eigenes Verhalten zu differenzieren, ihre Interaktionsgewohnheiten zu überprüfen.

Viele sind richtig froh, wenn sie es schaffen, phasen-

Weiter auf Seite 374

geradezu zwanghafte Online-Verhalten kommt. Sie können mit Töchtern und Söhnen, die vielleicht gegen ihre Vereinsamung und innere Leere anposten und twittern, über Freundschaft reden. Darüber, dass virtuelle Kontakte kein Ersatz sind für die Beziehung zu Freunden, die man anfassen kann, denen man ins Gesicht sieht, deren Mimik und Körpersprache einem vertraut sind.

Kindern, die Facebook vor allem als Selbstdarstellungsplattform nutzen, können Mütter und Väter erklären, dass der Like-Button kein echter Maßstab für die eigene Person ist. Außerdem sind die Erlebnisse, die im Netz als der Gipfel an Spaß und Glamour präsentiert werden, doch meist geschönte Momentaufnahmen – die Realität ist so nicht. Gewiss, es stärkt das Selbstvertrauen und macht auch Spaß, sich dauernd als der oder die Größte darzustellen, doch irgendwann zieht die Nummer nicht mehr. Dann geht es darum, andere Interessen umzusetzen und sich ernsthaft zu fragen, ob die ewige Selbstinszenierung nicht doch öde und wirkungslos, vielleicht sogar kontraproduktiv ist. Nicht nur man selbst, auch die anderen haben irgendwann genug davon.

Außerdem sollten Jugendliche nicht unterschätzen, dass es fast unmöglich ist, nichtöffentlich zu machen, was im Netz öffentlich gesagt und gezeigt wurde. Die Dateien bleiben greifbar, auch für jene, die sie besser nicht einsehen sollten – Lehrer zum Beispiel. Selbst wenn man alles löscht, könnte ein Facebook-Freund das sexy Partyfoto gespeichert haben, um es irgendwann unter die falschen Leute zu bringen. Teenager mögen genervt die Nase rümpfen über die elterlichen Ermah-

373

Weiter auf Seite 375

weise seltener erreichbar zu sein. Es strengt irgendwann doch an, dauernd zu erfahren, was im Leben anderer passiert. Wenn man ehrlich ist, kann es auch sehr langweilig sein – also Pause, kein Dauer-Online mehr, nicht schon wieder ein neues Update. Welch ein gutes Gefühl, wenn das Netz nicht mehr überall mitmischt, wenn man das, was sich zwischen Freunden, zu Hause oder in der Schule abspielt, nicht gleich in die digitale Welt hinausposaunt. Viele Dinge kann man auch offline mit sich selbst ausmachen oder nur mit den engsten, den wahren Freunden austauschen.

Wie beruhigend, wenn es weniger wichtig wird, wie oft Leute bei Facebook auf *like* klicken, und wenn man auch selber nicht dauernd andere *liken* muss. Dafür trifft man sich dann öfter mit denjenigen, die man im echten Leben *liked*. Das heißt ja nicht, dass man sich bei Facebook ausklinkt. Das Profil bleibt bestehen, man nimmt weiterhin am Online-Leben teil und schließt sich nicht aus, nur schützt man sein Privatleben einfach bewusster.

Mit der Zeit haben Leon und Julia es hinbekommen, sich einen privaten Raum zu schaffen, in dem sie ihre Geheimnisse bewahren, in den sie sich zurückziehen können und in dem sie nicht von Hunderten Facebook-Freunden auf Schritt und Tritt beobachtet werden.

nungen, doch die Botschaft wird sie trotzdem erreichen, wenn sie ohne streng erhobenen Zeigefinger daherkommt. Jugendliche wissen ja selbst über die Tücken in der digitalen Welt Bescheid, aber vor allem die Jüngeren schlagen sie gern in den Wind: Der Spaß im Netz wiegt einfach mehr.

Indiskret und unfair wäre es, wenn Eltern ihre Kinder bei Facebook gleichsam ausspionieren würden, um zu erfahren, was diese dort treiben. Abgesehen davon, können Teenager ihre persönlichen Dinge genauso aktiv auf WhatsApp austauschen und die elterliche Kontrolle geschickt unterlaufen.

Worauf es ankommt, sind konstruktive Gespräche, die den Kindern immer wieder zeigen, dass sie auf ihre Eltern zählen und von ihrer Lebenserfahrung profitieren können. Im Gegenzug können Väter und Mütter die enormen Medienkompetenzen ihrer Kinder gebührend bewundern und sie um Rat bitten, wenn sie von den digitalen Gerätschaften überfordert sind. Endlich dürfen sich die Teenager den Erwachsenen so richtig überlegen fühlen!

Mobbing im Netz

Plötzlich passiert es. Die erste Cyber-Schikane. Sie kommt von einer Mitschülerin, die ein böses Gerücht in die Welt setzt: Die saublöde Luisa habe versucht, ihr den Freund auszuspannen, postet Nadja. Daraufhin fallen jede Menge vermeintliche Freunde im Netz über Luisa her. Sie ist sowieso unbeliebt, gilt als arrogant und angeberisch – endlich bietet sich die Gelegenheit, sie fertigzumachen. Sie selbst fühlt sich unschuldig, sie hat sich mit Nadjas Freund nur öfter unterhalten. Sie droht den Mitschülern mit einer Anzeige.

In der Schulklasse wurden schon häufig hundsgemeine, heimlich gemachte Fotos und auch beleidigende Filme ins Netz gestellt und bösartig kommentiert. Anhand der Bilder wurde über das Opfer hergezogen, es wurde verlacht und genüsslich niedergemacht. Solche Verletzungen sitzen.

Unbeliebte Mitschüler taugen besonders als Mobbing-Opfer, denn kaum einer wird zu ihnen stehen. Doch oft suchen sich die sogenannten Internetfreunde mit feiner Witterung auch die Dünnhäutigen, leicht Verwundbaren und somit Angreifbaren als Angriffsziel aus – umso wirksamer sind dann die Attacken. Sensible und unsichere Jugendliche leiden unendlich darunter, beschimpft und schlechtgemacht zu werden. Sie sind besonders hilflos.

Cybermobbing kann zum Psychoterror werden, der sich gezielt gegen jene richtet, die den Ansprüchen und Attraktivitätskriterien der Gruppe nicht genügen. Vielleicht tragen sie einfach nur die »falsche« Kleidung, sind zu klein, zu dick, zu unsicher, zu uncool.

Weiter auf Seite 378

Egal, ob im Schulalltag oder im sozialen Netzwerk, Eltern können die schlimme, verletzende Erfahrung ihres Kindes nicht ungeschehen machen, doch beistehen können sie ihm durchaus. Wenig Sinn macht es, Mobbing zu verharmlosen oder zu übergehen. Genauso widersinnig ist es, das Geschehen zu dramatisieren und die Mobber voller Entrüstung zu verteufeln, um den Teenager dann anschließend mit Ratschlägen oder Vorhaltungen unter Druck zu setzen. Denn dann macht er ganz bestimmt zu, sperrt sich, rebelliert. Mehr bringt es, ihm aufmerksam zuzuhören, um die Situation zu begreifen. Was hat die Angriffe provoziert? Wie heftig sind sie? Was lösen die Beleidigungen im Kind aus? Angst? Wut? Verzweiflung? Alles zusammen? Am Ende geht es dann darum, sein Selbstbewusstsein zu stärken, hinter ihm zu stehen und überlegt einzuschreiten.

Allerdings weihen nicht alle Teenager ihre Väter und Mütter in ihre Probleme ein. Manche Jugendliche erzählen gar nichts, versuchen, die psychische Belastung vor der Familie zu verbergen, vertrauen sich höchstens der besten Freundin, dem besten Freund an. Viele sind wie gelähmt, leben in ständiger Angst vor noch heftigeren Angriffen im Netz. Umso mehr sind Eltern aufgerufen, aufmerksam hinzusehen, ob sich das Verhalten ihres Kindes verändert, ob es sich zunehmend zurückzieht, deprimiert wirkt oder aber besonders aggressiv ist und auf einmal einen extremen Widerwillen gegen die Schule demonstriert. Das sind beunruhigende Alarmsignale.

Was Väter und Mütter tun können, ist, die eigene Wahrnehmung anzusprechen: »Du wirkst bedrückt, etwas stimmt nicht,

377

Weiter auf Seite 379

Für die weniger selbstbewussten Teenager ist es schon schmerzhaft, wenn ein Chat abgeblockt wird, der oder die andere nicht mehr antwortet. Was ist los? Ist es böse Absicht? Bin ich einfach ein Loser? Lästern sie hinter meinem Rücken? Wollen sie mich nicht mehr? Den Kontakt zu Internetfreunden zu verlieren oder gar aus der bestehenden »Freundesliste« gestrichen zu werden kommt einer Katastrophe gleich. Ignoriert und ausgeschlossen zu werden ist auch eine subtile und zugleich tückische Form von Mobbing.

Was tun? Bloß nicht selbst zum »Täter« werden und online zurückschießen. Auch erklärende Argumente oder Verteidigungsstrategien sind fast immer kontraproduktiv, reizen die passiven Mobber oder die offen aggressiven Stänkerer womöglich nur noch mehr. Besser ist es, alle Gehässigkeiten und unliebsamen Daten verschwinden zu lassen. Nur – was wird aus den seelischen Wunden, die sich nicht einfach wegklicken lassen? Echte Freunde und Eltern sind in dem Fall meist die besten Gesprächspartner. Mit ihnen kann man die Lage offen besprechen, sie werden sich mit Sicherheit Zeit nehmen und unterstützend aktiv werden. Da die Beleidigungen bestimmt nicht nur im Netz, sondern auch in der Schule stattfinden, ist zu überlegen, ob ein Vertrauenslehrer kontaktiert oder eventuell sogar Anzeige erstattet werden sollte (siehe Seite 379).

Durch das Internet bekommt das Mobbing eine besonders bedrohliche Dimension, denn die Mobber müssen sich gar nicht mit dem Opfer auseinandersetzen. Es

378

Weiter auf Seite 380

rede mit uns, du kannst sicher sein, dass wir für dich alles tun werden, was wir nur können.«

Vertraut sich das Kind seinen Eltern an, sind diese in zweifacher Hinsicht gefordert. Zum einen geht es darum, der Tochter oder dem Sohn seelisch ohne Wenn und Aber zur Seite zu stehen. Die Heilung der Verletzungen kann erst einsetzen, wenn der Jugendliche Vertrauen entwickelt – in sich selbst, in echte Freunde, auf die er bauen kann, in die Eltern, die mitfühlen, mitdenken und an die er sich anlehnen darf. Zum anderen sind Mütter und Väter gefordert, gemeinsam mit ihrem Kind und gegebenenfalls mit Lehrern, gezielt aktiv zu werden. In besonders schlimmen Fällen von Cybermobbing ist es wichtig, Entschlossenheit zu zeigen, indem ein Außenstehender – am besten ein Mediator – in die Schulklasse kommt und mit den Schülern ein ernsthaftes Gespräch führt. Wenn nötig, können sich Eltern für ihren Sprössling zusätzlich professionelle psychologische Unterstützung holen. Auch gilt es zu überlegen, ob sie Anzeige erstatten.

Noch ein Anhaltspunkt: Laut mehreren Studien werden überbehütete oder aber sehr streng erzogene Kinder, die zu Hause starke Kritik an ihrer Person erleben, am ehesten Opfer von Mobbing. Nicht zuletzt ist die Auseinandersetzung mit den Gehässigkeiten im Netz für Eltern auch ein Antrieb, über ihren Erziehungsstil nachzudenken. Für den Jugendlichen ist es eine Chance, mithilfe der Familie zu erstarken.

(Das Sorgentelefon »Nummer gegen Kummer« hilft bei Online-Mobbing: 0800 111 0 333.)

steht ja nicht als Person vor ihnen, sie erleben seine Reaktion nicht, bekommen kein Gespür dafür, was sie anrichten. Empathie und auch Reuegefühle können kaum aufkommen.

Umso wichtiger ist es, dass sich das Opfer Hilfe holt, und zwar schnell. Je früher die Täter die Konsequenzen zu spüren bekommen, je unmittelbarer sie zur Verantwortung gezogen werden, desto wahrscheinlicher, dass sie ihre Attacken einstellen. Es ist kein Zeichen von Schwäche, um Unterstützung zu bitten, sondern mutig und ein Ausdruck innerer Stärke und Ehrlichkeit – als Mobbing-Opfer will und muss man sich wehren. Allein ist das kaum zu packen.

Noch ein grundlegender, präventiver Hinweis, der von Teenagern im Eifer des Darstellungsdrangs oft ignoriert wird: Fotos immer erst hochladen, wenn man genau überlegt hat, wer sie sehen kann. Womöglich werden die Bilder verfremdet und mit böser Absicht blitzschnell im Internet verbreitet. Außerdem sollte man beleidigende Mails nicht voreilig löschen, sondern als Screenshots speichern, um sie notfalls als Beweismittel parat zu haben.

Handy – Tag und Nacht verfügbar

Ein Leben ohne Handy? Undenkbar. Das Smartphone gestaltet und managt den Alltag, es tut alles für sie und ihre Freunde, meint Lisa. Wieso alles, will ihre Mutter wissen, die es kaum noch erträgt, dass ihre 15-jährige Tochter pausenlos an ihrem Handy klebt. Egal, was man mit ihr unternimmt, das Ding piept, klingelt, oder es kommt irgendein blinkendes oder sogar gellendes Signal aus dem winzigen Lautsprecher.

Leicht gequält, aber geduldig erklärt Lisa ihrer genervten Mutter, was ihr Smartphone alles kann und für sie tut: Egal, wo sie sich gerade aufhält, egal, ob sie irgendwo rumläuft oder in der U-Bahn sitzt, sie kann sich jederzeit spontan melden, verabreden, die Langeweile überbrücken.

Über WhatsApp hat eine ihrer Freundinnen kurzfristig eine Party auf die Beine gestellt, jede Menge Leute zusammengetrommelt, und schon stand das Fest. Kurz vor der Party hatten sich immer mehr Freunde in einen Gruppenchat einloggt. Lisa sieht vor sich, wie jeder drauflostippt und bei allen das Handy fast gleichzeitig piepst. Der Countdown läuft, und die Vorfreude ist dann einfach riesig.

Außerdem findet Lisa es geil, auf dem Smartphone Musik zu hören, neue Klingeltöne und Logos herunterzuladen, Fotos zu machen, die sie an Unmengen Leute verschickt. Manche ihrer Freunde drehen auch lustige Filme. Lisas Mutter ist dann doch beeindruckt.

Häufig will Lisa aber einfach nur quatschen, tratschen, wissen, was bei diesem, jenem und vielen anderen denn

Weiter auf Seite 384

Auch Erwachsene organisieren ihren Alltag mit dem Smartphone, doch manche Teenager kleben an dem Apparat, als steckten sie in einer symbiotischen Liebesbeziehung.

Viele Eltern beunruhigt das sogenannte digitale *overload*, die Informationsüberflutung ihrer Kinder, ihr übertriebenes, fast zwanghaftes Bedürfnis, sofort alles mitzuteilen und zu posten, nach dem Motto: »Ich teile, also bin ich.« Haben sie überhaupt noch Kontrolle über das, was im Netz passiert? Und warum sind die Jugendlichen bloß so süchtig nach Bewunderung? Was hat es auf sich mit diesem grassierenden Narzissmus? Geht es den Kindern überhaupt noch um den Menschen, mit dem sie kommunizieren? Sehen und hören sie eigentlich noch, was sich in der realen Welt abspielt?

Mütter und Väter müssen erst einmal begreifen und sich bewusst machen, dass im Leben ihrer Jugendlichen die virtuelle und reale Welt fließend ineinander übergehen. Für Teenager ist es vollkommen normal, dauernd online mit anderen verbunden zu sein, sich gegenseitig zu beobachten, zu bewerten, zu vergleichen, aber auch aufzubauen. Nichts wäre sinnloser, als das sprudelnde Leben im Internet zu bekämpfen und schlechtzumachen. Jugendliche genießen und brauchen es. Wenn sie nicht mitmachen, werden sie zu Außenseitern.

Das wollen Eltern nicht, doch es muss auch Zeiten geben, in denen die digitale Welt draußen bleibt. Es geht nicht anders, die Erwachsenen müssen Regeln aufstellen – schon, um den Familienfrieden zu schützen. Verbindliche Abmachungen sind Voraussetzung für ein funktionierendes Zusammenleben.

383

Weiter auf Seite 385

so läuft. »Was geht ab bei dir?« »Wo bist du gerade?« »Die Schule war heute vooooooll scheiße!« Gar nicht groß reden, nur kurze Fragen, ebenso kurze Antworten. Eine SMS nach der anderen. Manche tippen Dutzende SMS am Tag. Warum nicht? Was ist denn gegen Dauerkontakt mit den Freunden einzuwenden?

Lisa: »Durch das Smartphone sind alle immer zusammen. Alle meine Freundinnen sind sofort erreichbar, wenn ich sie brauche. Das ist ein tolles Gefühl! Es hebt auch sofort meine Stimmung, wenn ich mal Stress hab und mir dann total viele Leute nette Sachen posten.«

Lisas Mutter behauptet, all diese Minidialoge seien doch ziemlich belanglos und oberflächlich, nichts als Zeitverschwendung. Nähe könne bei so vielen Kontakten bestimmt nicht entstehen. Lisa sieht das anders: »Du denkst einfach nicht so wie wir. Es geht nicht um tiefe Gespräche. Du zeigst dem anderen einfach, dass er nicht allein ist und du ihn verstehst. Du lässt ihn an deinem Leben teilnehmen. Außerdem helfen wir uns auch gegenseitig – wenn eine Freundin aus der Klasse ihre Hausaufgabe vergisst, fotografiere ich sie ab und schicke sie ihr über die App. Alle Schüler meiner Klasse sind auf einer WhatsApp-Gruppe drauf, so können wir uns Infos schicken, zum Beispiel, wenn eine Ex ansteht und jemand Fragen dazu hat.«

Für Jungen, insbesondere für die schüchternen, hat das Smartphone eine spezielle, quasi auf sie zugeschnittene Funktion: Es erleichtert ihnen die Anmache. Will ein Junge mit dem Mädchen seiner Träume in Kontakt tre-

384

Weiter auf Seite 386

Die Regeln könnten lauten: Kein Handy während der Mahlzeiten, nichts posten, weder SMS checken noch beantworten. Am besten, das Handy bleibt in einem anderen Zimmer, so kommt gar nicht erst die Versuchung auf, sich damit zu beschäftigen. Schon bei einem gemeinsamen Gespräch stört der Dauerblick aufs Handy, ist einfach unhöflich. Vermutlich werden Sohn oder Tochter lauthals gegen auferlegte Handy-Auszeiten meutern – vielleicht mit dem Hinweis, es sei erst recht unhöflich, nicht sofort eine Mailboxnachricht oder SMS zu beantworten. Nicht leicht für Väter und Mütter, hart zu bleiben. Bestimmt kommt es zum Krach, doch der legt sich auch wieder. Am Ende haben sich die Eltern Gehör verschafft und gezeigt, wie wichtig ihnen das ungestörte, entspannte Zusammensein mit ihren Kindern ist.

Grenzen zu ziehen und die Balance zu finden zwischen Strenge und Verständnis kann sehr anstrengend sein, da Pubertierende sich möglichst gar nichts mehr von den Erwachsenen sagen lassen wollen. Erst recht, wenn es um das Thema digitale Medien geht, denn Teenager wissen alles besser – viel besser als die technisch zurückgebliebenen Eltern. Nur, dass Jugendliche die Gefahren im Netz liebend gern verharmlosen. Hier sind die Erwachsenen gefragt. Es ist an ihnen, ihr Kind zu warnen und ihm unmissverständlich klarzumachen: »Wende dich an uns, wenn etwas Unerfreuliches oder Ekelhaftes auf deinem Handy landet, ein Gewalt- oder Pornovideo. Oder wenn jemand eine Schlägerei filmt und sie dann an Freunde verschickt.« Brutale Sex- oder Gewaltdarstellungen zu filmen und zu verbreiten ist strafbar.

385

Weiter auf Seite 387

ten, reicht oft ein »Hi, ich bin der Markus. Wir haben uns am Samstag auf der Party kennengelernt. Du bist mir sofort aufgefallen! Können wir uns treffen?«. Diese Art von Annäherungsversuch verlangt weniger Mut, als leicht verklemmt vor einem Mädchen zu stehen und etwas Nettes zu stammeln. Das kommt gar nicht gut an. Lockeres Chatten bringt mehr, ist erfolgversprechender. Gute, diskret verschönerte Fotos können auch die Chancen steigern.

Überhaupt werden die Selfies immer raffinierter. Nicht nur, dass Jugendliche es verstehen, sich allein oder auf einem Gruppen-Selfie perfekt in Szene zu setzen, sie nutzen auch jede Menge Apps zur Bildbearbeitung. Auf den Selbstporträts wirken sie dann noch strahlender, noch cooler. Nur was ist, wenn das Selbstbildnis im Netz doch nicht so rüberkommt wie erwartet? Wenn die anderen das Mädchen mit Kussmund, raffiniert von oben fotografiert, oder den Jungen mit den total lustig gemeinten Grimassen nicht bewundern, sondern auslachen? Da signalisiert jemand auf dem Selfie »seht alle her, wie cool ich aussehe« und bekommt statt einer Flut an *likes* eine Welle gehässiger Kommentare. Das tut richtig weh. Doch so verletzend es sein mag, man kann daraus einiges lernen: Am besten Fotos nur noch an echte Freunde verschicken; aufgemotzte, sexy Angeber-Porträts ganz weglassen. Und bevor man auf den Sendeknopf drückt, noch einmal checken, ob das eine oder andere Bild nicht doch lieber gelöscht gehört.

386   An der Art der Selbstinszenierung anderer wird einem

Weiter auf Seite 388

Nichts spricht dagegen, dass Eltern ihr Kind auffordern, ihnen zweifelhafte Videos, die auf dem Handy gelandet sind, zu zeigen. Es geht nicht um Kontrolle, sondern um Schutz vor erschreckenden Bildern. Und darum, das Bewusstsein für Unrecht und bedrohliche Situationen zu stärken.

Väter und Mütter helfen den Jugendlichen, wenn sie klare Standpunkte beziehen. Zugleich gilt es, das gegenseitige Vertrauensverhältnis zu pflegen. Das macht es Pubertierenden leichter, die Eltern um Unterstützung zu bitten.

Die Mutter der 16-jährigen Lara schildert, wie sie ihrer verzweifelten Tochter helfen konnte: Nachdem Lara sich von ihrem Freund getrennt hatte, rächte sich der Verlassene und schickte über WhatsApp ein Nacktfoto von ihr an sämtliche Schüler aus der Klasse. Lara wollte vor Scham am liebsten im Boden versinken. Die Mädchen tuschelten, kicherten, lästerten; die Jungen kommentierten das Bild mit dreckigen Sprüchen. Doch zum Glück hielten Laras gute Freundinnen zu ihr und verbündeten sich gegen den Jungen, zeigten ihm die kalte Schulter. Das tat gut, doch die Verletzung blieb. Erst als Lara sich ihrer Mutter anvertraute und deren starke Empathie erlebte, begann die Wunde zu heilen. Nachdem auch der Vater eingeweiht worden war, beschloss die Familie gemeinsam, sich an den Vertrauenslehrer zu wenden. Davon durfte aber die Klasse nichts erfahren, darauf bestand Lara, denn sie wollte keinen neuen Hype auslösen. Der Vertrauenslehrer führte ein Vier-Augen-Gespräch mit Laras ehemaligem Freund, woraufhin der sich bei ihr entschuldigte. Besonders gestärkt hat Lara die Erfahrung, dass sie sich auf die Unterstützung ihrer Eltern

387

Weiter auf Seite 389

auch selbst klar, mit wem man weiterhin den Kontakt pflegen will oder OMG (»oh my god«, »ach du meine Güte«) doch lieber nicht.

Vielleicht ist es auch gut, eine längere Selfie-Pause einzulegen und sich eine Zeit lang auf die problemlosere, simple SMS zu beschränken. Und wenn die Probleme in der digitalen Welt gerade mal zu viel werden, hilft bisweilen der gute, altmodische Weg – Smartphone und Computer mal ganz ausschalten und mit der besten Freundin, dem besten Kumpel weggehen, miteinander reden und lachen.

verlassen konnte. Keine Vorwürfe, keine Vorhaltungen – der erhobene Zeigefinger hätte Lara in ein noch tieferes Loch katapultiert. Stattdessen standen die Eltern zu ihr und gaben ihr den Halt, den sie dringend brauchte.

Computerspiele und digitaler Konsum – Suchtgefahr?

Direkt nach der Schule taucht Nicky in die virtuelle Welt ein. Kurz chatten, auf YouTube die neueste Musik hören, Videos und Clips angucken, dann sind die Computerspiele dran. Strategie- und Geschicklichkeitsspiele gehören zu seinen Favoriten. Er sucht die Herausforderung, ist hoch konzentriert, testet sein Geschick, zockt und hat Spaß. Es geht darum, möglichst viele Punkte zu erzielen, ein höheres Level oder die festgelegten Siegbedingungen zu erreichen. Langweilig wird ihm nie, denn der Schwierigkeitsgrad steigt und steigt. Scheitert er, muss er sich neuen Varianzen, neuen Events stellen. Im Durchschnitt spielt er täglich vier bis fünf Stunden. Wenn andere Online-Spieler seine Präsenz einfordern, insbesondere bei Rollenspielen, ist er schon mal die halbe Nacht zugange.

Einige seiner Freunde stehen auf Ego-Shooter-Spiele. Sie kämpfen interaktiv gegen virtuelle Feinde, ballern wie wild und vernichten ganze Armeen. Es geht darum, möglichst schnell möglichst viele *kills* zu erzielen, denn je mehr fiktive Feinde bei Schlachten und Massenschießereien erledigt werden, desto größer die Belohnung, umso grandioser der Sieg. Je nach Spielart agiert er gegen das sogenannte *environment*, oder er spielt *player versus player*, wo es darum geht, die eigene virtuelle Heldenfigur immer weiter zu stärken. Dass solche Spiele ihn oder seine Freunde zu aggressiverem Verhalten in der realen Welt befeuern würden, verneint Nicky definitiv – eine Schlägerei auf dem Schulhof habe mit Computerspielen, auch mit den angriffswütigen Ego-Shootern, überhaupt nichts zu tun.

Weiter auf Seite 392

Nicht zu fassen, schon wieder verbringt der Süchtling Stunden mit seinen abstrusen Computerspielen. Er hockt in seinem Zimmer und ist unansprechbar. Für ihn ist es kostbare Online-Zeit. Für seine Eltern die suspekte Online-Endloszeit.

Es darf doch nicht sein, dass ein Jugendlicher mehr Zeit in der virtuellen Welt verbringt als in der realen. Er vernachlässigt seine sozialen Kontakte, finden die Erwachsenen, treibt zu selten Sport, erledigt die Schulaufgaben zu spät und bestimmt nicht ordentlich. Alles Mögliche bleibt liegen, im Zimmer herrschen miese Luft und unfassbares Chaos. Ist der Junge bereits internetsüchtig?

Ein weiteres, oft erhebliches Problem haben Väter und Mütter mit den Computerspielen selbst, vor allem mit den gewaltsamen Ego-Shootern. Richten diese Killerspiele in den Köpfen der Kinder nicht doch Schaden an? Machen sie nicht aggressiv, kontaktarm und teilnahmslos?

Das Handicap vieler Eltern: Sie tappen im Dunkeln, jedenfalls im Halbdunkeln, denn sie kennen sich schlecht aus in der Welt der Computerspiele. Auf wen sollen sie hören – auf die mahnenden Stimmen, die lauthals vor Computersucht warnen? Die behaupten, die gewaltverherrlichenden Ego-Shooter-Spiele würden Jugendliche verrohen und zu Gewalttaten animieren?

Oder dürfen Eltern auf jene Stimmen vertrauen, die Online-Spiele als harmlosen Zeitvertreib sehen, der Teenagern einfach nur riesigen Spaß macht? Sie vertreten den Standpunkt: Computerspiele machen aus Jugendlichen weder bessere noch schlechtere Menschen, sie erhöhen auch nicht das Aggressionspotenzial.

391

Weiter auf Seite 393

Am liebsten sind Nicky Computerspiele, in denen er mit Spielern weltweit in *real-time strategy,* also in »Echtzeit«, interagiert. Interaktiv treten sie gegeneinander an. Sie müssen sich an die durch das Spiel genau definierten Regeln halten, wobei jeder seine eigenen Strategien geschickt einsetzen kann.

Von Computersucht will Nicky nichts wissen. Abwegig sei auch die Angst der Eltern, er würde sich zu sehr von seinen Freunden abkapseln: In der Schule und meistens an den Wochenenden sind die Freunde dran; nachmittags, neben den Hausaufgaben, die Spiele. Und um die Erwachsenen zu beruhigen, macht Nick ihnen klar: Computerspiele sind keineswegs blödsinnige Zeitverschwendung, sie erfordern blitzschnelle Reaktionsfähigkeit und hohe Konzentration. Sie schulen das Gedächtnis und befeuern den Ehrgeiz. Sie sind auch ein Teamsport, in dem es um Leistungsvergleich, um schwierige Herausforderungen und um den Traum von Meisterschaft geht. Was wollen die Eltern mehr?

Und was ist mit den Mädchen? Sie verbringen zwar weniger Zeit mit Online-Spielen als Jungen, doch auch sie gehören zu den Extremnutzern des Internets. Dauernd müssen sie klicken, surfen, weiterklicken, weitersurfen, bis ihnen der Kopf schwirrt. Sogar während des Schulunterrichts chatten manche heimlich unter dem Tisch, kommentieren *likes,* verschicken *smileys,* müssen unentwegt am Ball bleiben. Wenn die Stunde besonders langweilig ist, geht auch ein kurzes Online-Spiel. Mädchen schaffen es

Weiter auf Seite 394

Das Fazit großer Studien zur Erforschung von Computerspielen lautet: Computerspiele sind keineswegs Teufelszeug, denn es geht in erster Linie ums Spielen. Der Spieltrieb ist dem Menschen angeboren, und gerade Heranwachsende lechzen danach, sich spielerisch mit anderen zu messen, lieben das Risiko, kämpfen ums Weiterkommen in der Rangliste und darum, ihre Mitspieler zu übertrumpfen. Das macht nicht nur Spaß, das regt auch die Intelligenz an. Wer ein neues, ein schwierigeres Level erreichen will, muss seinen Kopf mächtig anstrengen, strategisch denken, schnell und geschickt sein. Bei Online-Rollenspielen machen Spieler aus der ganzen Welt mit, kosmopolitischer geht es nicht.

Jeder Spielertyp kommt auf seine Kosten – der extrem Ehrgeizige, der Erforscher und der Sucher, der die Simulationswelt erkundet, in der vielfach historische und auch aktuelle Ereignisse thematisiert werden. Der besonders Wissbegierige kann bei den sogenannten *serious games* seine Kenntnisse vertiefen und übt zugleich, die Welt aus neuen Perspektiven zu sehen. Er schlüpft in fremde Rollen, versetzt sich in fremde Kulturen. Auch wer in den interaktiven Computerspielen primär den Austausch und die permanente Verbindung sucht, kommt auf seine Kosten. Die Rückmeldung, das unmittelbare Feedback ist ihm sicher.

Manche sagen sogar: Computerspiele sind ein Kulturgut, ein Leitmedium der heutigen Zeit. Also kein Grund zur Panik? Sie sind doch kein Teufelszeug, die zeitfressenden Computerspiele, die brutalen Ego-Shooter? Und die extreme Faszination für soziale Netzwerke macht aus Jugendlichen doch keine kontaktgestörten Computer-Nerds?

393

Weiter auf Seite 395

trotzdem problemlos, dem Unterricht zu folgen, sagen sie: Ein Ohr konzentriert sich auf den Lehrer, das andere aufs Handy; der Blick nimmt kurz die Tafel ins Visier, dann ist das Handy wieder dran. Wer allerdings vom Lehrer erwischt wird, dem ergeht es schlecht, denn in der Schule herrscht nun mal Handyverbot. Besonders strenge Lehrer kassieren das Gerät und geben es erst bei Schulschluss zurück.

Für Schülerinnen und Schüler, die sich nur hie und da während des Unterrichts mit ihren Smartphones beschäftigen, ist es zwar ärgerlich, aber kein Drama, wenn sie erwischt werden und das Handy abgeben müssen. Dauernutzer halten es jedoch kaum aus, über längere Zeit auf die permanente Kommunikation verzichten zu müssen. Ein überraschender Nebeneffekt: Sie stellen fest, dass die Online-Community doch nicht zusammenbricht, wenn sie für eine Weile daraus verschwinden.

Nicht, wenn die Atmosphäre in der Familie stimmt, so die Erkenntnisse von Kommunikations- und Medienwissenschaftlern. Was zählt, sind die Werte, die ein Kind vermittelt bekommt, ist die Zuneigung, die es erfährt, die lebendige Beziehung zwischen Eltern und ihrem Teenager. Die digitale Welt darf nicht zum Ort werden, wo sich das eigentliche Leben abspielt, sodass weder Zeit noch Raum bleiben für eigene Gedanken und Aktivitäten. Wenn ein Jugendlicher allerdings mit Haut und Haaren in seinem virtuellen Universum versackt und womöglich auch noch die Schule schmeißt, dann ist professionelle psychologische Beratung unabdingbar.

In den meisten Familien helfen wenige, aber nachdrückliche Regeln: Nachts sind Computerspiele und die Nutzung des Smartphones tabu, Schlafentzug darf nicht sein, die Folgen sind Dauermüdigkeit, Konzentrationsschwäche, schlechte Laune. Auch für den Medienkonsum tagsüber braucht es ein zeitliches Limit, wobei eine gewisse Flexibilität notwendig ist, denn manche Online-Spiele, vor allem bestimmte Rollenspiele, haben besonders lange Spielzeiten. Also gilt es, mit dem Kind die Zeitgrenze abzusprechen.

Medienkompetenz schließt die Kompetenz zur überlegten Selbstkontrolle mit ein. Ob Sohn oder Tochter – Computerspiele, die Online-Community, Chatten, WhatsApp und Simsen sind kein Ersatz für die reale Welt. Wer das erkennt, wird zunehmend besser gelaunt.

10. Und was, wenn Probleme überhandnehmen?

Gewalt: Wohin mit den Aggressionen?

Pubertät = Schwierigkeiten, sagt man. Ein Problem heute ist die Allgegenwart von Gewalt: Bandenterror auf der Straße, Schüler, die mit Schlagringen, Messern und Ketten in die Schule kommen. Die Jugend werde immer gewalttätiger, ein Klima der Angst herrsche in Großstädten, heißt es zunehmend in Medienberichten. Aber nicht nur die spektakulären, kriminellen Gewaltaktionen verunsichern Erwachsene und Kinder, sondern vielmehr die stetig wachsende »ganz alltägliche« Brutalität, die dramatische Zunahme von Gewaltbereitschaft macht Angst. »Wenn David in die Turnhalle kommt, drischt er wie doof auf den Ball ein. Kommt ihm jetzt ein Mitschüler in die Quere, haut David rücksichtslos zu. Ganz ohne Hemmungen. Einfach so!« David mache ihm Angst, berichtet Moritz, 17 Jahre alt. Der habe sich nicht unter Kontrolle, sei in manchen Momenten unberechenbar. Inzwischen sind mehr und mehr Schüler mit Waffen ausgerüstet – mit Wurfsternen, Messern und Gaspistolen, die vor Angreifern schützen sollen. Die Abschreckung klappt häufig nicht, im Gegenteil: Es wächst die Gefahr, dass die Waffe auch benutzt wird. In allen Kulturen sind Jungen für die wilden Spiele zuständig. Sie sind auf Toben und viel Bewegung aus, reagieren ihren Frust nach außen ab, haben Sozialwissenschaftler erforscht. Ist die innere Anspannung nicht auszuhalten, geht's los: Geschwister werden gepiesackt, Freunde geärgert. Oder schlimmer: Mitschüler werden verprügelt, U-Bahnhöfe demoliert. Weibliche Wesen holen in puncto Gewalt auf. Die meisten haben allerdings

398

Weiter auf Seite 400

Erwachsene erleben Tag für Tag Kinder, die aufeinander losgehen, und das macht ihnen Angst. Aggressionen sind Teil der ganz normalen kindlichen Entwicklung. Den Kumpel im Kindergarten anzurempeln heißt: Ich will Kontakt aufnehmen. Der Freundin die Puppe wegzureißen bedeutet: Wie weit kann ich gehen? Oft schimpfen und schreien sich Kinder ihre Aggressionen aus dem Leib und lassen dabei Dampf ab. Danach geht es ihnen sichtlich besser. Die Wut ist weg. Arten die Brüllereien und Kloppereien aus, werden normalerweise von Erwachsenen klare Grenzen gesetzt und Erklärungen abgegeben: »Du darfst nicht an den Haaren ziehen, das tut dem anderen weh!«, oder: »Du kannst nicht einfach losbrüllen, wenn wir nicht nach deiner Pfeife tanzen!« Nach und nach lernen Kinder, mit ihren Aggressionen umzugehen, sich zu kontrollieren. Lassen Eltern den Nachwuchs immer gewähren, sagen sie so gut wie nie »Jetzt ist Schluss!« und bestehen sie nicht darauf, dass Grenzen respektiert werden, verunsichern sie ihren Sprössling. An welchen Werten, Maßstäben soll er sich orientieren? Ungeliebte, allein gelassene Kinder reagieren oft depressiv, manchmal sehr wütend und schlagen in ihrer Verzweiflung häufig wild um sich. Eltern sind Meister im Beobachten. Sie haben ihr Kind im Blick und vergessen darüber manchmal, sich selbst anzuschauen: »Welche Art von Vorbild gebe ich als Mutter, als Vater eigentlich ab?« Auch viele Erwachsene haben mit Leistungsdruck zu kämpfen, haben die festen Maßstäbe, die Orientierung verloren und leiden unter Ängsten. Sie halten ihre Verunsicherungen zwar oft gut unter Verschluss, dennoch sind die Aggressionen spürbar für ihre Kinder. Und diese le-

399

Weiter auf Seite 401

immer noch wenig Verständnis für die Prügeleien der raubeinigen Kerle. Wenn sie Wut haben, fressen sie ihren Ärger eher in sich hinein, machen den Frust mit ihrem Körper ab. Wer mit Jugendlichen zu tun hat, beklagt, dass die Attacken brutaler geworden sind: War früher beim Beinstellen Schluss, wird jetzt nachgetreten, auch wenn das Opfer bereits am Boden liegt. Wer Gewalt ausübt, hat zuvor Gewalt erlebt, Verletzungen hinnehmen müssen.

ben nicht selten das aus, was ihre Eltern empfinden. Sie lassen die Aggressionen raus, stellvertretend für die Erwachsenen. Wenn Mütter oder Väter hinnehmen, dass sich ihr Filius kloppt bis zum Nasenbluten, wenn sie ihn vielleicht noch anfeuern – »Gut so, das muss ein ›richtiger‹ Junge aushalten können!« –, unterstützen sie die Bereitschaft zur Gewalt. Kein Wunder, dass dieser Junge später glaubt, zuzuschlagen sei ein Zeichen von Stärke und Männlichkeit.

Über die Ursachen von Gewalt

Was sind die Ursachen von Gewalttätigkeit? Die Erklärungsmuster der Jugendforscher sind vielfältig: In unserer Ellenbogengesellschaft geht es rücksichtslos, manchmal brutal zu: auf der Straße, im Beruf, in der Schule. Nur das eigene Glück gilt, die Belange anderer spielen oft keine oder eine geringe Rolle. Freundschaftliche Beziehungen lösen sich auf. Immer mehr Jugendliche kennen keine anderen Spielregeln, als sich durchzuboxen, durchzusetzen, notfalls mit Gewalt. Vor allem Teenager, die keine Zukunftschancen für sich sehen, versuchen nicht selten, sich mit Macht aus ihrer Misere zu befreien. Gewalt wird als Gegenwehr verstanden. Nicht nur außen, auch innen, in der Familie, erleben viele Heranwachsende Gewalt. Gewaltige Kräche. Trennungen, Scheidungen. Dramen, die Spuren hinterlassen, oft den sozialen und psychischen Halt nehmen. Vielen jungen Menschen fällt es schwer, sich in unserer Gesellschaft zu orientieren. Welche Normen, welche Werte gelten? Sie sind verunsichert, entsprechend geladen, in Gefahr, zu explodieren. Dazu erleben Jugendliche Gewalt tagtäglich auf dem Bildschirm, in Computerspielen, in Videos, im Fernsehen, egal, ob Krimi oder »Tagesschau«. Viele Jugendexperten machen die TV-Gewalt und die Gewalt in Computerspielen mit verantwortlich für die zunehmende Brutalität. Medieninhalte können vorhandene Aggressivität verstärken. Die täglichen Fernsehmorde sowie Gewaltorgien und Waffenverherrlichung sorgen für ein Abstumpfen: »Alles schon Gewohnheit!«

402

Weiter auf Seite 404

Eltern und Lehrer stehen dem Phänomen Gewalt hilflos gegenüber. Vor allem Mütter haben hier häufig Probleme mit ihren Söhnen: »Grauenhaft, diese ewigen Balgereien, die dauernd in richtiges Prügeln ausarten!« Genervt von den Dauerstreitereien, die Erwachsene manchmal Tag für Tag in der Familie, in der Schule aushalten müssen – hier ein Tritt gegen das Schienbein, da ein In-den-Schwitzkasten-Nehmen –, tun sie in ihrer Hilflosigkeit gerade das, was ihren Erziehungsidealen widerspricht: Sie schreien, toben, drohen, ermahnen, verbieten und vergessen in ihrem Frust, dass Kinder auch Strafen als eine Art Gewaltanwendung empfinden. Gewalt spielt sich nicht nur weit weg, draußen auf der Straße ab, ist nicht nur eine Sache der Fäuste, sondern ebenso der Worte. Sie findet überall, auch zu Hause statt, und nicht nur, wenn Streit herrscht: Jugendliche werden laufend mit Wortgewalt verdonnert, das zu tun, was sie nicht tun wollen: zur Schule, zur Arbeit zu gehen, das Zimmer aufzuräumen. Gewalt ist kein Jugendproblem, sondern eine allgemeine, weitverbreitete »Krankheit«. Welche Möglichkeiten haben Eltern, dieser Krankheit entgegenzuwirken? Sie können den Kindern viel Freiheit lassen, ihnen ein großes Maß an Selbstbestimmung zugestehen. Das heißt aber nicht, sie allein zu lassen, im Gegenteil. Gerade jetzt sind Mütter und Väter als Rückhalt im Hintergrund, als zuverlässige Instanz unentbehrlich. Neue »Spielregeln« für das Familienleben sind festzulegen. Die Regeln sollten nicht vorgegeben, sondern gemeinsam mit dem Sohn, mit der Tochter gesucht werden. Eltern können Kompromisse eingehen, zusammen mit den Kindern Grenzen festlegen, klipp und klar aufzeigen, wo

403

Weiter auf Seite 405

Kinder, die nicht viel gelten in ihrer Gruppe, schaffen es, durch Gewaltaktionen Aufmerksamkeit zu erregen. Wenn sie mit einem Klappmesser daherkommen, nimmt man plötzlich Notiz von ihnen. Dann sind sie »wer«. 13-, 14-, 15-Jährige hängen oft in der Luft, wissen wenig mit sich anzufangen. Nichts macht so richtig Spaß. Aus Frust und Langeweile beginnen sie, sich anzurempeln. Das Raufen kann dann schnell in eine Schlägerei ausarten. Ein besonders ätzender Hype: Die Schlägerei mit dem Handy filmen und an Kumpels senden.

diese Grenzen und warum sie nötig sind, und nachdrücklich darauf dringen, dass sie eingehalten werden. Man kann lernen, Frust auszuhalten. Nicht jedes Bedürfnis muss befriedigt, nicht jeder Ärger sofort beseitigt werden. Es ist hilfreich, offen über eigene Nöte und Sorgen zu reden, oder es wenigstens zu versuchen, und ein offenes Ohr zu haben für die Probleme anderer. Väter und Mütter sollten Vertrauen in die Kinder haben und ihnen Erlebnisse, vor allem Erfolgserlebnisse, bieten. Das müssen keine Riesenaktionen sein. Man kann gemeinsam lernen, Konflikte friedlich zu lösen.

Rauchen: Immer noch ein Riesenthema bei Jugendlichen

Kapuzenpulli, Stiefel, Kippe im Mund – Robbi fühlt sich stark. Stärker als 13 Jahre alt. Die Zigarette muss bei manchen immer noch sein, sie gehört zur Ausstattung. An der Zigarette kann er sich festhalten. Mit dem Ding in der Hand wirke er sicherer, meint Robbi. Sicherer, als er sich in Wahrheit fühlt. Einerseits gilt Rauchen als »hart« unter Jugendlichen. Und hart zu sein, erwachsener zu wirken, als man ist, hat ein gutes Image. Andererseits gilt Rauchen manchmal auch als angeberisch. In der Anfangsphase wird heimlich gepafft, ein, zwei Zigaretten, meistens zusammen mit Freunden, und mit dem Rauchen experimentiert. Wichtig sind Fragen wie: »Welche Marke rauchst du, welches Feuerzeug benutzt du?« Während der Pubertät meinen viele Jugendliche, die Zigarette als Eintrittskarte zu brauchen, um in der Gruppe akzeptiert zu werden, die als attraktiv gilt. In vielen Cliquen ist Rauchen ein Muss. Nur mit Glimmstängel in der Hand hat man etwas zu sagen. Viele Jungen und Mädchen greifen außerdem zur Zigarette, weil sie meinen, sich so von der Masse absetzen zu können: von den Angepassten, Braven. Wenn das Rauchen miesgemacht wird, rauchen sie erst recht, um ihre Eigenständigkeit zu dokumentieren. Wer das Rauchen jetzt nicht wieder aufgibt, greift langsam häufiger zur Zigarette, beginnt, sich daran zu gewöhnen, vor allem an die entspannende Wirkung der Zigaretten. Als weitere Gründe fürs Rauchen werden hauptsächlich genannt: Stress und Frust in der Familie, in der Schule, am Arbeitsplatz, Geltungsbedürfnis. Trotz aller Warnungen, auch Einschrän-

Weiter auf Seite 408

Alle Eltern möchten ihre Söhne, ihre Töchter vom Rauchen abhalten und sehen schnell ein, dass sie mit Ermahnen und Verbieten nicht viel oder gar nichts erreichen können. Ellenbogen aufgestützt, Zigarette zwischen den Fingern – irgendwann sitzt der Sohn, die Tochter am Tisch und qualmt, lässig und provozierend. Oder pafft heimlich eine. Nichtrauchereltern beginnen jetzt zu bezweifeln, ob ihr gutes Beispiel auf Dauer Wirkung zeigen wird, und Raucher machen sich Vorwürfe: »Wenn ich nicht rauchen würde, dann …!« Erwachsene sollten die Zigarette nicht als persönlichen Angriff werten, sondern möglichst gelassen die Regeln festlegen, die in puncto Rauchen in der Familie gelten sollen. Sind die Grenzen klipp und klar festgelegt, werden sie meist respektiert. Wenn nicht, ist es wichtig, darauf zu dringen, dass sie beachtet werden. Hier sollten Eltern konsequent sein.

Jugendliche rauchen, obwohl sie genau um die gesundheitsschädigenden Wirkungen des Rauchens wissen. »Das ist mir egal!«, sagt Susanne, 15 Jahre alt. Ihre guten Vorsätze, nicht zu rauchen, waren vergessen, als sie Max kennenlernte. Max raucht. Wenn ihr die Eltern mit Argumenten gegen das Rauchen kommen, hört Susanne zu und pafft weiter. Die »Alten« haben ja recht: Es stimmt, dass Schönheiten nicht so taufrisch, so schön bleiben, wenn sie Kette rauchen, und die Supermänner nicht so fit. Eltern haben recht, wenn sie auf den Gestank in den Klamotten hinweisen. Doch Susanne raucht trotzdem, und mit ihr viele ihrer Altersgenossen. Möglicherweise versuchen Heranwachsende, sich durch die entspannende Wirkung des Nikotins von depressiven Verstimmungen zu befreien, meinen

407

Weiter auf Seite 409

kungen, rauchen auch heute noch viele Heranwachsende und verringern damit ihre Lebenserwartung, wenn sie die regelmäßige Raucherei nicht aufgeben. Wer bis zum 18. Lebensjahr noch nicht zur Zigarette gegriffen hat, wird es wahrscheinlich nicht mehr tun.

Fachleute. Müssen sich Väter und Mütter an diesem Punkt geschlagen geben? Sie müssen einsehen, dass sie in ihrer Rolle als Mahner nicht viel ausrichten können, müssen darauf vertrauen (und auch das will erst gelernt sein), dass ihr Kind aus eigener Kraft den Willen entwickelt, das Rauchen zu lassen.

Entspannen und gut drauf sein per Droge?

Pubertät steht für unberechenbare Zeiten, in denen sich Jugendliche in Gefahr begeben. In denen sie dazu neigen, ihrem Körper Gewalt anzutun. In denen sie herausfinden wollen, wo die Grenzen dessen sind, was erlaubt ist, und ob es möglich ist, diese Grenzen zu überschreiten und aus dem Kokon Familie auszubrechen, der einen bislang beschützt, aber auch eingeengt hat. Viele suchen nach einer Herausforderung, nach etwas vermeintlich Großem, Mächtigem, und entdecken an diesem Punkt die Drogen für sich. Magisch angezogen von dem, was Eltern und Lehrer verteufeln, probieren viele Teenager aus, was sie nach Meinung der meisten Erwachsenen keinesfalls probieren sollten. Hinweise auf schädliche Wirkungen von Drogen? Dass sie unter anderem abhängig, kaputt, die Haut rissig machen, den Willen brechen, Vertrauen zerstören, den Geist vernebeln – das will nicht jeder (ein-)sehen.

Cannabisprodukte. Nicht wenige Jugendliche kiffen, konsumieren Cannabisprodukte (Marihuana und Haschisch). Je früher sie mit dem Konsum von Cannabisprodukten beginnen, desto höher das Risiko für ihre Gesundheit, sagen Suchtexperten und erklären: Vom Stadium des Embryos über Kindheit und Pubertät hinaus entwickelt sich das menschliche Gehirn. Wird Cannabis konsumiert, docken die Stoffe an denselben Rezeptoren im Gehirn an wie die Endocannabinoide, vom Körper freigesetzte Wirkstoffe für die Nervenbildung (Neurogenese). Je häufiger und je öfter das geschieht, desto größer der gesundheitliche Schaden.

410

Weiter auf Seite 412

Egal, ob Drogenverdacht besteht oder nicht – Mütter und Väter sollten versuchen, mit ihrem Kind über Drogen und ihre verheerende Wirkung zu sprechen.

Sensibilität, Labilität – Auffälligkeiten sind in der Pubertät normal. Sie sollten sich allerdings nicht zu lange hinziehen. Wie immer, so ist auch hier entscheidend, in Kontakt zu bleiben.

Und was tun, wenn sich der Sohn anders verhält als üblicherweise – mal unruhig ist, mal zornig die Türen knallt, dann wieder in sich gekehrt, ruhig ist? Natürlich sind Eltern daraufhin alarmiert: »Rauchst oder schluckst du irgendwas?« Und selbstverständlich wird das zuerst entschieden verneint. Selbst wenn seine Schwester ein leises »Ja« murmelt, überhören Mutter und Vater das vielleicht und nehmen eher das Nein ihres Sohnes wahr: Schließlich setzen sie Vertrauen in ihn. Er lügt nicht! Irgendwann lassen sich die Eltern nicht länger durch Ausflüchte einlullen, sondern schauen genauer hin und sehen bald klarer: Ihr Kind nimmt Drogen. Seine Augen sind rot. Seine Stimmung ist im Keller ... Die Hinweise auf Drogenkonsum nehmen zu. Der Junge lügt also doch, gibt sein Taschengeld für Drogen aus. Er ist erst 14 Jahre alt.

Nehmen sie Drogen, beschränken sich Heranwachsende meist darauf, Cannabis zu nehmen. Es steht bei vielen für Erleichterung, Entspannung, gute Laune. Die Diskussion um Cannabis ist unter Eltern, Jugendlichen und Fachleuten ein Dauerbrenner mit Fragen wie: »Macht Kiffen dumm?« Die Antworten sind oft umstritten. »Ja«, sagen neuseeländische Forscher. »Jedenfalls, wenn vor dem 18. Geburtstag häufiger als einmal in der Woche zum Joint gegriffen wird.« Die Folge sei,

411

Weiter auf Seite 413

Blind und taub für alle Warnungen rauchen Heranwachsende den ersten Joint in »ihrer« Gruppe, und der Applaus der Freunde fürs Mitmachen ist ihnen weit wichtiger als Verbote, Hinweise, Erklärungen, warum das Kiffen von Übel ist. Auf den ersten folgen nicht selten viele Joints. »Mir egal, was danach passiert!«, sagt die 16-jährige Flora. Einen Joint zu ziehen gehört für viele Jugendliche zum Alltag. Warum so viele ihrer Freunde gierig sind aufs Highsein, ist Corinna ein Rätsel. »Komisch ist es jedenfalls nicht, mit ihnen etwas zu unternehmen, wenn alle zugekifft sind. Jeder ist für sich, da läuft nichts zusammen. Da kommt wenig Spaß auf. Alle sind ziemlich lahm und gleichgültig!« Corinna nimmt kein Hasch. Und sie wäre froh, wenn auch ihre Freunde seltener oder gar nicht kiffen würden. »Mag ja sein, dass sie sich entspannt fühlen, und ich weiß nicht, was die im Kopf erleben, wenn sie »stoned« sind. Wenn sie nichts nehmen würden, wüsste Corinna mehr mit ihnen anzufangen. Warum also Hasch? Nur weil's die anderen tun? Kein Grund für Corinna. Sie will sich so erleben, wie sie in natura ist, und das Leben pur genießen. Und wenn das Leben mal nicht zum Genießen ist, ist es eben trist und irgendwie auch auszuhalten. Corinna lehnt Drogen ab. Hasch, Marihuana und erst recht andere Drogen. Je früher Jugendliche mit dem Kiffen beginnen, je häufiger und je länger gekifft wird, desto größer der Schaden, sagen Fachleute und geben Corinna recht.

Weiter auf Seite 414

dass die durchschnittliche Intelligenz sinke. Andere Fachleute bezweifeln das. Die Diskussion über Schaden oder Nichtschaden von sogenannten weichen Drogen scheint kein Ende zu nehmen. Die Drogenhardliner sagen zu allen Rauschmitteln grundsätzlich Nein und halten alle Liberalisierungstendenzen für gefährlich. Sie weisen ausdrücklich darauf hin, dass auch Hasch gesundheitsschädlich sei. Andere sehen die Situation weniger eindeutig. Für sie kommt es auf die Art und die Intensität des Haschischkonsums an. Wer nur ab und an mal einen Joint ziehe, etwa einmal im Monat, verhalte sich »normal«, sozial unauffällig. Wer dagegen regelmäßig kiffe, etwa einmal pro Woche und häufiger, tue sich schwerer, mit sich selbst und seinem Leben zurande zu kommen, sagen Wissenschaftler. Dauerkonsumenten empfinden die Umwelt oft als feindlich, haben weniger Selbstvertrauen, fühlen sich isoliert, schaffen es weniger gut, sich Ziele zu setzen und diese konsequent anzusteuern.

Eltern reagieren ratlos bis ängstlich auf diesen Streit unter den Experten. Sie fürchten, dass jetzt sorglos und öffentlich in der Schule gekifft wird. Ein Albtraum für viele. Was sollen sie antworten, wenn ihre Kinder mit der Meinung auftrumpfen: »Haschisch ist nicht gefährlich. Viel ungefährlicher jedenfalls als Alkohol!« Sie können nicht Ja oder Nein dazu sagen, weil sie es nicht sicher wissen. Die Frage heißt für Mütter und Väter nicht, welche Expertenmeinung richtig, welche falsch ist. Auch nicht: Ist Hasch gefährlich oder nicht, jetzt erlaubt oder nicht? Die Frage heißt: Was halte ich von Hasch – ich als Mutter oder Vater? Es geht vor allem darum, den eigenen Stand-

413

Weiter auf Seite 415

Designerdrogen. Neben den Cannabisprodukten sind Designerdrogen »in«. Das Unwägbare an ihnen: Niemand kann Genaues über die Mixtur, über die Inhaltsstoffe sagen. Dazu kommt: Das Wissen um diese Drogen ist noch begrenzt, ihre Langzeitwirkung ist kaum erforscht, aber dass sie Geist und Körper schaden, steht fest. Kaschiert werden solche Stimmungsaufheller oft als Badesalz, Luftreiniger, Düngemittel – also als harmlose Produkte, die aber alles andere als harmlos sind.

Crystal. Besonders gefährlich ist Crystal. Der Weltdrogenreport der Vereinten Nationen stuft Crystal nach Marihuana als die Droge ein, die am zweitmeisten weltweit konsumiert wird. Zu uns kommt die Droge zum größten Teil aus Tschechien und Polen und richtet bei den Konsumenten große, bald sichtbare gesundheitliche Schäden an. Sie kann schnell psychisch abhängig machen.

Wer mit Drogen in Berührung kommt, sollte sich sofort helfen lassen, von den Eltern oder von Drogenberatungsstellen.

414

Weiter auf Seite 416

punkt zu erklären. Wer selber keine Drogen nimmt, kann überzeugend vertreten: »Es geht auch ohne!« Die Antwort klingt umso glaubwürdiger, wenn Eltern ihrem Kind vorleben, dass sie Freude an ihrem Dasein haben, und zwar aus eigener Kraft. Ein gutes Vorbild bringt mehr als alles Aufklären.

Viele Jugendliche berichten in Zusammenhang mit ihrem Haschkonsum von Flashbacks, Verfolgungswahn, Gleichgültigkeit, Lern- und Konzentrationsschwächen nach Absetzen der Droge. Jugendliche, die kiffen, interessieren sich in der Regel leider kaum für Studien und Aussagen von Wissenschaftlern zum Thema Cannabis, sondern sagen eher: »Mir egal, ich mach's trotzdem!« Der Reiz der Dröhnung steht im Vordergrund.

Wer dauernd zum Joint greift, weil er den Alltag nur aushalten kann, wenn er zugedröhnt ist, gilt als gefährdet. Geraten Heranwachsende an falsche Freunde, besteht die Gefahr, dass sie endgültig in die Drogenszene abgleiten. Leider haben es Eltern nicht in der Hand, wie die Zukunft aussehen wird. Sie haben kaum Einfluss auf die Entscheidungen ihres Kindes. Beschließt ihr Teenager, morgen wieder Drogen zu nehmen, wird er das tun. Er steht allein mitten in der Welt. Mutter und Vater sind Zuschauer. Aber sie können Signale setzen:

- *»Wir sind da!«* Die wichtigste Botschaft von Eltern an ihren Sohn/ihre Tochter: »Egal, was ist, wir helfen dir!«
- *Hilfe anbieten,* zum Beispiel auf Drogenberatungsstellen hinweisen und ihre Begleitung ankündigen: »Wenn du gehst, begleite ich dich, wenn du willst!«
- *Vertrauen haben.* Vertrauen in ihr Kind und seine Stärken setzen. Mehr können sie nicht tun.

415

Weiter auf Seite 417

Wissen über Drogen

Natürlich halten Informationen niemanden davon ab, Drogen zu nehmen, wenn er sie nehmen will. Aber Wissensvermittlung über Cannabisprodukte, Designerdrogen und Crystal (auch Crystal Meth, Meth, Ice) und ihre Nebenwirkungen kann nicht schaden. Gut, wenn in der Familie darüber gesprochen wird. Miteinander reden, das sollte heißen: Wir reden auf Augenhöhe, hören einander zu, belehren unseren Gesprächspartner nicht und halten keinen Vortrag zum Thema Drogen.

Wenn Jugendliche einen Draht zu ihren Eltern haben und mit ihnen im Gespräch sind, ist die Gefahr nicht ganz so groß, dass sie in Süchte abdriften. Eins ist gewiss nach Meinung von Drogenexperten: Es gibt keinen ungefährlichen Drogenkonsum. Teenager sollten also unbedingt einen Bogen um das Zeug machen.

- *Mut zusprechen:* »Du schaffst, was du wirklich schaffen willst, weil du die Kraft dazu hast!«
- *Grenzen setzen,* indem sie zum Beispiel erklären: »Du bekommst kein Geld von uns!«

Nimmt ihr Kind Drogen, gehen Mütter und Väter in Gedanken die vergangenen Jahre durch, klopfen die Tage ab: »Wann könnte das Ganze angefangen haben?« Ein Gedanke wird zum ständigen Begleiter: »Wo liegt unsere Schuld? Haben wir Anteil an der Entwicklung, und wo liegt der?« Eine schmerzhafte Suche beginnt, die die Erwachsenen schnell überfordert. In Elternkreisen und bei der Drogenberatung finden sie Unterstützung.

Saufen: Mitmachen, weil's alle tun?

Nichts ist leichter, als an Alkohol zu kommen. Obwohl es laut Jugendschutzgesetz verboten ist, alkoholische Getränke an unter 16-Jährige zu verkaufen, fragen Verkäufer am Kiosk oder an der Tankstelle meist nicht nach dem Alter. Notfalls besorgt der ältere Kumpel dem 14-Jährigen die Flasche Bier. Wenn alle am Wochenende saufen, heißt es mitsaufen, denn kaum etwas wäre schlimmer, als nicht dazuzugehören. Mit Alkohol im Blut geht es auf der Party erst so richtig ab, es fallen Hemmungen, die Ängste verschwinden, und man traut sich, die Mädchen anzubaggern. Vergessen ist auch der Stress in der Schule, der Ärger in der Familie.

Auf Flatrate-Partys trinken viele schon mal bis zur Besinnungslosigkeit, Saufexzesse – Binge-Drinking und Koma-Saufen – kommen absolut als Stärke an. Wer sich volllaufen lässt, ist cool, das Austesten der eigenen Trinkfestigkeit gilt als sportlich. Wer nach einer Partynacht am nächsten Morgen mit einem Blackout angeben kann, hat die Lacher auf seiner Seite. Da fällt einer nachts im Suff vom Fahrrad; ein anderer weiß nicht mehr, wie er überhaupt nach Hause gefunden hat, morgens kommt seine Mutter ins Zimmer, findet ihn angezogen auf dem Rücken liegend neben seinem Bett. Die Mutter ist entsetzt, und er erinnert sich an nichts mehr, außer dass er volltrunken aus dem Club getaumelt ist. Danach? Filmriss. Seine Kumpel biegen sich vor Lachen.

Mädchen betrinken sich zwar seltener bis zur Bewusstlosigkeit, doch auch sie sind Partytrinker, viele stehen auf

418

Weiter auf Seite 420

Alkohol ist für viele Jugendliche ein Zeichen für Erwachsensein. Trinken gehört einfach dazu. Wie können Eltern ihre Kinder zu einem vernünftigen Umgang mit Alkohol anleiten? Entscheidend ist wieder das Vorbild, das sie selbst abgeben. Auch in vielen Familien gehört der Alkohol dazu, zum Abendessen, wenn gefeiert wird. Immer wenn es gemütlich, richtig lustig oder spannend wie bei einer Fußballweltmeisterschaft wird, dann kommen Wein, Bier, Schnaps auf den Tisch. Wichtig ist, dass die Erwachsenen maßvoll trinken, dann leben sie den Kindern vor, dass man sich nicht betrinken muss, um in guter Stimmung zu sein.

Und dennoch: So wichtig die Vorbildfunktion auch ist, es gibt viele Gründe, die trotzdem dazu führen, dass Jugendliche sich besaufen: Gruppenzwang, Angeberei, Sauf-Wettkämpfe und die typisch jugendliche Risikobereitschaft. Auch starker Leistungsdruck und Prüfungsstress in der Schule oder die eigene Unsicherheit treiben Teenager dazu, sich volllaufen zu lassen. Endlich fühlen sie sich stark, sehen alles plötzlich sehr viel lockerer.

Nicht zu unterschätzen ist der Einfluss der Werbung mit ihrer hochprozentigen Verführung, dauernd und überall – wer cool ist, trinkt.

Ein Gespräch über den richtigen Umgang mit Alkohol ist für Eltern immer eine zwiespältige Angelegenheit. Einerseits will niemand Spielverderber sein, den Spaß am Feiern miesmachen, andererseits sollten Heranwachsende möglichst klar und sachlich auf die Gefahren hingewiesen werden, ohne erhobenen Zeigefinger, ohne Moralisieren. Es hat wenig Zweck,

419

Weiter auf Seite 421

Cocktails auf Wodka- oder Rumbasis. Sie werden schon aufgrund des geringeren Körpergewichts leichter betrunken, ihre Aufmerksamkeit und ihr Reaktionsvermögen lassen schneller nach. Sie trinken aus ähnlichen Motiven wie die Jungen – der Alkohol entspannt sie, stärkt mangelndes Selbstvertrauen, Scheu und Ängstlichkeit sind wie weggeblasen. Der Gruppenzwang ist zwar weniger stark als unter den Jungen, aber ein Mädchen, das gar nicht trinkt, steht dann doch als Langweilerin da.

Jugendliche denken wenig darüber nach, dass sie sich in Gefahr begeben, alkoholabhängig zu werden, wenn sie regelmäßig und reichlich trinken. Sie schaden ihrer Gesundheit. Leber, Magen, auch das Gehirn – ihr gesamter Organismus befindet sich noch im Reifungsprozess und reagiert deshalb besonders empfindlich auf Belastungen durch Alkohol. Ein Lichtstreifen am Horizont: Teenager werden gesundheitsbewusster. Sie wollen fit sein. Außerdem werden sie aus unangenehmen Erlebnissen im Vollsuff doch mit der Zeit klüger und treffen für sich die Entscheidung, rechtzeitig Nein zu sagen: »Stopp, kein Alkohol mehr, ich will nämlich morgen fit sein.« Oder: »Ich lege eine Pause ein, Spaß habe ich trotzdem.« Selbst wenn zunächst blöde Sprüche kommen: Wer klar, freundlich und bestimmt ablehnt, kommt am Ende als starke, selbstbewusste Persönlichkeit rüber.

Alkoholkonsum zu verbieten, im Gegenteil. Verbote regen höchstens die Neugierde an, steigern die Lust am Ausprobieren, notfalls säuft man heimlich. Am wirksamsten ist es, die Teenager wissen zu lassen, wo die Grenze liegt und wann sie überschritten wird. Es mag zu heftigen Diskussionen kommen, aber da heißt es durchzuhalten und den eigenen Standpunkt immer wieder deutlich zu machen. Die Jugendlichen bloß nicht sich selbst überlassen! Wenn sie den Rückhalt der Eltern spüren, sind sie am ehesten bereit, Verantwortung für sich zu übernehmen und dem Drang, sich mit der Gruppe sinnlos zu besaufen, zu widerstehen.

Zum Schluss: Eltern, die die Pubertät der Kinder hinter sich haben, sagen: »Der Zusammenhalt und die Auseinandersetzungen, das gemeinsame Lachen und Reden in der Familie hat uns geholfen, diese heißen Zeiten ziemlich unbeschadet zu überstehen. Heute ist unsere Beziehung die meiste Zeit richtig entspannt. Manchmal gruselt es unseren großen Kindern sogar, wenn sie daran zurückdenken, was sie als Pubertierende alles veranstaltet haben. Das ist natürlich Musik in unseren Ohren. Jedenfalls hat uns die Pubertät alle erwachsener gemacht!«

Register